De

Mysteriën

Bernard Heuvel

Inhoud

Voorwoord

Een interessant aspect van de geschiedenis van onze samenleving, is het toedekken van historische gebeurtenissen. In onze werkelijkheid zal elke historische gebeurtenis, die niet in het politieke kader past van de tijd, eindigen als een mythe. Elke beschaving raakt verloren...elke religie verdwijnt in de tijd. Maar er blijven altijd losse eindjes over om aan elkaar te knopen.

In oktober 2001 bezocht ik de Archaeo-astronomische conferentie in Londen. Er waren vele onderzoekers aanwezig, zoals: Robert Bauval, Adrian Gilbert, William Sullivan, John Lash, Yuri Stoyanov, John Gordon en Robert Temple. Ik had de gelegenheid om sommige van hen en ook andere deelnemers en auteurs, kort te spreken. Wat ik miste in deze conferentie over de astronomie uit de oudheid, was de subtiele energetische achtergrond van rituelen op oude astronomische plekken. Na de conferentie besloot ik om dit gat op te vullen door dit zeer esoterische boek te schrijven.

In januari 2002 las ik het boek *Revelations, The Golden Elixir* van John Dinwiddie. In dit boek legt John Dinwiddie uit dat subtiele energieën, die bekend waren bij de wijzen van de beschavingen uit de klassieke oudheid, op een wetenschappelijke wijze kunnen worden gemeten. Hij gebruikte hiervoor een dynamisch signaal analyse-apparaat om de energieën van hemel en aarde te kunnen meten. Dit bevestigt de verborgen betekenis die ligt achter de met opzet gecreëerde, verwarrende, esoterische terminologie. Deze terminologie wordt gebruikt in alchemistische-, magische- en mythische geschriften en obscure boeken. Dinwiddie heeft een werkende verklaring gevonden...de nieuwe tijd is werkelijk begonnen! Dinwiddie denkt dat hij het gouden elixir heeft gevonden. Aarde-alchemie is het resultaat van de verbinding tussen kosmische- en aardse energiestromen. Dit is slechts een stukje van de puzzel. Veel moderne schrijvers zeggen dat er eens een wereldomspannend subtiel energienetwerk was. De ouden bouwden hun sacrale gebouwen met een doel. Zij bouwden hun heilige gebouwen op de knooppunten van het subtiele energieraster. We moeten hiervan veel verschillende aspecten onderzoeken. Het begrijpen van symbolen kan leiden tot het ontdekken van oude, hoog ontwikkelde esoterische kennis....dit is een zoektocht naar deze oude esoterische kennis.

Bernard Heuvel

2009

4

Hoofdstuk 1
Inleiding

Met dit boek gaan we op een visionaire zoektocht door de mysterieuze- en soms obscure literatuur naar de oude-, archaïsche mysteriën. Ik presenteer de verborgen esoterische betekenis van sacramentele systemen, die de basis vormen van de verschillende religieuze praktijken. Wegens praktische redenen, heb ik het onderzoek beperkt tot de invloed van christelijke- en maçonnieke sacramentele systemen. Charles Webster Leadbeater was, als 33ste graad vrijmetselaar in het begin van de 20ste eeuw, één van de leidende figuren in de Britse co-Vrijmetselarij. Daarnaast was hij een bisschop van de Liberale Katholieke Kerk in Engeland. Hij geeft ons een helderziende beschrijving van de verborgen, onzichtbare krachten achter de sacramentele structuren van het Christendom en van de Vrijmetselarij. Het gaat over het gebruik van magisch-religieuze rituelen. Deze rituelen zijn een systematisch instrument om met deze onzichtbare krachten te werken, om specifieke vooraf gestelde doelen te bereiken. In dit boek leren wij welke elementen worden gebruikt in sacramentele systemen en hoe ze worden gebruikt. Allerlei soorten 'geheime wetenschappen' passeren de revue zoals: Astronomie, astrologie, alchemie, geomantie, canonieke nummers, geometrie en andere. We kijken ook naar de achtergrond van megalitische bouwsels in relatie tot het wereldomvattende raster van leylijnen. We proberen uit te vinden waarom oude architectuur, zoals megalitische steencirkels, tempels en kerken, kastelen, koninklijke paleizen, kloosters en staatsarchitectuur zijn afgestemd op de sterren en de magnetische polen van de aarde. Deze heilige bouwwerken, die met opzet zijn afgestemd op de vier windrichtingen, werden geplaatst op de kruisingen van elektromagnetische energielijnen. We vinden hier de bouwstenen van oude wetenschap en religie.

Er zijn verborgen aanwijzingen in mythen van een oude natuurkundige wetenschap. Oude priesters zijn in deze optiek priester en technicus tegelijk. Hieruit komt een volledige paleo-fysica voort, die gereconstrueerd is uit oude filosofische geschriften, mythen en verhalen. Zoals we later zullen zien, onthult de zogenaamde Hermetische traditie, volgens Joseph Farrell, een hoop paleo-fysische kennis, die zichzelf als esoterische filosofie presenteert. We zullen de idee nader onderzoeken dat mythen verhulde wetenschappelijke feiten zijn, die alleen bekend zijn bij weinige ingewijden. Zo kunnen we de esoterische tradities op twee manieren benaderen. We kunnen ons afvragen of we bij mythen te maken hebben met een verborgen spirituele gnosis, of dat we te maken hebben met oude paleo-fysische principes. In beide gevallen hebben we te maken met systemen die ons overgeleverd zijn via mondelinge- en schriftelijke tradities. Deze tradities zijn verhuld in mythologie. Dit zorgt ervoor dat het onderzoek naar mythologie en esoterische onderwerpen een gecompliceerde, maar ook boeiende materie is.

Tevens kijken we naar moderne opvattingen van fysische wetten. We bespreken recente ideeën over tachyon-energie en nulpuntsenergie. Wat hebben de inzichten die hieruit voortkomen te maken met de kennis uit esoterische tradities? Daarnaast bespreken we of HAARP een moderne technologische creatie is om de mentale en emotionele vrijheid van mensen te beperken. Moderne technologie kan het bewustzijn van mensen in een beperkt bereik houden. Dit zorgt ervoor dat mensen worden vastgehouden in een mentale en emotionele-, vibrationele gevangenis. Misschien wel op dezelfde wijze als de oude subtiele energiematrix een mentale gevangenis creëerde. Heeft onze moderne technologie de plaats ingenomen van oude, archaïsche sacramentele structuren met het doel om de populatie onder controle te houden, om de doelen van de eigenaren van deze technologie te dienen?

Waarom wijden mensen zich aan spirituele- of religieuze praktijken? Wat doen priesters met deze devotie, ofwel energie van toewijding, in een religieus ritueel? Waarom wijden mensen zich aan een god en wat is het sacramentele systeem wat hierachter ligt? Wat is de betekenis van inwijding voor een priester in spé, of voor een maçonnieke kandidaat, die gereed is om zichzelf geestelijk te ontwikkelen? We zullen uitzoeken wat de esoterische mechanismen zijn van inwijding. Nog belangrijker is het dat door de geschiedenis heen verschillende sacramentele systemen een onzichtbare matrix van subtiele energie vormden. Deze energiematrix had een reële en zoals wordt beweerd, een positieve invloed op de wijde omgeving. Een andere mogelijkheid die we bespreken, is dat deze reële invloed een soort beperkt frequentiebereik creëert, die fungeert als een vibrationele gevangenis. Als we op de hoogte zijn van de principes hoe we een religieuze cultus kunnen opbouwen, wordt het mogelijk om te zien welke plaats het individu inneemt tussen de heersende elite en de gecreëerde religie. Dit alles leidt tot de conclusie dat het handhaven van een subtiel energieraster of -matrix op twee manieren kan. De eerste manier is de negatieve ontwijding van heilige plaatsen, met het doel om individuen in hun mentale gevangenis te houden. De andere, positieve manier, is het creëren van een positief energieraster door wijding, consecratie. Dit zorgt ervoor dat individuen worden geholpen om zich te bevrijden en op een positieve manier het collectieve bewustzijn kunnen beïnvloeden.

Hoofdstuk 2
Archaeo-astronomie en mythologie

Dit boek gaat over de subtiele energie-technologie van de beschavingen uit de klassieke oudheid en van onze huidige sacramentele systemen. Tegenwoordig zijn er veel onderzoekers die proberen om de mysterieuze wereld van voorbije beschavingen van bijvoorbeeld Lemuria, Atlantis, de Indus vallei, Sumerië, Egypte, Babylon, India, Griekenland, het Incarijk, enzovoort te onderzoeken. De restanten van deze beschavingen zijn voor ons meestal mythen. De klassieke mythen bezitten een symboliek en betekenis die niet verloren kon gaan, juist door het mythische karakter ervan. Het Griekse *mysteria* betekent rite. Rituelen worden alleen uitgevoerd in het bijzijn van ingewijden. Een *myste* was iemand die meedeed met deze riten.[1]

Afstemming op de sterren van tempels en piramiden

In dit boek onderzoeken we de idee dat klassieke beschavingen meer geavanceerd waren dan tot nu toe is aangenomen door de dogmatische wetenschap. Maar het tij keert langzamerhand. De mystieke uitlijning van tempels en piramiden op de sterren is eigenlijk wetenschappelijk, gezien vanuit het klassieke standpunt. De grens tussen mythologie, technologie en magie is eigenlijk erg vaag. We zullen dit nog nader onderzoeken. De canonieke wet, ofwel de canon, was de basis voor de uitoefening van de kunsten, bijvoorbeeld de architectuur. Een ander onderwerp in deze context is de archaeo-astronomie van oude bouwstructuren. Hier gaat het om de afstemming van oude gebouwen, piramides en tempels op astronomische observaties en calculaties. De leylijnen van de aarde zijn analoog aan de energetische meridianen van de mens, bekend uit de acupunctuur. Zou de aarde een acupunctuurbehandeling zijn ondergaan door het plaatsen van bouwstructuren op de kruispunten van de meridianen of aardse leylijnen? Zou dit zijn gebeurd door het bouwen van precieze, astronomisch uitgelijnde structuren op kritieke punten op aarde? Wat te denken van het gebruik van bepaalde 'magische uren' op een kosmologische schaal?

De taal van de mythologie is de technische-, astronomische- en wetenschappelijke taal van de oudheid. We gaan nu wat meer in op de molen van Hamlet. De hypothese van de molen van Hamlet is één van de manieren om te bewijzen dat de oude beschavingen technologisch verder waren dan we tot dusverre aannamen. Georgio de Santillana beweert in zijn boek *Hamlet's Mill* dat de taal van de mythologie eigenlijk een technische- en dus accurate taal is. Deze technische taal beschrijft astronomische gebeurtenissen die in de oudheid plaats vonden.

De molen van Hamlet

Hamlet's Mill, de molen van Hamlet, is een essay geschreven door Georgio de Santillana en Hertha von Dechend. Von Dechend verzorgde de ideeën in dit boek. Het gaat over Hamlet, ook wel Amlodhi genoemd, die de eigenaar is van een fabelachtige molen. Deze molen maalt vrede en overvloed in zijn tijd:

> *Amlodhi werd geïdentificeerd, in de ruwe en levendige verbeelding van de Noren, bij het eigenaarschap van een fabelachtige molen die, in zijn eigen tijd, vrede en overvloed vermaalt. Later, in een tijd van verval, vermaalde het zout; en nu uiteindelijk, nu het op de bodem van de zee is beland, vermaalt het rots en zand. Het creëert daarbij een enorme draaikolk, de Maalstroom (dat is de vermalende stroom, van het werkwoord mala, vermalen, ed.), die geacht wordt een weg te zijn die leidt naar het land van de doden. Deze beeldspraak staat, zoals de bewijsvoering zich nu ontwikkelt, voor een astronomisch proces, het profane verschuiven van de zon door de tekens van de zodiak, die wereldtijden bepaalt van elk duizenden jaren. Elk tijdperk brengt een wereldtijdperk, een tweeduister van de goden.* [2]

De dierenriem symboliseert en representeert subtiele energieën die voortkomen uit de uitlijning van de sterren in een specifieke tijdsperiode (Kali Yuga). Hier is een figuur te zien van het grote zodiakale jaar uit Hamlet's Mill.

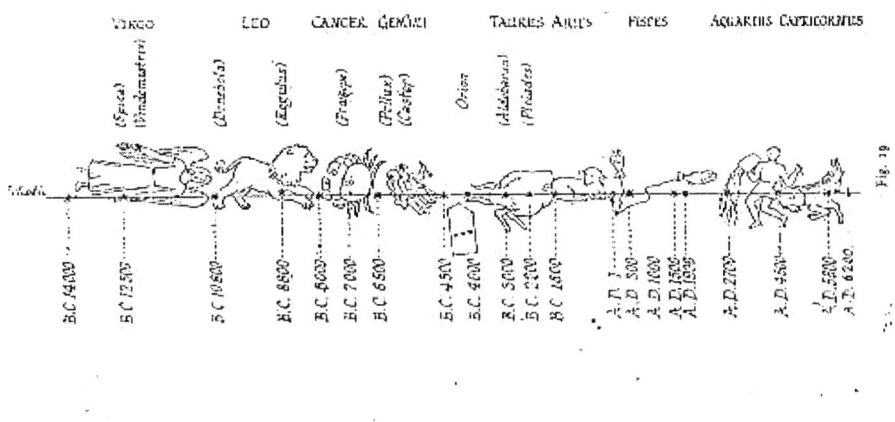

Figuur van het grote zodiakale jaar uit Hamlet's Mill. Hier worden de astrologische tijdperken gerepresenteerd als astrologische symbolen, die achterelkaar door de tijden heen lopen.

William Stirling zegt in zijn boek *The Canon* dat de oude Egyptenaren van de vastgestelde astronomische- en kosmografische feiten wisten wat de maten van de aarde waren en de afstand van de planeten:

> *De Egyptenaren observeerden de cycli van de zon en de maan in hun verschillende banen. Van deze vastgestelde feiten werd een schets, in de belichaming van personages van hypothetische goden, afgeleid. Deze schets was een symbolisch beeld van het gecreëerde universum en van de onzichtbare krachten die het universum reguleren.* [3]

Mythen zijn gecodeerde astronomische gebeurtenissen

De verscheidene mythen lijken astronomische gebeurtenissen te representeren. Bijvoorbeeld, de oceaan is een hemelse oceaan. De zeven wijzen zijn de zeven sterren van Ursa. De voornaamste bron van de mythe was astronomie. Planetaire perioden waren bekend en werden gevierd in archaïsche tijden.

9

In de oudheid was het al bekend dat de goden oorspronkelijk de sterren waren. [4] Pas nu ontdekken wij de wijsheid van prehistorische tijden, door de mythen en fabels van lang vergeten tijden. Santillago heeft een methode gevonden om signalen te herkennen die verspreid waren in oude gegevens zoals oude kennis, fabels en heilige teksten. De methode heet vergelijkende morfologie. Er zijn morfologische markeringspunten in de verschillende oude teksten en fabels in de wereld. Het is een symbolische taal[5]. Het gaat om het ontdekken van het kader van verbindingen, die op meerdere niveaus worden onthuld. Aanknopingspunten hiervoor vormen de sterren, nummers, kleuren, planten, vogels, vormen, muziek en structuren. In het archaïsche universum waren alle dingen tekens en onderscheidende eigenschappen van elkaar. Deze signaturen werden in een hologram gegrift, ofwel de mathematische-, meerlagige matrix.

Hamlet is de wrekende macht wiens superieure intellect kwaaddoeners versteld doet staan, maar dit intellect brengt ook kracht en licht aan de hulpeloze en minder bedeelden, die hierdoor hun misère herkennen [6]. In het algemeen heeft het verhaal van de molen van Hamlet enkele algemene karakteristieken die van diverse mythen zijn afgeleid. Het hoofdverhaal gaat over een broer die een andere broer vermoordt. Een zoon, de held van het verhaal, overleeft, hij die de dood van zijn vader wreekt door zijn oom te vermoorden. De oom probeert de zoon, de held, te vermoorden, maar slaagt daar niet in. De zoon, de held, slaagt in zijn wraakpoging. [7]

Een voorbeeld hiervan is het verhaal van Hamlet, en het verhaal van Isis en Osiris, Set en de held Horus. William Stirling zegt dat mythen en verhalen van alle volkeren verborgen aanwijzingen over astronomische feiten bevatten die ons bepaalde informatie verschaffen.[8]

William Stirling meent dat een mythologisch verhaal met mythische personages, zoals het verhaal van de Argonauten bijvoorbeeld, een mythologische manier is om astrologische data vast te leggen. De zeven ronddraaiende planeten en de sfeer van de permanente sterren, symboliseerde het gehele materiële universum. De gestalte van een man verpersoonlijkte de oorzaak of beweger, die alle lichamen met leven inspireerde. Er was een filosofisch systeem geconstrueerd, dat aan God een lichaam en ziel toedichtte. Het lichaam bestond uit alle materie. De ziel was verspreid door alle lichaamsdelen.[9]

De figuren van de Ark van Noach, de Tabernakel, de Tempel van Salomo, het Heilige Offer van Ezechiel en de mystieke stad van het Nieuwe Jeruzalem, verborgen op een mystieke wijze de astronomische wetenschap van de Hebreeërs. Een specifiek aspect van de hemel correspondeerde met deze mystieke structuren. Bekende astronomische feiten vormden de werkelijke basis van de theologie van de klassieke oudheid.[10]

William Sullivan en de 'Mythe van de prehistorie'

Op de Hamlet's Mill conferentie, die in 2001 in Londen werd gehouden, nam de wetenschapper William Sullivan het woord. Hij zegt dat mythologie de software is waarop de hardware in de monumenten draait. Hij geeft drie regels van de wetenschap van de archaeo-astronomie. Ten eerste, zijn de dieren in de mythologie de sterren. Ten tweede, zijn de goden de planeten en ten derde, is topografie in mythen uranografie, dat wil zeggen een analogie voor de positie van de zon ten opzichte van de hemelse sfeer. Als voorbeeld hiervan geeft hij Saturnus. Saturnus is de drager van de molen van Hamlet. Saturnus heeft de langste terugkeertijd, dus is Saturnus een oude god. In Peru is de Hemelse Lama een analogie voor de donkere wolkenconstellaties. Deze eenvoudige encryptietechniek wordt gevonden over de hele wereld. Er is dus een sterk verband tussen de goden en de planeten. William Stirling heeft, door het gebruik van gematria, een oud Hebreeuws numerologie-systeem ontdekt. In gematria zijn de geometrische maten die worden gebruikt een aanwijzing voor de soort planeet of godheid.

Oude sterrenkunde; mythen en inwijdingstradities

In een lezing van Dr. Yuri Stoyanov, op de Hamlet's Mill conferentie, werd gepraat over oude Egyptische sterrenkennis. De Egyptische stellaire kennis is geconcentreerd op rond de pool draaiende sterren zoals Cygnus, de Grote Beer en de Kleine Beer. Een beweging in de polaire regio heeft een effect op mystieke systemen. De breedtegraad is hierbij belangrijk. De esoterische traditie is afgeleid van mythologische reizen door de sterren. Sterrenkunde is verbonden met bijvoorbeeld orakelplaatsen in Griekenland. Belangrijke inwijdingsreizen worden verbonden met deze plekken. De Babylonische magie van de sterren wordt ook wel astrale magie genoemd. Constellaties houden hun kracht in bedwang. Het primordiale vermoorden van de stier gaat over het 'vermoorden' van de constellatie Taurus. Mithras, meester van kosmische krachten, staat achter de beweging van de precessie van de equinoxen. De afdaling van de ziel door de sferen is analoog aan de schijnbare baan van de zon die door de zodiak gaat. Het opstijgen van de ziel gaat door de zeven sferen heen, zoals de sjamanen beweren. De verhalen in de Noorse Edda coderen hemelse gebeurtenissen in een verhalend mythisch systeem. Dit is een typisch voorbeeld van de praktische betekenis van de hypothese van de molen van Hamlet. Volgens John Gordon, die ook bij de Hamlet's Mill conferentie was, is mythologische astronomie de heilige wetenschap van de oude mysteriën. Gaia is bijvoorbeeld de naam van ons lokale universum. Het universum is een proces van constante wording, zonder begin of einde. De mensen uit de klassieke oudheid waren monotheïsten van de primaire Logos. John Gordon beweert dat de zon de verloren dochter is van de Plejaden. De Plejaden waren het centrum van het universum.

De uitlijning van kerken en tempels op de sterren en subtiele energieën was eens een echte wetenschap. Resten van deze wetenschap zijn te vinden in de kennis van westerse Geomantie en oosterse Feng Shui. Kan een uitlijning van sacrale gebouwen naar de posities van de sterren de beschikbaarheid van stellaire subtiele energieën vergroten? We kunnen ons afvragen of magie wetenschap is.

De zonnewetenschap van het oude Egypte

Maurice Cotterell geeft in zijn boek *The Tutankhamen Prophesies* een uitleg die het werkelijke bestaan van astrologie niet afwijst of ontkent. In zijn boek legt hij uit dat de elektromagnetische straling van de zon het moment van geboorte beïnvloedt. De zon heeft vier segmenten, die regelmatig variëren met een positieve, elektrische- en een negatieve, magnetische lading.

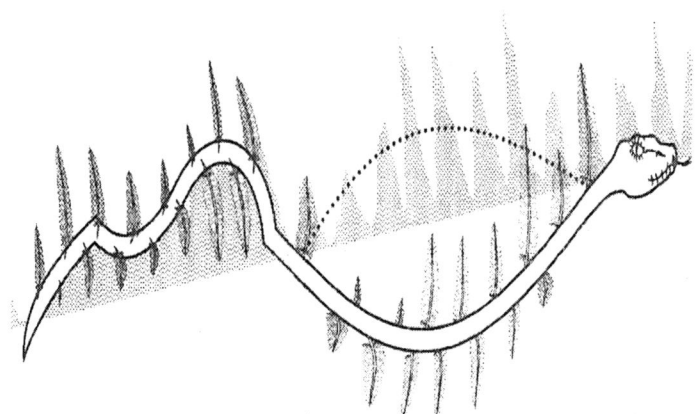

Afbeelding van de Gevederde Slang, een symbool van de zonnevlek-cyclus uit: Maurice Cotterell, 'The Tutankhamen Prophesies'

Dit zijn geen occulte wetenschappen als zodanig, maar dit is kennis gebaseerd op archeologische vondsten. Het graf van Toetankhamon bevat verschillende artefacten die ons voorzien van de zonnewetenschap van de oude Egyptenaren. Nu we dit weten, kunnen we kijken of de astrologische wetmatigheden meer licht op ons pad kunnen schijnen. Waarom zouden de beschavingen uit de oudheid hun monumenten uitlijnen op verschillende sterrenconstellaties, op herfst- en lente equinoxen en op de zomer- en winterzonnewendes? [11]

Hoofdstuk 3
De aarde-energie

Plutarchus gaf al aan dat de energie van de aarde alleen schijnbaar constant is in zijn getijden en veranderingen in de tijd. [12] De aarde-energie volgt de langzame variaties van de baan van de hemelse lichamen. Cyclische veranderingen in de hemel beïnvloeden de stroom van de aarde-energie. De stroom van aarde-energie trok zich terug uit de tempels en begon een andere route te nemen. De priesters waren niet langer gevoelig voor de energiestromen van de aarde.[13] De meeste informatie uit dit hoofdstuk over de aarde-energie, is afkomstig van John Michell's boek *The Earth Spirit* [14].

Aarde-energie

Er zijn verschillende benamingen voor de aarde-energie: slangenstroom, tellurische kracht, subtiele aarde-energie, prana, mana, vrill, universeel plastisch medium, anima mundi, dierlijk magnetisme, odyle, orgone, kwikzilver (Mercurius) of Hermes. We kunnen hieraan de moderne ideeën van Wagner en Cousens over tachyon energie of nulpuntsenergie toevoegen. Hier komen we later, in hoofdstuk 23, nog uitgebreid op terug. Het onderzoek van John Michell geeft aan dat geïsoleerde rotsblokken, die op elkaar zijn gestapeld, traditioneel in verband worden gebracht met de roep om vruchtbaarheid. De grote steenblokken speelden een belangrijke rol in de generatie van aardse energiestromen. Ze waren ook deel van de uitzending van de magnetische-, ethische energiestromen, door uitlijning van stenen pilaren en steencirkels. De aarde-energie is onveranderlijk. Basilius Valentinus zei dat de sterren de aarde-energieën voeden.[15] Hermes is de representant van de dwalende aarde-energie. Toen de kunstmatige levenswijze, het geregelde leven, de ondersteuning vereiste van een vorm van technologie, werd de actieve yang kracht opgeroepen. Dit gebeurde door de oprichting van fallische pilaren en de vergoddelijking van de zon.[16] Door het feit dat nomadische stammen zich permanent gingen vestigen, verloren zij het contact met de godheden die heersten. De nederzettingen werden naar het paradijs gemodelleerd. Alle nederzettingen ontwikkelden zich als kosmologische schema's, die in de microkosmos de hemelse orde representeerde, zoals deze overeenkwam met de orde van het leven en het patroon van het menselijke verstand. Het paradijs neemt de plaats in van het echte paradijs en wordt op een bewuste wijze gewijd. De goden werden gelokaliseerd in een schrijn of relikwieënkastje. Zij werden via magie en rituelen aangeroepen in hun eigen seizoen. Dit kwam omdat hun natuurlijke beschikbaarheid was verminderd, of zelfs verdwenen. John Michell beweert dat de mensen de goden verachten door het bouwen, graven en de landbouw. Deze praktijken zijn bezwaarlijk voor de aarde-energieën. Bij architectuur, mijnbouw en landbouw werden rituelen gehouden om de goden aan te trekken en te verzoenen. De steun van de goden moest worden aangetrokken via rituelen. Heilige plekken werden voortdurend in verband gebracht met een heilige kalender. Dit is in elke religie nog steeds het geval.[17] De lente-equinox was de gelegenheid om de bevruchting van de aarde jaarlijks te vieren. Dit gebeurde al eeuwen voordat de christenen de kruisiging van Christus op goede vrijdag en de wederopstanding met Pasen herdachten.[18]

Religieuze processies

Iedere god heeft een eigen route die leidt naar zijn schrijn. Pelgrims en feestgangers begeleiden de god naar zijn schrijn. Dit is de oorsprong van religieuze processies. Processies zijn rituele-, heilige reizen. Michell zegt dat deze reizen een imitatie zijn van de oude gebruiken. Mensen, die op deze wijze ritueel reisden, volgden in de voetstappen van de goden. Elke standplaats op de reis van de aarde-energie had zijn eigen dag in het jaar. Elke standplaats had ook zijn eigen mythologische verhaal, samen met de rituelen en liederen die hiervoor toepasselijk waren. De specifieke heilige plek bezit ook eigenschappen die door dieren en mensen kan worden gebruikt. De geomagnetische energiekanalen ofwel leylijnen zijn paden van bovennatuurlijke activiteit. Hier kunnen psychisch gevoelige mensen verschijningen ervaren van natuurgeesten of van de geesten van de doden. Het is daarom niet verstandig om op deze paden te bouwen. Leylijnen mogen op geen enkele wijze worden gehinderd in hun loop. De Griekse Hermes was bekend als een beschermer van reizigers. De weg van Hermes werd gemarkeerd door lijnen van stenen pilaren, die leidden naar de centrale steen of het centrale standbeeld op de marktplaats. John Michell beweert dat alle natuurlijke centra van de aarde-energieën slechts één keer per jaar actief zijn. Mensen gingen naar de schrijn, die gelokaliseerd was op de leylijn, op de specifieke dag dat de aarde-energie van de lokale godheid maximaal aanwezig was. Op deze specifieke tijden waren orakels effectief. De specifieke seizoenen van activiteit werden gemarkeerd door festiviteiten. De feesten, markten en jaarmarkten werden gehouden op de plek waarop de energie van de godheid zijn piek bereikte. Het is algemeen bekend dat de heiligen van onze christelijke feestdagen overgenomen zijn uit het heidendom.

Samentrekkende kracht (Yin, Kwei,) en uitdijende kracht (Yang, Shin)

Er bestaan in dit verband twee natuurkrachten, Kwei en Shin genoemd. Kwei is de yin kracht, het samentrekkende principe. Kwei is de kracht die reageert op rituelen. Shin, of yang is het uitdijende principe. Het correspondeert met de 'geesten van de bovenste luchtlagen en het subtielere gedeelte van de energie in de mens'. De Shin kracht wordt opgeroepen via muziek. John Michell beweert dat mensen in hun oorspronkelijke staat geen goden opriepen. Tegenwoordig wordt door de wetenschap erkend dat de mensen uit de oudheid megalieten en steencirkels plaatsten. Zij deden het zo, dat deze precies uitgelijnd waren op de hemellichamen en ook op de natuurlijke eigenschappen van het landschap. Megalitische plekken en oude graven waren geplaatst op de centra of kanalen van de aarde-energieën. De spirituele aanroeping of invocatie, was destijds een exacte wetenschap. Door deze aanroeping kon voordelen worden behaald, zoals een betere oogst en ook genezing kon dan plaatsvinden. Elke rechtopstaande steen is als de Omphalos in de tempel van Apollo. De rechtopstaande steen is gedreven in het hoofd van de tellurische slangenstroom. Dit fixeert en versterkt de energieën die eerst fluctueerden. De stenen, die waren geplaatst op het aarde-energiekanaal, dienden als een opslagmedium, als een soort batterij voor de opslag van aarde-energieën. Als je een steen bij een natuurlijke waterbron plaatst, worden de fluctuerende aarde-energieën versterkt en gefixeerd. Het water in de bron wordt hierdoor het hele jaar energetisch, en niet slechts één keer per jaar kort. Priesters gebruikten bloed, dat was geofferd op offeraltaren, om een antwoord uit te lokken van de aarde-energieën die zich op die plek bevonden. Na verloop van tijd waren er steeds meer bloedoffers nodig om de aarde-energieën op te roepen. Totdat er een moment kwam dat er helemaal geen aarde-energie meer werd opgeroepen. De priesterkaste verloor gaandeweg de kennis van de dwalende aarde-energieën en ontaardde hierdoor. De aarde-energieën, die zich in de stenen en tempels bevonden, verlieten als het ware uiteindelijk deze heilige plekken. Deze energieën waren daarom niet meer bevattelijk voor de oproepingen door de gedegenereerde priesterkaste. Ondergrondse waterstromen en -koperaders beïnvloeden de stroom van aarde-energieën. Boven de ondergrondse stroming is er een geïntensiveerde activiteit, die waarneembaar is voor mensen die hiervoor gevoelig zijn.

Geomantie

Een tempel of schrijn heeft aarde-energie nodig omdat de tempel anders nutteloos is. Architecten uit de oudheid dienden eerst de juiste locatie te vinden waar de aarde-energieën zich bevonden. Deze locatie was verbonden met de natuurlijke routes en centra van de aarde-energieën. Een wichelroede werd gebruikt om minerale ertsaders op te sporen. Dit is hoe de wichelroedeloper te werk ging. Eerst vond de wichelroedeloper de juiste plek voor het oprichten van een tempel. Daarna spande de architect een lijn vanaf de fundering tot aan het hemellichaam, omdat het hemellichaam correspondeerde met de lokale godheid. Ter verduidelijking hiervan haal ik het voorbeeld aan van de Extersteine rotsen in Duitsland. Dit was een ritueel centrum voor oude stammen en was later in de tweede wereldoorlog ook een inwijdingsplek voor Nazi-ceremonieën. Kapellen waren in de rotsen uitgehouwen en waren georiënteerd om het licht van de winterzonnewende te ontvangen. Onder de kapel bevond zich een crypte en een waterbron. De kennis van geomantie plaatst elk land, district en landschap onder de invloed van een bepaald astrologisch teken. De specifieke eigenschap van deze astrologische invloed is terug te vinden in het lokale karakter.

Het doden van de draak

Het 'doden van de draak' is een symbool uit de alchemistische taal. De christelijke symbolen van Sint Joris en de draak, of Sint Michael en de draak duiden de zuivering aan van de aarde-energieën. De aarde-energie wordt gezuiverd door het verwijderen van het 'slangengif'. Dit gebeurde door middel van een pilaar of een paal die in de grond wordt geplaatst. Dit wordt het 'doden van de draak' genoemd. Het was van belang voor de vereniging van de kosmische en aardse energieën. Kerken die op de top van een heuvel zijn gebouwd, worden vaak gewijd aan Sint Michael, in opvolging van de hiermee overeenkomende godheid uit de oude astronomische religie.

Grote gebouwen gebruikt als containers voor subtiele energie

Grote aristocratische huizen werden gebruikt als reservoirs voor aarde-energieën. Toen de oude wegen opgebroken werden, kreeg dit systeem geen onderhoud meer en konden de aarde-energieën niet meer worden vastgehouden. Daarnaast werden monumenten opgericht als een symbool voor nationale eenheid, die tevens ook diende als een generator voor nationale energieën. De priesters van de zonne-religie, ook wel de priesters van Apollo genoemd, fixeerden de aarde-energieën. Op deze manier was de aarde-energie permanent beschikbaar. Voor magische doeleinden werden megalieten geplaatst over waterbronnen of aardscheuren om de aarde-energieën te concentreren. Kapellen werden gebouwd over megalitische kamers. Op deze plekken wordt elke zondag de mis gehouden. De legenden van christelijke heiligen zijn een nieuwe interpretatie van de kennis van de goden en de lokale aarde-energieën.

De religie van Apollo

De religie van Apollo en de zonnewetenschap uit de oudheid maakte het mogelijk, voor bijvoorbeeld orakels, om in verbinding te komen met de aarde-energieën. Dierlijke offers werden gebruikt om de aarde-energie te laten vrijkomen. Daarnaast gebruikten orakels in het Griekse Delphi laurierbladeren om te kauwen als drugs om meer open te staan voor de orakel energieën. John Michell meent dat het vertrouwen in oude formele aanroepingen uiteindelijk leidt tot het verlies van contact met de aarde-energieën. Dit leidde tot het verdwijnen van de oude orakels. [19] Een heilige waterbron kan verscheidene ziekten genezen. Iemand die slaapt boven een scheur in de aarde en zich afstemt op de aarde-energieën, raakt geïnspireerd door profetische dromen. Alchemistische inscripties geven mystieke aanwijzingen voor inwijding. De Romeinse waarzeggers, de Augurs, zetten de klassieke geomantie-praktijk voort. Deze waarzeggers lazen het patroon van de subtiele aarde-energiestromen en luchtstromen door middel van het van dichtbij observeren van de natuur. De Romeinse waarzeggers lazen en voorspelden zo de waarschijnlijke ontwikkeling van gebeurtenissen.

Paden van aarde-energieën

Een netwerk van mystieke routes werd gebruikt op heidense feesten en -ceremonieën. Deze paden waren ook begrafenisroutes of lijkenpaden. De herinnering aan deze routes is bewaard in oude legendes over ondergrondse tunnels die oude steden met elkaar verbinden. Paden van aarde-energieën zijn dus verbonden met de geomantische praktijk. In China bepalen de aders van aarde-energie de plaatsing van alle graftombes en gebouwen. Rechte paden werden uitgelegd op grond van astronomische overwegingen. Deze paden verenigen kosmische- en aardse energieën. Zij geven daarnaast ook de ontwikkeling aan van een technologische vorm van geomantie. Geomantie wordt uitgeoefend in verband met een hiërarchische samenleving en gecentraliseerde macht. Meestal waren christelijke kerken gelegen op deze heilige plekken. [20]

Grotten, watervallen en bergtoppen zijn plekken waar natuurlijke ionisatie voorkomt. Geïoniseerde lucht bijvoorbeeld heeft een effect op het hormoonniveau van mensen. Hormonen beïnvloeden op hun beurt weer de breinfunctie. Het brein beïnvloedt ons bewustzijn. [21] In de herschreven klassieker van John Michell *A new view of Atlantis* citeert John Michell de schrijver J. Foster Forbes, die zei dat prehistorische plaatsen waren uitgelijnd om de constellaties te reflecteren. De lezer dient er rekening mee te houden dat Foster Forbes deze informatie verkreeg in een staat van helderziendheid:

De relatieve positie van de constellaties was ingevuld door kelkvormige markeringen op verscheidene hoofdstenen. Dus waren deze stenen zowel aardse- als hemelse kaarten. Elk van deze megalitische plekken had een ander karakter, afhankelijk van de natuur van het hemellichaam die het representeerde. Daarnaast was het karakter van de plek afhankelijk van de natuurlijke magnetische stroom die erdoor vloeide. [22]

Natuurlijke magnetische stromen werden eens gekanaliseerd voor de magische doeleinden van de priesters uit de oudheid. Steencirkels werden opgericht om verschillende redenen:

Niet slechts in conjunctie met astronomische observatie door de gevorderde priesterkaste, maar dat de eigenlijke plaatsen tot een bepaalde mate zouden dienen als ontvangst-stations voor de directe invloeden van de hemelse constellaties, die bekend waren bij en gewaardeerd waren door de priesterkaste, in het bijzonder op bepaalde seizoenen van het jaar. [23]

Afbeelding van wegenkaart van The Way aangepast uit een Engels wegboek van 1675

In prehistorische tijden had de oude religie de overhand. De oude religie was de aanbidding van de aarde-godin, of moeder aarde. Tegenwoordig beleeft dit geloof een heropleving via de Gaia-hypothese. De oude religie was de oorspronkelijke religie van de nomadische volken. De godinnen-religie was gebaseerd op het meereizen met de aarde-energieën. Het is duidelijk geworden dat de oude uitlijning van heilige plaatsen op de zon, maan en de sterren niet langer accuraat is. Dit is zo omdat de aarde-energieën dwalen over de aarde. Toen de samenleving verstedelijkte, werden de tempels en paleizen op heilige krachtplaatsen geplaatst. Verstedelijking zorgde voor de noodzaak om de aarde-energieën aan te passen. Iemand die geomantie beoefend kan het landschap verbeteren en de latente krachten van de aarde-energie manifesteren. Hij kan het patroon van het energieveld meer aanpassen aan de wensen van de bewoners.

Gigantische dolmieten

De gigantische megalitische grafmonumenten, de dolmieten in Drenthe, worden hunebedden genoemd. Deze hunebedden werden, zoals men aanneemt, gemaakt door de Hunen, wat reuzen betekent.

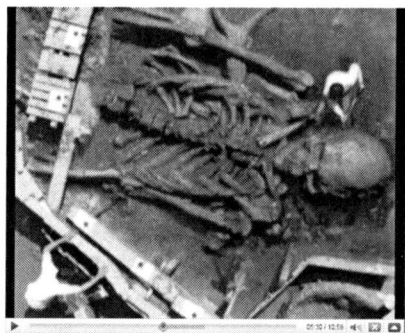

Afbeelding van het gevonden skelet van een reus, zie de afmetingen in vergelijking met de mens. De reuzen waren vermoedelijk de Nephilim, de Hunen, of de Anunakki. (Uit: Youtube video: Planet X Nibiru Nephilim Alien Giants Found 3600 Years Old, http://www.youtube.com/watch?v=hPsflAScswI&feature=related)

Tegenwoordig denken archeologen dat het graven waren. dolmieten zijn stenen gebouwen op krachtplaatsen, die ouder zijn dan de Egyptische piramiden, die 5000 jaar geleden zijn gebouwd en waar de doden werden begraven. Preciezer gezegd zijn het doorgangsgraven, omdat dolmieten geen doorgangsstenen hebben als ingang. De gigantische stenen werden ongeveer 200.000 jaar geleden van Scandinavië naar Nederland overgebracht in de ijstijd, door langzaam bewegende gletsjerijs. De grote stenen die verspreid waren werden gebruikt om de dolmieten te bouwen. Sjamanen geloven dat deze structuren van opgestapelde stenen een bepaalde spirituele weg vormen, om astraal te kunnen reizen. dolmieten konden ook worden gebruikt als een doorgang voor de doden naar de gebieden van het hiernamaals. Tegenwoordig is het bekend dat het bezoeken van heilige plaatsen het mediteren vergemakkelijkt. De sluier tussen de materiële- en astrale gebieden is daar dan voor een poos opgelicht. De gestapelde stenen, waar de doden in de prehistorie werden begraven, waren gelegen op aarde-energiecentra om het reizen van de overleden ziel naar de spirituele gebieden te vergemakkelijken. De koning of farao kon dus spiritueel opstijgen naar de hemel. Dit geldt ook voor de ingewijden die slaagden voor hun initiatie terwijl ze nog leefden. De stenen monumenten werden op energievortexen gebouwd, op plaatsen waar de stromingen van de aarde-energieën elkaar kruisen. De mensen uit de oudheid bouwden hun graven op deze vortexcn, omdat de zielen van de doden gemakkelijker hun lichaam konden verlaten op plekken met een hoge elektromagnetische kracht. De sterke elektromagnetische krachten hielpen de doden om een brug te slaan tussen de materiële- en de astrale wereld. [25] Carolyn Cobelo vertelt verder over de effecten die men kan voelen op prehistorische- en andere begraafplaatsen:

Het effect van begraafplaatsen varieert in overeenstemming met de rituelen van zielsbevrijding, die eens in deze plaatsen werden gehouden. Die plekken waar de zielen vrij waren om te vertrekken brengen een licht, vrolijk en bevrijdend gevoel over. Begraafplaatsen die zielen als in een val gevangen hielden, brachten een gevoel van doem, angst en lijden naar boven. In een plek waar een slagveld of een natuurramp was, waar veel mensen op een gewelddadige manier stierven, kan deze sensatie sterk genoeg zijn om een gevoel van duizeligheid of misselijkheid te veroorzaken. [26]

Een begraafplaats kan dus een plek zijn van bevrijding of van gevangenschap. Dit hangt af van de rituelen die er gehouden worden voor de vertrekkende zielen, in het bijzonder als begrafenisriten werden gehouden op een heilige plaats.

De Tempeliers en de pelgrimsroutes

De Orde van de Tempeliers was een ridderorde die de taak opgedragen had gekregen om de pelgrimsroutes te beschermen naar het heilige land, naar Jeruzalem. Van John Mitchell en anderen weten we nu dat veel pelgrimsroutes zijn verbonden met aarde-energie. De kapellen en kerken op de route konden zijn gebruikt als opslag en versterker van de subtiele aarde-energieën. De gebeden van de pelgrims op de route zorgden voor een constante toevoer van toewijdingsenergie op de leylijnen.

Hoofdstuk 4
Nummers

Het gebruik van symbolische nummers

William Stirling [27] ontdekte dat de nummers van de namen van de Egyptische godheden precies overeenkomen met de numerieke waarde, die wordt verkregen van de namen van de Hebreeuwse-, Griekse- en Christelijke goden. Nummers symboliseerden de god of een aspect van kosmische energie. Daarom werden nummers gebruikt bij de aanroeping van de goden of aspecten van kosmische energie, die deze nummers symboliseerden. [28] William Stirling geeft aan dat de Grieken bevestigden dat hun astronomische kennis afkomstig was van de Egyptenaren:

> *De Grieken erkenden dat hun astronomische kennis was afgeleid van de Egyptenaren en een analyse van de nummers die toegedicht zijn aan de Heuvel van Bat, in het boek van de doden (Bk.ix,ch,cviii), laat zien dat deze uitspraken niet noodzakelijkerwijs ongefundeerd zijn. Zijn afmetingen lijken het Egyptische prototype te zijn van de beschrijvingen van de ark, de tempels en steden die in de Hebreeuwse geschriften worden gevonden; want zij anticiperen, op een hele opmerkelijke manier, op de geometrische resultaten die waren verkregen uit het mystieke materiaal van de bijbel. [29]*

Het lijkt er daarom op dat de mystieke Heuvel van Bat, waarop de hemel rust, een afbeelding is van de heuvel of wereld, samengesteld uit de aarde, de zeven planeten en de zodiak.[30]

Het menselijke lichaam als een standaardmaat voor de wereld

God, de wereld en de mensen waren synonieme termen. Het menselijke lichaam werd gezien als de standaardmaat van de wereld. Vitruvius, een architect uit de Romeinse tijd, mat de hoogte van een mens als vier ellebooglengtes. Vier ellebooglengtes is 6 voet, is 24 handpalm-lengtes, is 96 wijsvinger-lengtes. William Stirling:

Als we nu de afstand van de aarde tot de zon als 10 nemen, dan wordt de straal van de zodiakale bol ongeveer 96, zodat het nummer van wijsvinger-lengtes van de hoogte van een mens zou worden verondersteld om de zeven banen van de planeten, die door de vaste sterren worden omgeven, te meten [31]

Canonieke cijfers bevatten astronomische data

Cijfers die zijn afgeleid van de gematria zijn eigenlijk astronomische gegevens. Gematria is de Hebreeuwse methode om geschriften te interpreteren, waarbij de numerieke waarde van woorden wordt gebruikt. William Stirling noemt in zijn boek *The Canon* veel ingewikkelde toepassingen van de combinatie van gematria en geometrische cijfers. Hij doet dit om de astronomische gegevens te ontsluiten, die zijn geïncorporeerd in de namen van goden en godinnen en andere mythologische personages. De Hebreeërs hebben een standaardmaat vastgesteld voor het planetaire systeem. De Vrijmetselaars werden later onderwezen in dit systeem.[32] De mensen uit de oudheid zochten symbolen waarvan de vorm overeenkwam met de afstand die ze maten in de hemel. De symbolen werden gecreëerd om de astronomische feiten openbaar te maken, in overeenstemming met hun mythische gebruiken.[33]

Canonieke aardrijkskunde

William Stirling zegt dat de aardrijkskundigen uit de oudheid de wereld in kaart brachten. Om dit te doen, gebruikten de aardrijkskundigen één of meer canonieke vormen. [34] De verhouding van steden volgde dezelfde kosmische verdeling als dat van het hele land. [35] Een tempel of openbaar gebouw was zo geplaatst, dat het paste in het mystieke schema van de stad, zodat het in de juiste verhouding tot zijn omgeving stond.[36]

Verder werd de betekenis van heilige plaatsen gevonden in de systematisch vastgelegde plaatsen op drie niveaus. Deze niveaus waren de wereld, de stad en de tempel. De plaatsen werden vastgelegd, bijvoorbeeld het land Kanaän, Jeruzalem en de kerken of kathedralen, waren als microkosmos precies beschreven. Daarom kon elke gebeurtenis uit de kruisgang van Christus zijn eigen plek krijgen in de wereld, in de stad en in de tempel. [37] Landen en steden werden een naam gegeven volgens hetzelfde microkosmische principe als de wereld zelf.[38]

Gematria als sleutel tot de mythologie

Gematria is de Hebreeuwse methode om de Hebreeuwse geschriften te interpreteren, waarbij de numerieke waarde van woorden wordt gebruikt. Namen, nummers en symbolen werden gebruikt om astronomische feiten aan te duiden. Deze feiten werden gerelateerd aan elkaar via namen van mythische personages. De nummers zouden verloren zijn gegaan zonder het mythologische verhaal dat alle feiten samenbrengt. Gematria is de sleutel of methode om de mysteriën in de mythen te ontsluiten. Ingewijden onderwezen het gebruik van gematria afzonderlijk aan studenten van de Kabbala. De feiten, die waren verhuld in de mythen door de nummers, werden de canon, werden de regels voor het meten van sacrale architectuur uit de oudheid. De afmetingen die werden gebruikt bij de tempelbouw, komen overeen met de energie of godheid die werd aangeroepen op die specifieke heilige plaats. Op deze wijze werden astronomische feiten vastgelegd in de architectuur. Dit verklaart waarom astronomie de koninklijke wetenschap wordt genoemd. De maten van een tempel waren gebaseerd op astronomische feiten. Men probeerde zoveel mogelijk overeenkomsten te vinden om een heilige plaats te wijden aan een godheid. De maantempel was gewijd aan de maangodin bijvoorbeeld. Hoe meer overeenkomsten er worden gecreëerd, hoe meer sympathische verbanden er voor handen zijn om de energie van die bepaalde godheid aan te roepen en om deze energie voor bepaalde gekozen doeleinden te gebruiken. Hieronder is een belangrijk citaat opgenomen van Vitruvius, dat het feit illustreert, dat de mensen in de oudheid een uitgebreid gebruik maakten van deze kennis bij het bouwen van hun tempels:

[5] 5 Overeenkomst is die perfectie van stijl, die komt als een werk op een gezaghebbende wijze is gebouwd volgens goedgekeurde principes. Het komt voort uit voorschriften, van gebruik of uit de natuur. Van voorschriften, in het geval van gebouwen die open naar de lucht zijn, ter ere van de weerlichten van Jupiter, de hemel, de zon of de maan; want dit zijn godheden wiens gelijkenis en manifestaties we voor ogen zien in de lucht als de lucht wolkeloos en helder is. De tempels van Minerva, Mars en Hercules zullen Dorisch (dus eenvoudig gebouwd ed.) zijn, omdat door de potente levenskracht van deze godheden sierlijkheid hun huizen volledig ongeschikt maakt. In tempels van Venus, Flora, Prosperine, Lentewater en de Nimfen, zal de Corinthische orde (rijk uitgerust en uitgebreid gebouwd ed.) van speciale betekenis worden gevonden, omdat dit tere godheden zijn. Zo zullen haar nogal slanke omtrekken, haar bloemen, bladeren en ornamentele krullende versieringen, haar overeenkomsten verlenen waar zij passend zijn. De constructie van tempels van de Ionische (één van de stijlen van de klassieke Griekse architectuur, gekenmerkt door pilaren met gemodelleerde voetstukken en kronkelende- en spiralen cannelures op het

*kapiteel ed.), van Juno, Diana, Vader Bacchus en de andere godheden van die
soort, houden de middenpositie; want het bouwen daarvan zal een gepaste
combinatie zijn van de soberheid en strakheid van de Dorische en de teerheid
van de Corinthische.* [39]

Canon en kabbala

De drie belangrijkste mystieke nummers in de canon representeren de drie personen van
de kabbala. De Grieken bedachten dat de periode van de schepping van de wereld tot de
geboorte van Christus 5598 jaren waren. Deze drie nummers (2368, 2151 en 1080,
opgeteld is dat 2,368 + 2,151 + 1,080=5,599) beschrijven precies de drie gedeelten van
het universum; het hemelgewelf, de zodiak samen met de planeten en het ondermaanse,
ofwel de elementaire wereld.[40]

De vier windstreken en de acht windrichtingen

Vitruvius (Vitruvius, *De Architectura*, boek I, hoofdstuk V) geeft aan dat er geen vier,
maar acht windrichtingen zijn. Zie de afbeelding van de acht windrichtingen van
Vitruvius. Dit komt dan weer overeen met de acht trigrammen in de Chinese I Ching.

Het oosten, Solanus

Het zuidoosten, Eurus

Het zuiden, Auster

Het zuidwesten, Africus

Het westen, Favonius

Het noordwesten, Caurus

Het noorden, Septentrio

Het noordoosten, Aquilo

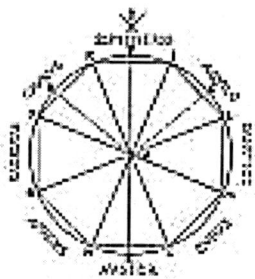

Afbeelding van de acht windrichtingen volgens Vitruvius

Heilige geometrie

Volgens Plutarchus vormen Osiris, Isis en Horus de triade van de heilige- ofwel sacrale geometrie uit de oudheid. Osiris, de drie, is de verticale zijde van de rechthoekige driehoek, die staat voor de bevruchtende kracht van de zon. Isis is de vier, het materiële- of ontvangende principe, de horizontale zijde van de rechthoekige driehoek. Horus is de vijf, de kwintessens, de balans tussen de hemelse en aardse energiestromen. Horus vormt de diagonale zijde van de rechthoekige driehoek. Samen vormen zij de gouden driehoek van Pyhtagoras. De driehoek is het startpunt van sacrale geometrie en van de hemelse uitlijning van de kerk. [41] De gulden snede, of gouden Phi, is de ratio 3:5 en komt voor in de natuurlijke groeipatronen van planten en mensen.[42]

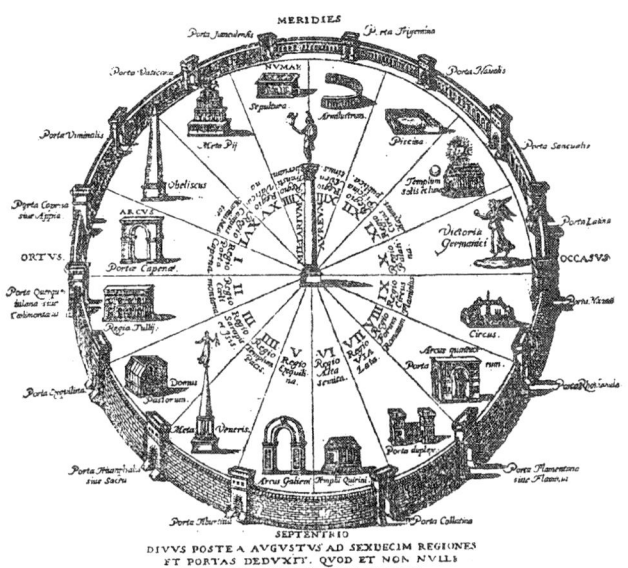

FIG. 26.—CITY OF ROME. FROM BOISSARDO'S "TOPOGRAPHIA ROMÆ," 1597.

Afbeelding van Boissardo, die een geometrisch plan van Rome ontwikkelde. Het is zo gearrangeerd, dat een hiervoor geschikt gebouw in elk van de twaalf vakken valt. Het heeft vier-, acht- en zestien poorten die corresponderen met het aantal windrichtingen.

Retoriek is de kunst om het ene te zeggen en het andere te bedoelen. De Quaballah wordt gemakkelijk geëffectueerd door nummers. Daarom is berekening van het aantal jaren in een cyclus een eenvoudige wijze van het mystiek voorzien van een afmeting. De mystieke maat bracht aan de filosofen een representatie van de drie symbolische personen.

Ik moet erkennen, dat dit boek van William Stirling uit 1897 één van de meest obscure boeken is die ik tot op vandaag gelezen heb. Maar het is ook een zelden gevonden sleutel voor de onderwerpen van de Quaballah, geometrie en de rol van de canon in sacrale architectuur.

Hoofdstuk 5

Megalitische structuren, leylijnen en het globale energieraster

Megalitische structuren, de oudste bouwwerken ter wereld?

Christopher Knight en Robert Lomas hebben ontdekt, dat het geschreven woord, astronomie en geometrie niet vandaan kwam uit het Midden-Oosten, maar uit Europa. De megalitische structuren zijn de oudste bouwsels in de wereld. Alan Butler, een ingenieur, bestudeerde het Minoïsche meetsysteem en een 3500 jaar oud artefact, dat de Phaistos schijf wordt genoemd. Ongeveer 4000 jaar geleden had het Minoïsche volk een wiskundig systeem met een cirkel gebaseerd op 366 graden. Butler ontdekte dat er een direct verband was tussen het Minoïsche mathematische systeem en de 5000 jaar oude megalitische wiskunde. 1000 Minoïsche voet zijn precies gelijk aan 366 megalitische yards, een lengtemaat uit de megalitische tijd. Een megalitische yard is 0,83 meter of 2,72 voet. De megalitische yard werd gebruikt in een wiskundig systeem en was gebaseerd op het aantal zonsopgangen in een jaar. Knight en Lomas zeggen dat megalitische wiskunde de snelheid van de omloop van de aarde meet op het oppervlak. Op deze wijze is het een ideaal navigatie-instrument en daarnaast een standaardeenheid om te bouwen. [43]

Megalitische plaatsen

Dr. Martin Hendry heeft een uitgebreide studie gemaakt van het werk van de archaeo-astronoom Alexander Thom. Alexander Thom (1894-1989) schreef een serie boeken over zijn onderzoek van Britse megalitische plaatsen. In zijn boek *Megalithic Sites in Britain* geeft hij aan dat steencirkels geen volledig ronde cirkels zijn. Er zijn verschillende soorten cirkels zoals platte cirkels en eivormige cirkels. Thom onderzocht de lengte-eenheden van megalieten. De mensen in de oudheid gebruikten één of meer lengte-eenheden. Hij vestigde nieuwe maatstaven voor maateenheden. Hij beschreef niet de individuele megalitische plaatsen, maar hij keek naar alle plaatsen en trok hier statistische conclusies uit. Essentieel hierbij is dat zonsverduisteringen konden worden voorspeld via een megalitische cirkel. Megalitische plaatsen hebben een gemiddelde datum van 1750 voor Christus. Alexander Thom versterkt het bewijs dat er eens ingewikkelde megalitische astronomie is geweest. Hij ontdekte dat er een georganiseerd systeem was van zon- en maanobservatoria. Zijn onderzoek bracht een topografische, astronomische en statistische accuraatheid in het megalitische onderzoek.

Kunstmatige oorsprong van het subtiele energieraster

John Michell bereikte een belangrijke conclusie over de oorsprong van heilige plaatsen. Ik citeer hem hier volledig:

En het meest opmerkelijke kenmerk van het systeem is, dat de paden van ondergrondse stromingen of van magnetische stromen niet van nature recht zijn; zij gaan spiraalsgewijs en golven zoals ondergrondse rivieren of luchtstromingen; toch zijn de stromen, die een prehistorische uitlijning volgen, net zo direct en regelmatig ondergronds, als de leylijnen op het aardoppervlak. De magnetische centra liggen in rechte rijen door het landschap, met een precisie die eerder karakteristiek is voor een menselijke constructie, dan voor het werk van de natuur. In andere woorden, het huidige patroon van aardestromen in Groot Brittannië moet van kunstmatige oorsprong zijn. [44]

De monumentenbouwers hadden niet alleen de bedoeling om de stroom van aardmagnetisme te markeren. Waar stenen van hun originele positie zijn veranderd, zijn de energiestromen met hen mee veranderd. Het patroon van de aardestructuren beïnvloedt de loop van de ondergrondse stroming. De massieve werken van de prehistorische landschapsarchitect hebben eerder de stroming van aarde-energie bepaald en niet zozeer gemarkeerd.[45]

Zwarte energiestromen

Volgens John Michell bestaan er zogenaamde zwarte energiestromen. Deze bevinden zich op plaatsen en bij gebouwen, die zijn geplaatst boven energielijnen die zijn verzuurd. Zwarte stromingen kunnen worden gezuiverd door metalen palen boven de loop van de stromingen in de aarde te plaatsen. Hierdoor kunnen de atmosferische krachten de loop van de aardestromen binnendringen.[46]

Etherische energie op leylijnen en krachtplaatsen

In een internetartikel over leylijnen vond ik een goede verklaring van de werking van ley-energie op een krachtplaats.[47] Etherische energie gaat met een enorme snelheid door de leylijnen. De kern van een krachtplaats is een knooppunt waarop meerdere leylijnen samenkomen. Hoe meer leylijnen er op een plek samenkomen, hoe krachtiger de etherische energie is. De uitstraling vanuit het centrum is krachtiger ten tijde van volle maan. Als er een waterstroom verticaal vloeit, dan stroomt de energie opwaarts. De opgehoopte etherische energie verdeelt zich spiraalsgewijs. De energie kan een positieve- of een negatieve invloed hebben. De energiespiraal beweegt, of naar links, of naar rechts. Als er geen waterstroom aanwezig is, dan vloeit de energie horizontaal over de grond. De etherische energiespiraal kan 10 tot 1500 meter uitstralen van het knooppunt. Als de etherische energie een gebouw binnenkomt, dan vindt het zijn weg naar buiten langs de muren. Als er een toren wordt gebouwd op een leylijncentrum, dan vloeit de etherische energie over de muren naar de top van de toren. Als er een altaar wordt geplaatst op een leylijncentrum, dan wordt het altaar opgeladen met etherische energie. Deze etherische energie verspreidt zich door het hele gebouw. Normaal gesproken verspreidt de etherische energie zich als een spiraal, maar het kan zichzelf ook manifesteren als een lichtbol. Het internetartikel noemt ook dat UFO-verschijningen and visioenen kunnen plaatsvinden op deze etherische krachtplaatsen.

Leylijnen

Leylijnen zijn bio-energetische, geologische stromen. Het zijn lijnen van biomagnetische kracht onder de aarde. Leylijnen zijn onzichtbare lijnen van magnetische energie die ook drakenlijnen worden genoemd. [48] Het leylijnenraster wordt ook het Tetragrammaton genoemd. Het energieraster doordringt en omcirkelt de aarde. Mineralen komen te voorschijn uit de kern van de aarde, gedurende de formatie van de aarde. Deze mineralen brengen een elektromagnetische lading met zich mee. De elektromagnetische lading wordt dan aan de oppervlakte gebracht door waterbronnen. Meren bevatten deze lading en rivieren dragen de elektromagnetische lading naar de oceanen. Op de kruispunten waar meerdere leylijnen samenkomen wordt een heilige plek gecreëerd. [49] Omdat stenen bestaan uit gesmolten mineralen, die zijn verhard in de aardse atmosfeer, kunnen de mineralen in de stenen de elektromagnetische stromen rond de aarde kanaliseren. De krachtige energiestroom, die wordt gekanaliseerd via de stenen, kan onze energievelden openen. Om deze reden wordt spirituele inwijding altijd uitgevoerd op heilige krachtplaatsen.[50]

De noord- en zuid magnetische velden, die de polen verbinden via lange stralen, die zich uitstrekken over de lengtelijn van de aarde, genereren de belangrijkste energielijnen. Minder belangrijke factoren zijn voornamelijk afhankelijk van het geologische terrein. De factoren beïnvloeden de leylijnen door, of constructieve, of door negatieve destructieve tussenkomst. Deze factoren zijn ondergrondse waterwegen, metalen/magnetische ertsafzettingen, de algemene contouren van het terrein, ondergrondse magma stromen en breuklijnen.[51]

Het effect van leylijnen

Er is een unieke atmosfeer op de knooppunten van energielijnen, die leidt tot rust, een spiritueel gevoel (wat door kerken wordt gebruikt tijdens de dienst), bomen, granen en gewassen die lang leven. Het is een goede werkplaats voor meditatie, magie en rituelen. [52]

Leylijnen en waterstromen

John Williams en Bill Lewis geloven dat er een verband is tussen het plaatsen van megalitische monumenten en de aanwezigheid van ondergrondse waterstromen en meren. Lewis denkt dat de monumenten precies op zo'n ondergrondse waterstroom zijn geplaatst. De megalitische steencirkels zijn zo geconstrueerd en uitgelijnd, dat de ondergrondse waterstromen precies door het midden vloeien, onder de ruimtes tussen de stenen. De waterstromen vloeien onder de stenen door, naar de buitenkant van de steencirkel. Onder een megalitische rechtopstaande steen wordt er altijd een kruising van één of meer waterstromen gevonden. Deze stromen zijn nog tegenwoordig steeds intact en actief. [53] De verklaring hiervan kan worden gevonden in de magnetische capaciteit van water. Water kan magnetische energie ophopen en vasthouden. Het water wordt gemagnetiseerd door de instroom van het gouden elixir, dus bij de energetische mix van extra laagfrequente golven (ELF-golven, zie hoofdstuk 7). De invloed van dit elixir op het magnetische veld van objecten, zoals megalieten, wordt overgebracht via de stenen naar de leylijnen, die zich op de kruising van waterstromen bevinden. De waterstromen zijn de dragers van de energie van de leylijnen. Bill Lewis denkt verder dat de druk van water door een tunnel van aarde, zoals klei, een zwak elektrostatisch veld creëert. Als waterstromen elkaar kruisen, versterkt dit het elektrostatische veld. Een steen, die recht op dit kruispunt wordt geplaatst, werkt op de ene of andere manier als een versterker. Bill Lewis beweert verder dat de kracht, die voortkomt van onder de grond, wordt geleid door de megaliet heen. Dit versterkt de kracht van de energie. De energie heeft een spiraalsgewijze beweging. Elke onbeschadigde steen heeft een spiraal met zeven omwentelingen. De twee onderste omwentelingen dringen door onder het aardoppervlak. De spiraal beweegt zich hoog opwaarts. Interessant is dat de kracht van de stroom niet constant is. De kracht van de stroom is afhankelijk van verschillende aspecten, zoals de invloed van zon en maan en de invloed van de planeten. De kracht vermeerdert of vermindert zich op een cyclische wijze. Elke maand verandert de kracht in polariteit. De kracht verdwijnt dan langzaam en verliest zijn focus voor verschillende uren of dagen. Als de kracht terugkeert, dan volgt het de tegengestelde richting, totdat de volgende omwenteling in de cyclus zich voordoet.[54]

De energiedruk van de instroom is een mengeling van elektromagnetische invloeden, die door de cyclus van de zon wordt veroorzaakt. De zon keert zijn polariteit ook om op een cyclische wijze. De energie die van de zon en de planeten afkomt, beïnvloedt het aardmagnetische veld. De waterstromen zijn in staat om deze magnetische energie op te slaan en te leiden. De aardmagnetische energieën dringen dan in de aarde, door de zogenaamde leylijnen. De megalieten fungeren dan als antenne of ontvanger van subtiele energieën, die van de zon, maan en planeten afkomt. De stenen ontvangen niet alleen, maar versterken ook de magnetische kracht van deze energiestromen. Dit kan logisch zijn, als we rekening houden met de kwaliteiten en eigenschappen van de megalitische stenen. In het geval van megalieten van graniet weten we dat graniet kristalachtige eigen schappen heeft. De unieke eigenschap van kwarts is een element van elke megaliet. Het kristal in de stenen resoneert (the ELF-golven van het elixir) en versterkt magnetische energie. De waterstromen zijn een opslag- en vervoerssysteem voor het vitale energiefluïdum, dat door de hele aarde stroomt en mensen, dieren en planten beïnvloedt.

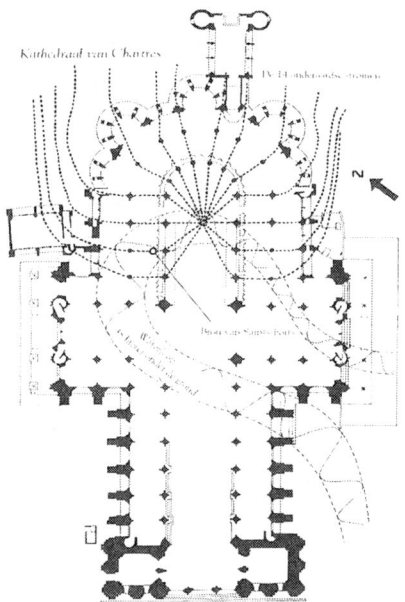

Waterstromen onder de kathedraal van Chartres [55]

Deze figuur van de plattegrond van de kathedraal van Chartres zegt veel in weinig woorden. De energie stroomt onderaards en de stromen volgen hun pad onafhankelijk van elkaar. De energiecentra zijn verbonden in een matrix van subtiele energielijnen, die mathematisch zijn uitgelijnd.[55]

De steencirkels vormen een sterrenkaart. Elke Griekse godheid, zoals Dionysus, Bacchus etc. had zijn eigen heilige plaats.[56]

Het etherische wereldomspannend net

Het etherische net, van elkaar kruisende energie meridianen rond de aarde, kan worden gezien als een supergeleider, waarin de krachtpunten domeinen zijn, waarin informatie kan worden opgeslagen. Een gevoelige persoon kan toegang krijgen tot deze informatie. Bijvoorbeeld, in oude tradities konden wijzen toegang krijgen tot deze opgeslagen informatie door te slapen en dus te dromen op de krachtplaats. De dromen werden onthouden en verteld bij het ontwaken uit de droomstaat. Een spirituele leraar kan de energie van de kosmische krachtplekken gebruiken om zijn eigen centrum van straling te vestigen. [57]

De spirituele leraar kon dus zijn eigen kerk of religie vestigen en kon de energie van de krachtplaats aan de man brengen als een religieuze macht aan de onwetende en religieus gewijde massa.

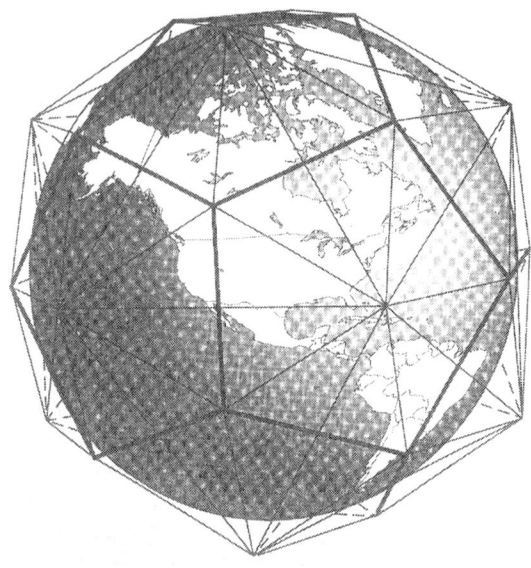

Afbeelding van het planetaire energieraster [58]

Leylijnen of drakenlijnen en de platonische lichamen

De platonische lichamen hebben een betekenis in relatie tot leylijnen of drakenlijnen. De aarde is, elektromagnetisch gezien, een dodecaëder van twee energiestructuren, van positieve- en negatieve kanalen die over elkaar heen vallen. De icosaëder vormt de positieve matrix en de octaëder vormt de negatieve matrix.

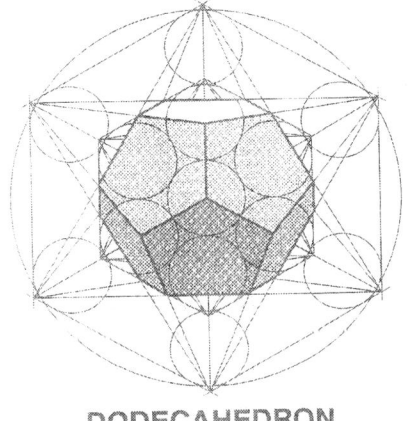

DODECAHEDRON

Afbeelding van dodecaëder [58]

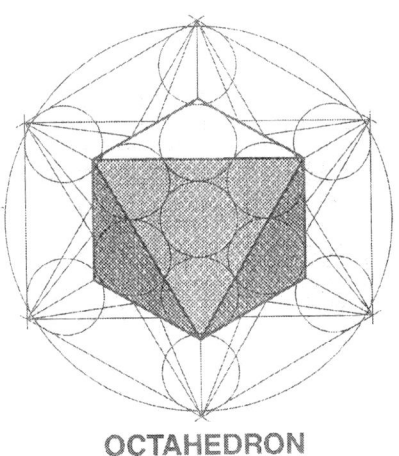

OCTAHEDRON

Afbeelding van octaëder [58]

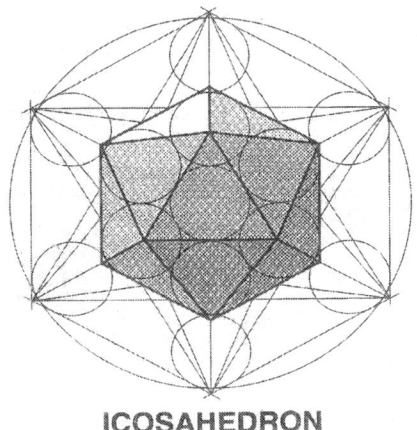

ICOSAHEDRON

Afbeelding van icosaëder [58]

Deze twee structuren vormen de energetische superstructuur van de aarde. Deze energetische superstructuur wordt door mij de matrix van subtiele energie genoemd. Op de kruispunten van leylijnen is de positieve- en negatieve energie in perfecte balans. Op deze plekken, of heilige plekken, komen de energieën van hemel en aarde bij elkaar, in een wervelende energievortex. De positieve- en negatieve spiralen van ELF-golven omstrengelen elkaar en ze heffen elkaar tegelijk op. Dus is er een beweging van twee golven, die resulteert in een staande golf, een punt van perfecte balans.

Het verband tussen de koninklijke- en de priesterlijke klasse

Er is altijd een sterke band geweest tussen de koninklijke- en de priesterlijke klasse. De priesterkaste wordt ingewijd door een ritueel en zalft de koning of keizer bij de inauguratie. De koning, op zijn beurt, installeert zijn ridders in de ridderorde door hen de riddereed te laten afleggen. Er is een hele lijn van hiërarchische afstamming, waarin de belangrijkste posities alleen kunnen worden ingenomen door een eed te accepteren, of door te worden ingewijd. In feite kan een belangrijke positie alleen worden verkregen door mee te doen in een ritueel.

Uitlijningen bij Rennes le Chateau

De uitlijning van gebouwen bij Rennes le Chateau, in de Provence in Frankrijk, vormt een link tussen twee grote energiepatronen. Eén in de vorm van een pentagram en één in de vorm van een hexagram. Het pentagram en het hexagram zitten aan elkaar vast. Zou deze plaats een speciale energievortex zijn, die wordt gecreëerd door deze energetische uitlijning? Het zou gemaakt kunnen zijn om inwijdingsrituelen mogelijk te maken, zoals kerken en tempels, die plaatsen van inwijding zijn.

Griekse mandala architectuur

In een catalogus over kunst in de oude Griekenland, herkende ik het symbool van een mandala in de resten van de fundamenten van Griekse architectuur. De mandala is het symbool van het universum, van de microkosmos en van de macrokosmos. Het laat de vier hoeken van de aarde zien. Deze corresponderen met de vier elementen, die bij elkaar worden gehouden door het vijfde element, the kwintessens. Dit is ook de plek waar het altaar meestal wordt geplaatst. (*Die Griechische Klassik, Idee oder Wirklichkeit*, Verlag Philip von Zabern, Mainz, Duitsland, 2002, p. 95)

Hoofdstuk 6

De mysteriën en de oude kennis van subtiele energieën

De mysteriën waren een grote publieke instelling, centra van nationaal- en religieus leven, waar de mensen uit de betere klassen in duizenden samenkwamen en zij deden hun werk goed...C.W. Leadbeater [59]

Degenen die slaagden in de graden van de mysteriën, werden onderwezen in de kennis van deze wereld. Naast de wereldlijke kennis kregen zij ook een levendig beeld van de toekomst, nadat zij waren gestorven. Zij kregen ook kennis van de grotere kaders, waar zij een deel van waren en dus het werkelijke doel van het leven.

De vier elementen

In Peru, in de heilige vallei van de Inca's, zijn er oude tempelplaatsen die zijn gewijd aan de vier elementen, vuur, lucht, water en aarde.[60] Dorothy Morrison zegt dat magie een gemeenschappelijk element deelt met technologie.

Als we werken met de krachten van de elementen – een basis van natuurmagie – dan voegen we alle noodzakelijke elementen bij elkaar voor statische elektriciteit.

Zij legt in eenvoudige woorden uit wat de betekenis is van de vier elementen.

Vuur

Het vuur-element: het elektrische fluïdum. Magische kracht vloeit door de kern van het vuur-element. Het vuur-element reageert op elektriciteit en heeft een positieve lading. Deze kracht wordt het elektrische fluïdum genoemd.

Water

Het water-element: het magnetische fluïdum. Magische kracht vloeit door de matrix van het water-element. Het wordt het magnetische fluïdum genoemd. Het heeft een negatieve lading. Het water-element is verbonden met krimpen en samentrekken.

Lucht

Het lucht-element; de grondende kracht tussen vuur en water. Het lucht-element versterkt en voedt het vuur-element. Lucht verandert de dichtheid van water. Water wordt omgevormd in mist, regen en sneeuw. Ook al zijn water en vuur tegengestelde polariteiten, ze kunnen zich mengen en vormen dan stoom en bliksem. Dit kan alleen door een bemiddelende brug. Het lucht-element is de brug of het grondende element tussen water en vuur.

Aarde

Het aarde-element; het elektromagnetische fluïdum.

> *Het aarde-element bevat de elementen van vuur, water en lucht, maar dan in zijn meest solide vorm. Samen vormen ze rotsen, lava en gletsjers; zij maken onze bodem rijk, vochtig, warm en stoffig. Omdat het aarde-element de drie andere elementen op een actieve wijze vermengt en zijn levenskracht haalt uit hun combinatie, noemen we zijn kracht elektromagnetisch fluïdum. [61]*

De kennis uit de oudheid is een kennis van subtiele energieën. Subtiele energie-kennis gaat over de kennis en praktijk van de transformatie van subtiele energieën. Het ontvangen en uitsturen van extra-laagfrequente golven door mensen, is hiervan een praktisch voorbeeld. Het gaat over de omvorming van energieën van een hoger frequentieniveau naar een lager frequentie- of vibratieniveau. In andere woorden, het gaat om de omvorming van spirituele energie van het ene bestaansniveau naar het andere, zoals bijvoorbeeld de overgang van energie van de Akasha of het spirituele gebied, naar een ander bestaansgebied, zoals het materiële gebied.

Krachtcentra

Volgens David Spangler is een krachtcentrum een plek waar de energieën van twee of meer dimensies of evolutiepatronen samenkomen en waar de grens tussen deze dimensies dun is. Het is dan mogelijk voor iemand, die hiervoor het bewustzijn heeft ontwikkeld, om de scheiding tussen de dimensies of evolutiepatronen te doorbreken. Een bewuste persoon kan dan met de andere energie in contact komen en het doorgang verlenen naar zijn levensgebied[62]. Op de plaatsen waar de energie-meridianen van de aarde elkaar kruisen wordt een krachtige energie gecreëerd. Een krachtpunt is een fysiek- en spiritueel kanaal van een krachtige energiespiraal, die ontstaat uit de oprijzende aarde-energieën en de neerdalende hemelse energieën. Sommige spiralen hebben yang-energie. Deze energie is generatief in de natuur en wordt gereguleerd door het samentrekkende elektromagnetische veld dat richting aarde beweegt. Andere spiralen zijn yin-spiralen, die ontvankelijk, receptief zijn in karakter. Deze spiralen hebben een uitdijend elektromagnetisch veld dat zich hemelwaarts beweegt. Plekken met opstijgende energieën worden gekenmerkt door spiritueel georiënteerde samenlevingen. Plekken met neerdalende energieën zijn plaatsen waar de energie een grote dichtheid heeft. Neerdalende energieën hebben een snel samentrekkende spiraal van materialisatie. [63]

Hoofdstuk 7
Alchemie

Kunnen we echt de subtiele energiestromen meten, die door het land gingen? Zijn de oude teksten over alchemie gecodeerde technologische handboeken, net zoals dit het geval is bij gedeelten van De Zohar? Is er een verband tussen technologische kennis van oude beschavingen en alchemistische-, Hermetische kennis? Waar is de scheidslijn tussen technologie en magie? De steen der wijzen, de filosofensteen, is het derde oog dat ontwaakt is voor de vibraties van subtiele energiestromen.

De oudste tak van alchemie wilde het aardse paradijs realiseren door de vereniging van kosmische- en aardse krachten. De vroege alchemie in China, een combinatie tussen astrologie en geomantie, was oorspronkelijk verenigd in één systeem. Dit systeem onderkende het feit dat er correspondenties bestaan tussen de invloed van de planeten en de energie van aardse metalen. Het symbool van de draak vertegenwoordigde de hemelse invloed en het symbool van de tijger representeerde de aarde-energie. Een heilige plaats werd gewijd omdat er een natuurlijk altaar op werd geplaatst voor het aanroepen van de subtiele aardkrachten. John Michell zegt dat de aarde-energie wordt aangetrokken door kleuren en vrolijkheid. De aarde-energie kan worden beïnvloed door correct uitgevoerde rituelen. [64] Om deze reden werden er stoken papier of stof in de bomen gehangen om de aarde-energieën aan te trekken.

Dschabir Ibn Hajjan was rond 730-810 de stichter van Arabische alchemie. Hij was de belangrijkste vertegenwoordiger van Arabische alchemie. [65]Hij heeft *Het boek van vergiften* geschreven. Om elixirs te maken, gebruikte hij menselijke- of dierlijke delen. Hij gebruikte menselijk- en dierlijk sperma, bloed, haren, hersens, eieren, melk en urine. Deze substanties werden elk gedestilleerd. Elke substantie werd op zijn eigen manier gebruikt. Als men het goed doet, dan wordt er een substantie verkregen in de vorm van water, olie, een kleurprincipe en aarde. Wat in het proces wordt teruggewonnen, zijn de vier basale principes. Deze vier basale principes worden vermengd volgens specifieke gewichtsverhoudingen. Het is interessant dat Dschabir Ibn Hajjan beweerde dat planten en edelstenen niet nodig waren om de elixirs te vervaardigen. [66]Er zijn verhalen van speciale ruimten in de voormalige Egyptische tempel van Imhotep, die werden gebruikt om speciale alchemistische acties uit te voeren. Deze acties waren het verhitten,

41

verpulveren, oplossen, fixeren en destilleren. [67]Dus de Egyptische tempels waren eigenlijk alchemistische- en chemische laboratoria. Na Dschabir was Al Razi, rond 900 AD, de belangrijkste representant van het Arabische alchemistische werk. Toen chemische substanties werden onderzocht, werd droge distillatie gerealiseerd door het gebruik van hoge temperaturen. Het vuur moet de aarde in zijn vijf samenstellende delen scheiden.[68] Deze vijf elementen of principes die worden gescheiden zijn:

1 Het water-element (flegmatisch)

2 Het ether-element (kwikzilver)

3 Het olieachtige element (zwavel)

4 Het zout element (mineraal)

5 Het aarde-element (as)

Wij gaan het nu over een andere vorm van alchemie hebben, namelijk de aarde-alchemie.

Het gouden elixir

John Dinwiddie zegt, in zijn onderzoek over het gouden elixir, dat er een psychische communicatielink is van een mens naar ieder ander persoon op aarde. Het gouden elixir zijn de extra-laagfrequente golven (ELF-golven), die in het bereik vallen van 1 tot 35 hertz. John Dinwiddie vond een manier om mentale telepathie te meten van de mens. Daarnaast kon hij ook de collectieve gevoelens van alle wezens, de astrologische invloeden en andere metafysische fenomenen, meten, die de wetenschap vooralsnog ontkent. [69] Onze lichamen zijn antennes, afgestemd om selectief onzichtbare golven te ontvangen, die variëren van 5481 mijl tot 186363 mijl, als deze van korst tot korst worden gemeten. Metingen laten zien dat megalitische plaatsen elektromagnetisch resoneren tussen 1,6 en 2,6 Hertz. Elke keer als we een weg bouwen, of een gebouw neerzetten, veranderen wij de aardse stroom van het gouden elixir. Bouwers in de oudheid markeerden de stroom van het elixir met gigantische stenen markeringen. Nieuwe bouwsels hebben dus de loop van het elixir gewijzigd. Extra-laagfrequente golven omhullen de ionosfeer van de aarde en knooppunten van deze staande golven komen samen op megalitische plaatsen. Prehistorische mensen wisten meer dan wij over deze zaken. John Dinwiddie mat de extra-laagfrequente golven, of ELF-golven, door middel van een *Fast Fourier Transform dynamic signal analyser*. Hij beluisterde hiermee de puls van de aarde. Er was een intelligent bovennatuurlijk patroon. Dinwiddie zegt dat de dynamic signal analyser, zijn meetinstrument, was

...afgestemd op de stem van de stenen, de aarde en de collectieve gedachten van elk wezen op aarde. De stenen en aarde zijn elektrisch levend en spreken dagelijks tot ons. [70]

Een sjamaan kan op intuïtieve wijze de puls voelen. De betekenis van het heilige kruis is dat deze het kruispunt markeert van twee stromen van het elixir. De dynamic signal analyser laat zien dat de golven van de aarde en de golven van de hemel samenkomen op megalitische plaatsen. De golven controleren ons lot. [71] Wijzen uit de oudheid markeerden het verloop van deze ELF-golven van 1,6 tot 2,6 Hertz met megalitische stenen, aarde-ophopingen en piramiden.[72]

De staande golven, die het hele aardoppervlak doorkruisen, worden drakenpaden genoemd. De aarde werd gezien als het lichaam van de draak. De aarde genereert deze golven. Wanneer de frequentie van de drakenstroom veranderde, veranderde het gedrag van mensen, die in de buurt van deze stromen woonden. Deze draken-stromen beheersten het lot van de mensen. Er zijn constructieve- en destructieve golven die wijzigingen in het gedrag met zich meebrengen. De I-Ching, het Boek van Veranderingen, noemt 64 combinaties van golven en hoe ze het denken van mensen beïnvloeden. Deze golven zorgen ervoor dat mensen marionetten zijn van moeder natuur. [73] De energie komt bij leylijncentra spiraalsgewijs aan het aardoppervlak. De 64 hexagrammen bepalen hoe menselijk gedrag wordt beïnvloed door de collectieve golven, die door ons allemaal worden gegenereerd.

De mensen uit de oudheid geloofden dat het gouden elixir vloeide van de hemel en de aarde, door de meridianen van het lichaam, naar de geest die zich in het brein bevond. Punten van binnenkomst voor zes hoofdmeridianen komen uit de top van elke hand. De meridianen zijn kanalen die het gouden elixir naar de vitale organen in het lichaam leiden. Organen, die een ononderbroken stroom van het gouden elixir ontvangen, zijn immuun voor ziekten. Scherpe (houten) doornen werden gebruikt om de stroom van het elixir in de meridianen te stimuleren in het geval van een blokkade.[74]

Yin is de afwezigheid van een specifieke golf in het frequentiebereik van 1 tot 35 hertz. Yang is aanwezigheid van een golf in het frequentiebereik van 1 tot 35 hertz. [75] Zoals we nu al weten, is het resultaat van de samenkomst van deze laagfrequente yin- en yang golven een staande golf. Het gouden elixir is dus de stroom van elektromagnetische golven. Deze verbreiden zich door de meridianen in het lichaam. Belangrijk hierbij is dat yin en yang de twee extremen zijn. En de activerende kracht van alle fenomenen, is de beweging van energie tussen twee polen. Als de samentrekkende kracht zijn limiet bereikt, dan verandert het van richting en begint daarna uit te dijen. En andersom, als de uitdijende kracht zijn limiet bereikt, dan verandert het van richting en begint daarna samen te trekken.[76]

Het aanvoelen van ELF-golven

Ons zesde zintuig zorgt ervoor dat wij ELF-golven kunnen voelen. We kunnen veranderingen voelen, die in het elektromagnetische veld om ons heen gebeuren. Mensen in de oudheid, die dit gevoel ontwikkelden, werden meester-wijsgeren. De meridianen zijn antenne-elementen, die zijn afgestemd op extra-laagfrequente golven. De signalen die worden ontvangen, passeren door elk intern orgaan en komen samen bij de hersenen. [77]

De code 666 en het Beest, de draak

De mensen uit de oudheid identificeerden de draak als het beest 666 met 6 yang meridianen, 6 yin meridianen en 6 frequentiebanden. [78]

De energie van elke ster en elke planeet combineert zich in één enkel signaal. Dit signaal is het gouden elixir. Als de positie van de sterren en planeten wijzigt, dan verandert ook het gecombineerde signaal. Er zijn twaalf organen en twaalf meridianen. Er zijn twaalf tekens van de zodiak en twaalf menstypen.[79] De zon, maan en planeten gaan door deze twaalf tekenen. Deze omcirkeling zorgt dat signalen worden gecombineerd om de geest in ons te beïnvloeden. [80] Onze geest communiceert met alle andere geesten door uit te zenden in het frequentiebereik van 0 tot 34 hertz, de frequentieband van het gouden elixir.[81]

Een ander aspect van de code 666 is dat het de basiscode is van alle organisch leven. Organisch leven is gebaseerd op koolstof gebaseerde atomen. Een koolstofatoom heeft zes elektronen, zes protonen en zes neutronen.[82]

ELF-golven

John Dinwiddie ontdekte met zijn experimenten dat ELF-golven de geaccumuleerde gedachten en gevoelens zijn van de mensheid. Het zijn de collectieve gevoelens van iedereen. ELF-golven verminderen niet in kracht en signalen zonder verlies omhullen de aarde. Zij worden opgeteld of afgetrokken bij andere signalen met dezelfde frequentie.

Dit is een terugkoppelingsmechanisme. Ons brein luistert naar de collectieve gevoelens van de mensheid. John Dinwiddie:

> *We zenden niet alleen onze unieke emotionele signalen uit, we ontvangen*
> *tegelijkertijd de collectieve gevoelens van de gehele mensheid. Als onze emoties*
> *negatief zijn, dan stemmen we ons af op negatieve golven die in de*
> *ionosfeer aanwezig zijn. Als onze emoties positief zijn, dan stemmen we ons af*
> *op de positieve gevoelens van de wereld.*[83]

Alchemie en aarde-energieën

Het elixir (de ELF-golven) is de software die de hardware van de monumenten bestuurt. Alchemie gaat over het beheersen van de stroom van het elixir door alle meridianen van het lichaam. Het gaat over de 'eenheid van de drievoudige vergelijking'. Dit is een oude kosmische formule; het samenspel van essentie, energie en geest. Het gaat erom, volgens John Dinwiddie, dat wij het gouden elixir voelen stromen door onze meridianen. Als je de stromen voelt, moet je selecteren met welke golven je jouw cellen en geest voedt.[84]

Hoofdstuk 8
De creatie van de matrix

ELF-golven verbinden ons met het universum. Elk van ons communiceert met elke andere persoon op aarde. Op deze wijze creëren en nemen we allemaal deel aan de subtiele energiematrix. De aarde heeft een natuurlijke resonantie van 7, 8, 12 en 20 hertz. De signaalsterkte varieert per dag. Dus zijn onze gevoelens en emoties ook afgestemd op de natuurlijke signalen van de aarde. Als de aarde verandert, veranderen de signalen en ook ons gedrag. Dit is de magie die de oude beschavingen vreesden en respecteerden. Dit was de wetenschap die zij beoefenden.[85] Met andere woorden, de gevoelens, gedachten en daden van ieder persoon doen er toe. We kunnen de wereld echt veranderen door onszelf te veranderen en zo de mensen om ons heen te beïnvloeden. De ether, beschouwd als het vijfde element, is het medium. De vier elementen zijn de prikkel tot beweging, de oorzaak die de ether laat vibreren en is de bron van de vorming van golven, zodat waarneming mogelijk is.

De kennis van de golven [86]die de mens beïnvloeden, degenereerde in het geloof in geesten en goden die het lot van de mens bepaalden. Alles wat we behoeve te weten, is het effect dat elke golf heeft op onze geest en onze lichamen. We kunnen dan de juiste golven kanaliseren naar ons wezen, net zoals de mensen uit de prehistorie een Eden hadden gecreëerd en het landschap bevloeiden met golven van inspiratie. [87]

De resonante magnetische laag van de aarde als middel voor telepathie

Ann Madden Jones[88] zegt dat onderzoekers hebben ontdekt, dat het oudste gedeelte van onze hersenen bestaat uit zeer kleine piramidevormige cellen. Deze piramidevormige cellen zenden laagfrequente radiogolven uit, waardoor het mogelijk is om berichten via telepathie te zenden, over grote afstanden. De ontvanger van de telepathische boodschap activeert dezelfde cellen, die deze laagfrequente golven uitzendt, in de zender.

De natuurlijke golf-frequenties van alle hersenen op aarde (menselijk, dierlijk en insecten) zijn van 8 omlopen per seconde tot ongeveer 30 omlopen per seconde. Rond de aarde circuleert een curieus fenomeen, dat het

aardmagnetische veld wordt genoemd, die een resonante frequentie opzet,
gevangen tussen twee platen, de ionosfeer bovenaan en het aardoppervlak
beneden. De frequentie van deze gevangen resonantie is ongeveer 12-14
omlopen per seconde. Dit is natuurlijk het frequentiebereik van de hersenen van
alle levende organismen op aarde. Door sommige vooruitdenkende
wetenschappers is gesuggereerd dat levende organismen de gevangen laag
zouden kunnen gebruiken voor telepathie.[89]

De resonante laag kan worden gebruikt om berichten over te brengen naar individuen of groepen. Het aardmagnetische veld kan hiervoor dus worden gebruikt.

Het 'megalitische circuit' beïnvloedt het aardmagnetische veld

In Avebury, Engeland, in het hart van het energieraster dat het Hartmann-raster wordt genoemd, ontmoeten twaalf krachtlijnen elkaar en gaan de aarde binnen. De mensen uit de oudheid bouwden de megalitische structuur op de kruisingen van de krachtlijnen, die energie-vortexen worden genoemd. Brian Desborough stelt voor dat deze structuren een soort printplaat vormen. Deze printplaat beïnvloedt de natuur van de aardmagnetische velden op een fundamenteel niveau.[90] Ten eerste is hier het feit dat het aardmagnetische veld kan worden gebruikt om berichten te verzenden. Ten tweede werden megalitische structuren, die gebouwd waren op de leylijnen van het energieraster, gebruikt als een printplaat om het aardmagnetische veld te beïnvloeden. We kunnen hieruit concluderen dat de megalitische printplaat in staat was om het aardmagnetische veld te beïnvloeden, zoals we net zagen. Daarom kon het ook de menselijke hersenen beïnvloeden. Dit is zo omdat de menselijke hersenen op hun beurt weer beïnvloed worden door het aardmagnetische veld.

Tempels, kerken en kathedralen, die op de geomagnetische vortexen zijn gebouwd, zouden dus ook de functie van een geomagnetisch energie-circuit kunnen hebben. Dit aardmagnetische energie-circuit stuurt en beïnvloedt de geomagnetische krachtlijnen. Daarbij tegelijkertijd beïnvloedt dit het aardmagnetische veld en de menselijke hersenen. Op de feestdagen van de druïden, op de equinoxen en zonnewendes, zijn de energieën van zon en maan op hun hoogste niveau. De megalitische structuren zijn uitgelijnd op de positie van zon, maan en sterren op specifieke jaargetijden. Deze megalitische structuren zijn ook uitgelijnd op eigenschappen in het omringende landschap. Het megalitische circuit wordt geactiveerd door de binnenkomende energie van de zon. Het megalitische circuit, ofwel de megalitische printplaat, kanaliseert de geomagnetische energie en beïnvloedt dan het aardmagnetische veld. Op heidense- en christelijke feestdagen worden veel religieuze of magische rituelen gehouden op krachtplaatsen, om gebruik van deze energieën te maken. De metafoor van de megalitische printplaat is dus juist. De mensen uit de oudheid bouwden megalitische structuren of megalitische circuits en andere architectonische kunst, om de geomagnetische energie van het energieraster van de aarde te beheersen.

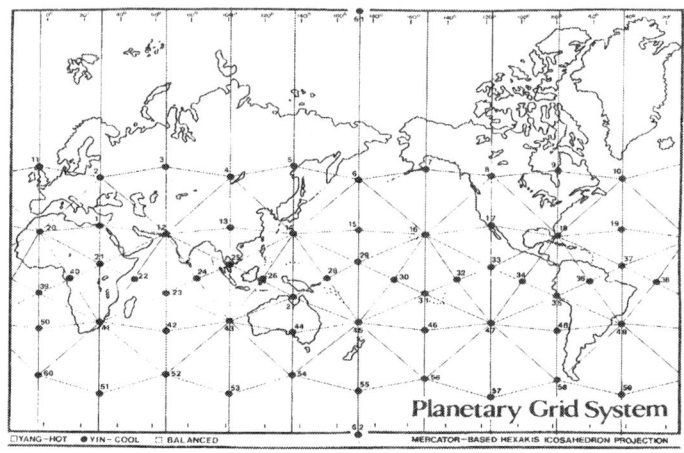

Afbeelding van planetair raster systeem (Uit: Sedona: Beyond the Vortex, Richard Dannelley, Light Technology, Sedona, USA,1995)

Niveaus van subtiele energie-manipulatie

Er zijn twee niveaus van subtiele manipulatie aanwezig. Het ene niveau is een energetisch niveau, waar we over hebben gesproken. Ik doel hier op de invloed van het megalitische circuit op het aardmagnetische veld, die op specifieke tijden van het jaar wordt uitgeoefend. Het andere niveau is een meer spiritueel niveau. Hiermee bedoel ik de manipulatie van de massa via religieuze rituelen. Spirituele entiteiten, engelen of demonen, hoe je ze ook wilt noemen, worden aangeroepen in witte of zwarte missen via magische rituelen. Charles Webster Leadbeater, een theosoof uit het einde van de 18[de] eeuw, heeft vanuit een helderziend perspectief het subtiele energie mechanisme onderzocht van religieuze rituelen. Hierover meer in het hoofdstuk 13 over religie in dit boek. Er speelt hier meer mee dan alleen het gebruik van subtiele energie bij rituelen. Entiteiten van een hoger- of lager niveau worden opgeroepen via rituelen, om mee te werken aan de werken van het ritueel. Zij het engelen, zij het demonen of entiteiten uit andere dimensies. Het gaat hier niet om het spel, maar om de knikkers. Entiteiten van een andere dimensie gebruiken de devotionele energie van deelnemers in een religieus of magisch ritueel in de magische werken, om het gewenste resultaat voort te brengen.

48

Hoofdstuk 9
Astrologie, poging tot een verklaring

Als John Lash, één van de sprekers op de Hamlet's Mill conferentie, praat over het verborgen pad in Kali Yuga, zegt hij dat de voorspellingen over Kali Yuga, het Kali-tijdperk, gevonden wordt in de Chinese en Boeddhistische traditie. Rond 500 voor Christus werden de voorspellingen mondeling doorgegeven. We bevinden ons nu in de eindfase van Kali Yuga volgens oude manuscripten als de *Kali Puranja*, De *Maya Nirvana Sutra* en andere *Puranjas*.

De zodiak van Dendera

De Egyptische zodiak van Dendera kent 13 tekens of sterrenconstellaties, dit in tegenstelling tot de 12 constellaties van onze huidige westerse zodiak. De zodiak van Dendera is het centrale stuk van de archaeo-astronomie. Het patroon legt uit waar we ons bevinden in de grote cyclus.

Afbeelding van de zodiak van Dendera [91]

49

De zodiak van Dendera geeft aan dat wij ons nu bevinden in de overgang van het Pisces- of vissentijdperk naar het Aquarius- of watermantijdperk. De lente-equinox beweegt elke 72 jaar één graad. Volgens John Lash gebruikt de astroloog de sterren niet. De wetenschap van astrologie moet volgens hem worden hervormd. Een een nieuwe wind zou door de praktijk van deze kennis moeten gaan waaien. Astrologie zou gebaseerd moeten zijn op de werkelijke sterrenformaties. De zodiak van Dendera gaat over de werkelijke sterrenconstellaties en niet over astrologische tekens! Bij de tijdsbepaling van de tijdsperioden, moet er worden gekeken naar de vorm van de sterrenconstellaties. De echte sterrenconstellaties zijn extreem onregelmatig. Men dient te leren om de echte constellaties te observeren, want het gaat niet om de twaalf tekens van de zodiak, maar om de dertien werkelijke sterrenconstellaties. Het formele sterrenmodel moet worden gelegd over de zodiak van Dendera. De tijdsperioden zijn niet gelijk en hebben dus niet dezelfde lengte in de zodiak, omdat de werkelijke constellaties onregelmatig zijn. De vis van Pisces zwemt in de urn of stroming van Aquarius. John Lash zegt dat een geestelijke afstemming op frequenties nodig is om spiritueel vooruit te komen. De zodiak van Dendera en het noordelijke-, oostelijke-, zuidelijke- en westelijke kruis in de tempel van Hathor, ook wel de hemelse Eva genoemd, heeft een betekenis. De zodiak van Dendera is het enige overgebleven model van de werkelijke zodiak. Een cirkel gaat door de binnenste ring van de zodiak van Dendera. Elke getekende as door de zodiak heen zal je een datum verschaffen. In de zodiak van Dendera zitten acht data gecodeerd.[92] Lash heeft, naast de vier assen, een vijfde as ontdekt in de zodiak van Dendera, die door de zodiak is getekend. De positie van het centrum van ons sterrenstelsel is te zien op de top van de pijl van de Boogschutter. De zodiak van Dendera werkt het patroon van de zodiakale tijdperken uit. De rechtopstaande as gaat door Pisces, dus door Vissen, heen. Lash zegt dat wij 200 jaar zijn verwijderd van het einde van de 26000 jarige grote cyclus. John Lash benadrukt de belangrijkheid van de imaginaire component en de weg die er te gaan is van interesse naar betrokkenheid. De nieuwe cyclus begint in het vissentijdperk. Elke ster in de zodiak geeft een precieze datum aan.

Het tijdperk van Kali, Kali Yuga

Het tijdperk van Kali begon op 14 februari 3102 voor Christus, dat is ongeveer 5200 jaar geleden. Er zijn nog ongeveer 200 jaar te gaan. (vanaf 2009 precies 188 jaar). Maar wat is Kali? Het Kali tijdperk, 'Ka' betekent tijdperk en 'Li' is de verheven godin die het tijdperk beheerst. Dus betekent Kali de godin van het tijdperk. 'Li' in Kali is de vorm van Kali, geopenbaard voor het welzijn van de wereld. Het beeld van de aarde, zoals we dit zien vanaf de maan, is de afbeelding van de godin. Volgens John Lash zou iedereen afgestemd moeten zijn op de goddelijke verbinding met Gaia, de godin. De mensheid zou moeten ontwaken in het bijzijn van de godin, of vergaan aan het einde van het Kali Yuga. De zodiak is een interactief medium. John Lash nodigt ons uit om 'te dansen met de zodiak'. Er zijn twee fasen: De eerste fase is het vissentijdperk van het vroege Christendom. De tweede fase is die van de toekomst. De getekende as gaat recht door de zodiak heen, door de rechter poot van de Jakhals, het galactische centrum. In de Vedische astrologie worden de tekens van de dierenriem gelijk verdeeld in twaalf delen. John Lash eindigt zijn lezing door een afbeelding te laten zien van iemand die zijn vinger voor zijn mond houdt, het teken van het Hermetische stilzwijgen en zegt dan veelbetekenend dat je de zodiak moet voelen met je lichaam.

De invloed van de planeten

Volgens John Dinwiddie heeft elke planeet een set van resonantiefrequenties, net zoals de aarde die heeft. De hoekige posities van de planeten beïnvloeden het aardmagnetische veld en als gevolg daarvan de geest van de mens. Hij zegt verder dat de andere planeten resoneren, net als de aarde. [93]Het elektromagnetische veld van de aarde is een onzichtbaar elektrisch veld dat de aarde omringt, ook wel de ionosfeer genoemd. Misschien werden de frequenties van de planeten gebruikt en omgevormd door 'transformatiestations' zoals tempels, piramiden en kerken en verschillende heilige plaatsen en steencirkels. Verder zegt John Dinwiddie:

> De astronomen uit de oudheid, die de resonantie frequenties van de dwalende sterren (ook wel planeten genoemd ed.) konden voelen, konden ook de resonantie frequenties, die werden uitgestraald door een persoon, voelen. De muziek van de sferen en de resonantie frequenties van ieder individu zijn op dezelfde bandbreedte (0-36 Hertz). Astrologen met de gave om de muziek van de sferen te horen konden het elektrische veld voelen dat een persoon omringt.[94]

Dit bewijst dat de afstemming of uitlijning van oude tempels, piramiden etc. op de sterren een elektromagnetische tegenhanger op aarde was van de sterrenconstellaties. Hier vindt het Hermetische axioma 'zo boven, zo beneden' een praktische toepassing. Het specifieke gebruik van rituelen in tempels zou de afstemmingsfrequentie van planeten benutten en beïnvloeden in een bepaalde tijdsperiode.

Menselijke meridianen gemeten met een Ohm-meter

Mensen hebben twaalf lage-weerstandsmeridianen die iedereen kan meten met een Ohm-meter. Op ieders lichaam zijn er plekken waar de meridianen dicht bij het huidoppervlak komen. Dit zijn de zogenaamde acupunctuurpunten, punten met een lage weerstand. De elektrische stromen van het elixir vloeien langs de paden met de minste weerstand. John Dinwiddie zegt dat overdrachtelijk gesproken de meridianen de rivierbeddingen zijn voor de ELF-golven van het gouden elixir.[95] Deze uitspraak zegt het helemaal.

De goden uit de oudheid waren de personificaties van de golven die de hersenen van mannen en vrouwen beïnvloedden John Dinwiddie

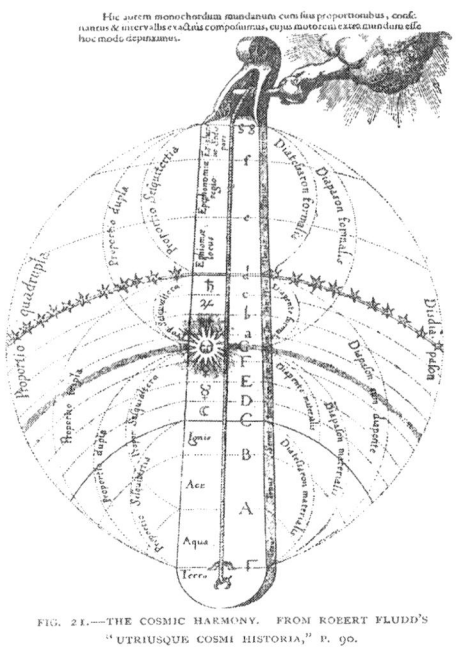

FIG. 21.—THE COSMIC HARMONY. FROM ROBERT FLUDD'S "UTRIUSQUE COSMI HISTORIA," P. 90.

Afbeelding uit Robert Fludd's boek , 'The Cosmic Harmony', over de 'Muziek van de Sferen'

De menselijke aura

Een aura is een extra laagfrequente resonantie frequentie die wordt uitgezonden door ieder individu op aarde, zegt Dinwiddie. Het is mogelijk om deze frequentie te meten via

52

een dynamic signal analyser (een dynamisch signaalanalyse-apparaat). Dinwiddie over de werkelijkheid van de astrologische wetenschap:

> *Zoals de aarde vibreert, zo vibreren de andere vijf planeten van invloed. De ELF-golven van andere planeten worden niet verminderd door de uitgestrektheid van het heelal. Daarom combineren planetaire golven zich met de golven van de mens en onze hersenen luisteren daarnaar. Dit is ons zesde zintuig…we kunnen het universum voelen…intuïtie is een bewustzijn van ELF-golven.*[96]

Verder schijnt er een vertraging van twaalf uur te ontstaan tussen de oorzaak en het effect van een natuurlijke ELF-golf en de menselijke respons op deze golf. Is de nieuwe tijd nu werkelijk begonnen? Dus het is mogelijk. De planeten beïnvloeden de aura van mensen, de ELF-frequenties van de planeten beïnvloeden ons, door met de menselijke aura, of de ELF-frequentie van individuen, te resoneren.

Hoofdstuk 10

Astronomische uitlijning en magische rituelen op heilige plaatsen

De mensen uit de oudheid creëerden magische systemen met verschillende gradaties in complexiteit. Een gebied waarin zij uitblonken, was de kunst van het timen van rituele handelingen, in overeenstemming met astrologische fenomenen. Sommige van deze systemen werden precies gecontroleerd door de maanfasen, andere hielden rekening met de seizoenen en in weer andere waren de sterren en hun posities voornamelijk belangrijk. Sommige van deze systemen worden nog steeds gebruikt en met goede resultaten. Scott Cunningham[97]

Door op magische uren de juiste dingen te doen, resoneert de frequentie van de planeet met de aura van de magiër en versterkt zo zijn eigenschappen en kan zo talismannen opladen, zoals tempels of kerkelijke altaren. De altaren kunnen ELF-golven opslaan.[98]

Gedachtevormen zijn magische energiebatterijen

Magie is de praktijk van het aftappen van periodieke gedachtevormen via rituelen. Dit periodieke aftappen van gedachtevormen kan positieve veranderingen bewerkstelligen. Konstantinos, een duistere neopaganist, die nachtelijke magie bedrijft, zegt:

Gedachtevormen brengen deze reële macht naar elke Sabbat, waardoor deze nachten meer worden dan alleen apart gezette willekeurige data. Op sommige manieren hebben onze voorouders deze nachten gemaakt in de batterijen die ze nu zijn – we kunnen nu deze energie aftappen om onze afstemming met onze nachtelijke natuur te versterken. Konstantinos [99]

Speciaal op de acht sabbatten, die feestelijke riten zijn, kan men gebruik maken van gedachtevormen, die zijn opgebouwd door de eeuwen heen.

Het doel van magie

Het voornaamste doel is om een uiteindelijke bevrijding te verkrijgen van de geestenkringloop en een hergeboorte te verkrijgen in het hemelse huis van Amitabha, welk laatste door middel van zulke magische ceremonieën, al in één leven kan worden verkregen, in plaats van dat het de beloning is van ononderbroken ontberingen in een ongelimiteerde serie van levens. [100]

In andere woorden, het doel van magie is de bevrijding van het karmische wiel. Dit wiel bindt ons in verschillende incarnaties, totdat wij uiteindelijk bevrijd zijn van de gevolgen die we hebben gecreëerd door onze gedachten en daden. Robert Bauval zegt dat wij magische entiteiten zijn in een magisch universum. Hij zegt dat de kennis van het universum in onszelf is te vinden en dat wij hiervan onbewust zijn. De gereedschappen voor de onderzoeker zijn rationele intelligentie en zijn intuïtieve intelligentie. Toch is er altijd het gevaar dat wij symbolen verkeerd interpreteren.

Astrogliefen

In het Gouden Tijdperk kwamen de goden op aarde en zetten de beschaving in beweging. Robert Bauval zegt dat de piramideteksten astrogliefen zijn. De piramideteksten moeten in hun astronomische context worden geplaatst. Hiervoor moet men zich verdiepen in de geschiedenis van de priester-astronomen uit de oudheid. De Egyptenaren konden de precessie van de equinoxen berekenen. De oude Egyptenaren hebben hun verhaal in de sterren geschreven. Astro-magie bracht de kosmische orde op de grond over. Egypte volgde de hemel, wat betekende dat zij van de kosmische orde en de kosmische wetten afwisten. Zij noemden de kosmische orde en zijn wetten Maat. Dus als de hemel verandert, dan veranderen ook de tempels. Robert Bauval zegt dat de grote sfinx kijkt naar de zonsopgang van de equinox. De stele tussen de poten van de grote sfinx was veel later daar geplaatst. De sfinx is geplaatst rond het begin van de tijd, Tep Zepi. De sfinx is uitgelijnd op de constellatie Leeuw, rond 10500 voor Christus. De sfinx kijkt van de hemel naar de aarde om het beginpunt, Tep Zepi, te bewaren.

Hiërogliefen en grafschilderingen als een trigger tot de innerlijke werelden

Een hiëroglief of een grafschildering kan een activeringssignaal zijn voor de onbewuste geest,. Dit is dus een oorzaak die iets in het onbewuste van de mens in werking stelt. De grafkunst is speciaal ontworpen om op een symbolische manier het gevoel en de geluiden van een geestelijke werkelijkheid en dus niet van onze alledaagse werkelijkheid, over te brengen. In het boek *De gevleugelde farao* van Joan Grant, zijn oude Egyptische hiëroglifen en afbeeldingen een soort doorgang tot het spirituele gebied, vanuit het astrale gebied. De afbeelding kan gedachten en gevoelens oproepen, zoals smaak, aanraking, reuk en kleuren. Als iemand is afgestemd op deze hoofdsymbolen, kan men de astrale gebieden binnengaan via het voorstellingsvermogen. Waarschijnlijk werkt het net zo als het mediteren op een tarotkaart. Het is bekend dat tarotkaarten een astrale doorgang kunnen zijn, als men mediteert op zijn afbeeldingen en symbolen. De Egyptische hiëroglifen zijn geschilderd in traditionele kleuren en representeren de afmetingen van de kosmos en de orde van Maat, van de weegschalen van rechtvaardigheid, van de orde van de in evenwicht gebrachte krachten in het universum. De hiëroglifen hebben een vastgestelde afmeting, gebaseerd op geometrische regels. Dit weten we van het onderzoek dat Schwaller de Lubicz heeft gedaan in zijn boek *The Temple of Man*. De Egyptische mathematische wetenschap werd behouden binnen het strakke kader waarin de kunsten verplicht waren te werken. De hiëroglifen en andere afbeeldingen kunnen dienen als een kapstok om de innerlijke werelden te visualiseren.

Astronomische uitlijning en magische rituelen

De monumenten in de oudheid werden niet voor niets gebouwd op de kruispunten van leylijnen, ofwel energievortexen. Monumenten en kerken werden op deze energiecentra van de aarde geplaatst. De kerken hebben een symboliek in hun architectuur, via de sacrale geometrie, die de zonnewetenschap uit de oudheid verklaart. Deze krachtplekken werden ook gebruikt bij inwijdingen in de mysteriën. Deze plekken worden gebruikt voor religieuze rituelen, ten goede of ten kwade. Deze rituelen versterken de collectieve energie van de groep. Religie wordt op deze manier een magische praktijk die op een massale schaal wordt uitgevoerd.

Zo boven, zo beneden

John Michell zegt dat de tempels of paviljoens, die gebouwd waren in de bergen, de magische krachten van hemel en aarde harmoniseren. Dit lijkt op de uitstorting van magische kracht vanuit een geleider. De zon en de maan veroorzaken getijden en stromingen binnen het aardmagnetische veld. De patronen op de aarde volgende dus de patronen in de hemel.[101]

Elke christelijke kerk was geplaatst in overeenstemming met de aardse magnetische stroming. De magnetische lijnen van de aardse stroming bepaalde dus de oriëntatie van de kerk. Onder de kerktoren kwam sterkste kracht vandaan die uit deze lijnen voortkomt. De hemelse invloeden werden naar deze plek aangetrokken door de spits van de toren. De hemelse invloed combineert met de aardse stromen om een samensmelting hiervan te produceren. (John Michell, 2001, p.93)

Onderzoekers hebben vastgesteld dat oude monumenten, kerken, kapellen en kastelen, in de plaats Caithness, een soort merkwaardig netwerk vormen van uitlijningen en geometrische figuren op het landschap. Deze uitlijningspraktijken werden daar voortgezet door een kleine elite tot aan de 18e eeuw.[102]

Hoofdstuk 11
Het tempelontwerp

Volgens John Michell werden tempels vooral gebouwd om de godheden, ofwel natuurkrachten, aan te trekken. Hierbij werd het principe van sympathische resonantie gebruikt, wat betekent dat iets wordt aangetrokken door iets anders, wat daarmee overeenkomstig is.[103]

Grondschema voor een christelijke kerk

Procopius heeft een schema gegeven hoe je een christelijke kerk bouwt, op basis van het ontwerp van een kerk uit de zesde eeuw. Een oude kerk in Byzantium, het huidige Istanbul, was gewijd aan al de twaalf apostelen, die de twaalf zodiakale tekens representeerden:

> *Twee lijnen werden getrokken in de vorm van een kruis, die elkaar in het midden tegenkomen, degene die rechtop staat wijzend naar de opkomende en neergaande zon en het andere kruis naar de noordelijke en zuidelijke wind. Deze werden omringd door een omtrek van muren en binnenin door kolommen die zowel boven als beneden werden geplaatst; op de kruising van de twee rechte lijnen, dat is, rond het middelpunt hiervan, is een aparte plek, die niet mag worden binnengegaan, behalve dan door de priesters en die als gevolg hiervan het heiligdom wordt genoemd. De dwarsschepen die aan elke zijde hiervan zijn gelegen, omstreeks de kruislijn, zijn van gelijke lengte; maar dat gedeelte van de rechtopstaande lijn naar de zonsondergang is zoveel langer gebouwd om het figuur van het kruis te vormen.[104]*

De matrix van occulte invloed, gecreëerd door een netwerk van tempels etc., is uitgelijnd op de sterren. De tempels zijn verbonden met elkaar via resonantie van de occulte – spirituele-, mentale- en astraal gerelateerde – krachten of energieën. Dit gebeurt door het nemen van energie van het spirituele reservoir, van opgeslagen devotionele energie van religieuze aanhangers, via een magisch religieus tempelritueel.

Tempels en afmetingen

Dezelfde afmetingen corresponderen met dezelfde vibraties. Dit is een regel uit de Feng Shui. Een afmeting komt overeen met een vibratie. En omgekeerd komt een vibratie overeen met een specifieke afmeting. Als een tempel is gewijd aan bijvoorbeeld de maangodin, dan bevatten de afmetingen, die gebruikt worden voor de tempel architectuur, verschillende elementen die aan de maan zijn gerelateerd. Deze elementen belichamen astronomische gegevens gerelateerd aan de maan.

De wet van de analogie

De wet van de analogie, van de morfologische resonantie en van de sympathische magie, geeft aan dat er een verband is tussen vorm en vibratie. Een bekend voorbeeld hiervan is zand dat op een metalen plaat ligt. Als de metalen plaat in trilling wordt gebracht, door bijvoorbeeld een toon op een viool te spelen, dan vertoont het zand op de plaat verschillende geometrische figuren, al naar gelang de trillingsfrequentie die wordt gecreëerd. Iets wat lijkt op iets anders, maar niet precies het zelfde is, correspondeert met het andere daarop gelijkende object. In rituele magie is het gebruik van zogenaamde magische wapens van de vier elementen verbonden, via sympathische resonantie, met de energie of kracht van de vier elementen. Bijvoorbeeld, de kaars voor het vuur-element, de schaal voor het water-element, de dolk voor het lucht-element en de pentakel of edelsteen voor het aarde-element.

Sommige belangrijke steden zoals Londen, Parijs en Washington gebouwd in de vorm van occulte symbolen, zoals pentagrammen, hexagrammen, driehoeken en vierkanten etc. Zij zijn uitlijningen van straten en gebouwen die een occulte, dat is verborgen invloed hebben. Zij zijn gebouwd op leylijnen of aardse meridianen, kruisingen, en vortexen van staande golven. Het is een raamwerk van de positieve en negatieve matrijzen, van de octaëders en de icosaëders die elektromagnetische structuren zijn. David Ovason heeft in zijn boek *The Secret Zodiacs of Washington* uitgebreid geschreven over de uitlijning van staatsgebouwen in relatie tot de tekens van de zodiak.

Tempelbouwers en kathedralenbouwers: Vrijmetselarij en occulte invloeden

Wat is het verband tussen de oude Egyptische tempelcomplexen en het middeleeuwse kathedralen-netwerk? Het is het gebruik van de canon die in de kabbala is neergelegd. De Kabbalistische Levensboom is het schema dat wordt gebruikt. Gematria is de methode om de canonieke afmetingen te verbergen en weer tevoorschijn te roepen. William Stirling beweert dat de kabbala de codex of canonieke wet in de geografie was. De geografen uit de oudheid brachten de wereld in kaart volgens het canonieke schema. Bijvoorbeeld, als men het kabbalistische diagram over de kaart van Griekenland legt, dan valt de top of kroon van het schema van de levensboom op de Olympusberg en de basis in het schema van de levensboom, op het uiterste van de Tainarosberg. Delphi markeert dan het centrum van het schema van de kabbalistische levensboom.[105] Dezelfde kosmische verdeling werd gebruikt voor zowel het hele land als voor de stad.[106] De plaatsen voor tempels en openbare gebouwen werden gekozen, zodat zij overeenkwamen met het mystieke schema voor de stad en deze in een juiste verhouding stonden tot de omgeving.[107]

Het bouwen van megalitische plaatsen was een magische wetenschap

John Michell beweert dat de wetenschap van de megalietenbouwers ongetwijfeld magisch was. Het werd gepraktiseerd door de Chaldeeërs en bestudeerd door Pythagoras en de occulte scholen van Griekenland. Het was een wetenschap waarvan de doelen en methodes nog te zien zijn in de inheemse geomantische systemen in China, het Midden-Oosten en Afrika.[108]

Het doel van geomantie

Het stimuleren van de aarde-energieën vergrootte de oogst van de gewassen. Deze methode was afgeleid van de geomantie. De tradities van alchemie, rituele magie en andere occulte wetenschappen waren eens verenigd in de kennis en praktijk van de geomantie. Het doel was om een gouden tijdperk op aarde te creëren. John Michell zegt dat geomantie verenigd met architectuur de eerste ontwikkeling is van een gevestigde relatie tussen de mens en de aarde-godin. Alle nederzettingen zijn een afbeelding van de kosmologische ideeën van de mens, zoals yin en yang. Deze corresponderen met de westelijke- en oostelijke delen van de stad. Zij draaien rond de centrale as van de eeuwige wet, rond de centrale noord-zuid lijn.

Megalitische structuren als condensator van elementale krachten

Turner heeft de visie dat Stonehenge een condensator zou kunnen zijn van elementale krachten. En John Michell beweert dat geomantie ten dienste staat van het gecentraliseerde bestuur:

> *De kracht en invloed van de ronde van rituelen die daar werd uitgevoerd werd overgedragen door de vertegenwoordiging van de symbolische vorm van de stad*

naar het hele land. Dit is geomantie ten dienste gesteld van gecentraliseerd bestuur...Het oog van de bedrijver van geomantie onderscheidt de symbolische vormen in de natuurlijke eigenschappen van een landschap en ziet ze als het beïnvloeden van het karakter van de streek en zijn bevolking...het symbool werd geactiveerd in samenhang met een cyclus van mythen en rituelen.[109]

Heilige gebouwen, zoals tempels en piramiden, zijn eindstations van oude heilige wegen en hun as loopt tot in het heiligdom van het gebouw. De drakenlijnenergie wordt als het ware vastgepind.[110] Foster Forbes schrijft dat elk van de megalitische plaatsen een ander karakter had. Dit karakter hangt af van de natuur van het hemellichaam dat het vertegenwoordigde. Het hing ook af van de kracht van de magnetische stroom die erdoor vloeide. Het doel was het kanaliseren van de magnetische stroom voor de eigen magische doeleinden. Steencirkels werden opgericht door priester-technici. De heilige plaatsen dienden als ontvangststations voor de directe invloed van de sterrenconstellaties. De priesterkaste kende deze invloeden. Zij wisten dat de magnetische stroom actiever was op bepaalde seizoenen van het jaar.[111]

De elkaar overlappende magnetische velden beïnvloeden ons bewustzijn

Megalitische plaatsen zenden gammastraling uit. De magnetische velden hebben een bereik van 10 tot 1500 meter. Als we een heilige plaats benaderen, dan wijst de kompasnaald niet meer naar het noorden. Volgens Paul Devereux produceren andere stenen met een lager magnetisch bereik een puls. De magnetische anomalie van een krachtplaats beïnvloedt voortdurend het gamma-niveau van de hersenen en brengt gamma hersengolven voort. Gedeelten van de hersenen worden beïnvloed door deze magnetische velden. Paul Devereux noemt in het bijzonder, dat magnetische velden de temporaal hersenkwabben beïnvloeden in de hersenen, die het centrum zijn van dromen en geheugen.[112] Daar waar er meer krachtplaatsen in de omgeving zijn, overlappen de magnetische velden elkaar. Een krachtveld komt dan tevoorschijn dat mensen beïnvloedt.

Het aanroepen van de kracht die eigen is aan de krachtplaats

Kerken geven de invloed van leylijnen door. Kerken werden geplaatst in een hoek die de leylijnen toestond om de kerk binnen te gaan. Op een bepaald seizoen schijnen de hemelse stralen door het midden van de kerk, via de ramen aan de oostelijke en westelijke kant. De kerk zendt de invloed van de leylijnen uit.[113] De kathedraal was een instrument van macht. De oude godsdienstige plechtigheden continueerden het aanroepen van de kracht, die eigen was aan de krachtplaats en structuur van het kerkgebouw. De mensen uit de oudheid richtten zich erop om hun graven op de krachtplaatsen te leggen. In de oosterse traditie is de plaatsing van graven zeer belangrijk. Het was belangrijk dat de hemelse invloeden op de begraafplaatsen heilzaam was. Zij geloofden dat de invloed van de hemellichamen op de gestorven voorouders, de toekomstige loop van de lotsbeschikking van de familie beïnvloedde. John Michell beweert dat de centrale overheid, die werd geconfronteerd met een massale volksopstand, probeerde om de grafheuvels van de rebellen te op te sporen en te vernietigen. Een begraafplaats zat op een plek waar 'de blauwe draak de witte tijger ontmoette'.[114] Een reeks van matige hoeken kon de lijnen van de drakenstroom wijzigen. Het geweld van de stroming kon op deze wijze worden verminderd en worden omgeleid via kleinere kanalen om het landschap te irrigeren.[115]

> *Sint Michael en Sint Joris lijken twee aspecten van het zelfde principe te verduidelijken. Het archetype waarop ze betrekking hebben is hetzelfde als die wordt gerepresenteerd door Castor en Pollux, die het mysterieuze vuur van Sint Elmo aanduidde, een stroom van etherische elektriciteit, waarover de Grieken zelfs tot in historische tijden enige controle lijken hebben gehad.*[116]

Het tweevoudige doel van zonnetempels en maantempels

In de laatste decennia van de 19^e eeuw, rond 1884, circuleerden de eerste manuscripten van de Broederschap van Luxor. Dit was een occult, Hermetisch genootschap, dat gedetailleerde instructies gaf over hoe je occulte krachten kunt ontwikkelen voor jezelf. [117] In deze manuscripten werden er veel esoterische doctrines gegeven. Onder deze doctrines was de theorie over het tweevoudige doel van zonnetempels en maantempels die observatoria waren. De zonnetempels en maantempels werden gevestigd toen de zon verticaal stond ten opzichte van de geografische breedte van de plek. De geografische breedte is de hoekige afstand op een meridiaan ten noorden of ten zuiden van de evenaar. De leeftijd van deze tempels kan worden berekend. De evenaar van de aarde is de nul, of het startpunt van alle berekeningen. Elke zone was aangesteld door de grote polaire cyclus van 25.920 jaren. Gedurende deze periode bewegen de polen ongeveer vier graden. Alle gebouwen, die op deze wijze zijn gebouwd, wijzen precies naar de tijd waarop zij zijn gebouwd. Hun geografische breedte moet overeenkomen met hun symboliek. De toren van Babel is hiervan een goed voorbeeld.

De toren van Babel

De toren van Babel had een spiraalsgewijze trappenconstructie met een spiraal van 8 omwentelingen. Dit betekent dat de toren is gebouwd toen de zon verticaal stond in de geografische breedte van 32 graden, want 4 keer 8 is 32. Bijvoorbeeld, het aantal verdiepingen of terrassen gaf op deze wijze de geografische breedte en de bouwdatum aan van oude torens in de Pagodes van China.[118] William Stirling heeft een andere opvatting over de toren van Babel. Hij zegt dat de toren van Babel nooit is gebouwd en dat het een fabel is die op astronomie is gebaseerd. Hij zegt:

> *Het is duidelijk dat de schrijvers van mythen een poging hebben gedaan om de afstand van de aarde tot de maan te overbruggen, samenvallend met het begin van alle aardse talen, zodat door deze astronomische uitvinding te verbinden met de vorming van nieuwe alfabetten en woorden, het verhaal een metaforische aanduiding is van de eerste toekenning van kosmische waarden aan namen.*
> [119]

William Stirling beweert dat namen en tempels worden gebouwd volgens kosmische numerieke waarden. Als dat zo is, dan zouden de Vrijmetselaars klaarblijkelijk in een dergelijke fabel een consequent begin zien van die bouwpraktijk, die zorgde dat een tempel, net zoals een naam, een aanduiding is van het universum, gesymboliseerd door de Logos, samengesteld uit de elementen.

De geheimen van de bouwlieden

De tempels in de oudheid en de kathedralen in de middeleeuwen werden door dezelfde genootschappen van bouwlieden gebouwd. Het genootschap in de middeleeuwen was gericht op de kerk. De kerkelijke organisatie bestond uit gilden. Elke gilde had zijn eigen taak. De grote kloosters in Wenen en Wiesbaden waren de bouwaannemers en hoofdcoördinatoren van de kathedraal-bouwprojecten. Alle bouwactiviteiten werden van daar gecoördineerd voor geheel Europa. De kerk heeft de heilige tradities overgenomen van de mysterietempels uit de oudheid. De kerk volgt tegenwoordig de Griekse-, Perzische-, Foenisische- en Babylonische machtsstructuur van de tempel.[120] De kerken en kathedralen zijn gebouwd op de energiecentra, kruispunten van positieve en negatieve leylijnen of drakenlijnen door de aarde. Deze kruispunten waar kathedralen en andere heilige plaatsen zijn gevestigd, zijn knooppunten in het netwerk van omzetting van subtiele energieën. De Druïdenpriesters kenden deze geheimen en pasten ze toe in hun ceremonieën. Hun kennis is doorgegeven door de mondelinge traditie en door de sacrale geometrie die wordt gebruikt in kerken en kathedralen. De bouwlieden van deze structuren lieten in hun architectuur de sleutel achter van deze wetenschap voor het nageslacht.[121] John Dinwiddie zegt dat de oudste kerken en kathedralen nog steeds in staat zijn om te worden gebruikt als een precies instrument voor spirituele invocatie.[122]

De gouden zonneschijf

Deze paragraaf gaat over het activeren, vitaliseren en heractiveren van het wereldwijde leylijnen energieraster. Broeder Philip noemde in zijn boek *Secret of the Andes* [123] een subtiele energietechnologie uit de oudheid. Dit is het gebruik van de gouden zonneschijf voor de activering of reactivering van het globale energieraster. De gouden zonneschijf was, zoals men beweert, geplaatst in de zonnetempel van Coricancha, Cusco, in Peru. De Inca-priesters wisten al af van het gebruik van de gouden zonneschijf. De schijf werd gebruikt voor het opnieuw activeren van de energie van het leylijnenraster. Het oude 'klooster van de zeven stralen', waarin de zonneschijf was geplaatst, was gelegen in Mu, het moederland, een nu verdwenen beschaving uit de oudheid, waarover James Churchward en Lewis Spencer hebben geschreven. Lemuria was een deel van Mu, van het oude continent in de Pacifische oceaan. Wat interessant is, is dat informatie werd opgeslagen in stenen. Gehele bibliotheken werden opgeslagen in beenderen en stenen. De stenen die hiervoor werden gebruikt waren speciaal. De steen werd energetisch gereinigd en geprepareerd voor het absorberen van kennis. Mensen brachten de kennis over in de stenen en tempels via telepathie.[124] Op deze wijze werd alle relevante kennis opgeslagen in een gebouw. Karel and Caroline van Huffelen zeggen dat zij de energie van oude megalieten en stenen tempels kunnen voelen. Als zij zich afstemmen op de stenen, dan kunnen zij de daarin opgeslagen kennis terugbrengen.[125]

Dit is hoe de gouden zonneschijf werkte. Een gouden schijf werd gebruikt voor het opvangen van de zonnestralen en deze werden hierop gereflecteerd. Er werd een altaar voor de gouden zonneschijf geplaatst. Op het altaar stond het eeuwige witte licht van creatie, ook wel de 'vlam van verlichting' genoemd. De gouden zonneschijf is het symbool van de centrale zon. De centrale zon symboliseert onze schepper. De gouden zonneschijf werd gebruikt voor de projectie van helende energieën. Het was een complex systeem van reflecterende spiegels en lenzen, om krachtige vibraties te projecteren die 'in de aarde werden gestraald'. De gouden zonneschijf was de energetische link van het globale energieraster naar de centrale zon. Het is een symbool van kosmisch bewustzijn. Alleen ingewijden, eigenlijk alleen de verlichte meesters, staarden in de weerspiegeling van de zonnestralen op de gouden zonneschijf. De zonneschijf resoneerde met de kosmische energieën en de meesters absorbeerden de frequentie van de gouden zonneschijf. De zon kanaliseert de stralen van de centrale zon.

De centrale zon wordt ook wel Alcyone genoemd.[126]

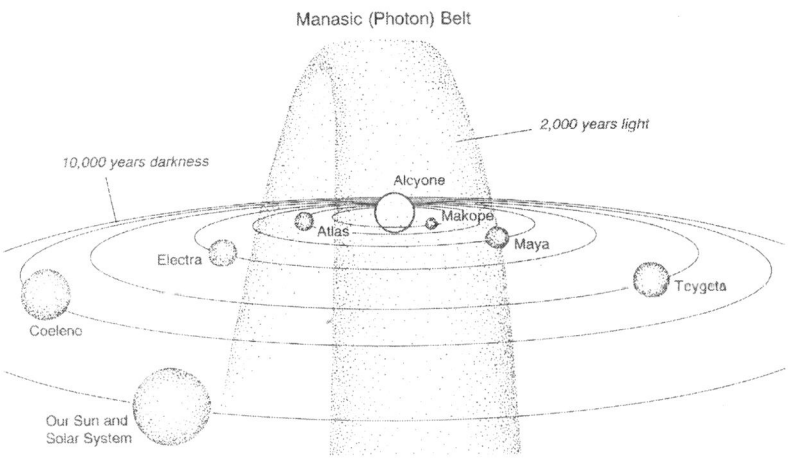

Afbeelding van de centrale zon Alcyone en onze zon en zonnestelsel daarbinnen, reizende door de fotonengordel [127]

Ingewijde meesters ontvingen dus de energie van de centrale zon van ons sterrenstelsel, de Melkweg. De meesters kanaliseerden deze kosmische energie van de centrale zon in het globale energieraster van de aarde. Op deze wijze werden de leylijnen geactiveerd, verlevendigt of gerevitaliseerd. Het klooster was gelegen op een heilige energieplaats. Op deze wijze konden de verlichte meesters op een heilzame wijze het globale energieraster beïnvloeden. Het staren in de weerspiegeling van de zonneschijf gaf de meesters, die de resonerende kosmische vibraties absorbeerden, ook een middel tot het reizen in de astrale wereld door hun gedachtekracht. De gouden zonneschijf is, zoals wordt beweerd, geplaatst in een ondergrondse tempel om daar te worden opgeslagen, totdat de tijd komt om gebruik te maken van deze subtiele energietechnologie uit de oudheid. Voor de aankomst van de Spaanse veroveraars werd de zonneschijf verwijderd uit Corincancha in Peru. De rooms katholieke Santo Domingo kerk werd later gebouwd op de plek waar eens het 'klooster van de zeven stralen' heeft gestaan. De gaten voor de gouden kabels, waarop de gouden zonneschijf steunde, zijn nog steeds te zien in deze kerk.

In het boek *The Power of Sacred Space* van Carolyn E. Cobelo vond ik een andere verwijzing naar het feit dat stenen informatie bevatten, die kan worden verkregen door een gerichte concentratie en afstemming op de energie van de stenen. Zij heeft informatie van de graalstenen gechanneld. De graalsteen in Ussat-Les-Bains, in Frankrijk, zou elektrische stormen als een spons kunnen absorberen. De steen kan behulpzaam zijn in de controle van het weer. Het kan de magnetische krachten controleren die de golven en de wind voortbewegen. De graalsteen op het eiland van Delos in Griekenland, verzorgde informatie over het opnieuw ontwaken van de graalstenen. De graalstenen worden in de nabije toekomst opnieuw geactiveerd. Een citaat hierover wil ik de lezer niet onthouden:

> *Het ontwaken gaat gebeuren rond 2012 gedurende de zomerzonnewende. Tegen die tijd zullen de stenen tot leven komen en zijn dan behulpzaam in de beweging van de aarde en de heraanpassing van de aarde-energieën. In de stenen is er een kristalachtige boodschap. Een radioactief materiaal houdt de energieën van deze boodschap vast in een sterke magnetische kracht – sterker dan het normale magnetisme dat je op aarde hebt.*[128]

Carolyn Cobelo geeft aan hoe de kennis werd overgebracht in de heilige plaats door priesters. De priesters waren in staat om de kennis in de heilige plek te prenten. Zij gebruikten gedachten en geluiden om de kennis in de rots in te prenten. Zij zegt dat we ons kunnen afstemmen op deze ingeprente kennis, door de zenuwuiteinden van onze voeten. Deze zenuwuiteinden werken als een ontvangende antenne voor het opvangen van de vibraties van heilige plaatsen. Op deze manier kunnen wij ons telepathisch afstemmen op de opgeslagen informatie in de stenen.[129]

In Brittannië is er een megalitische plaats, genaamd Bryn Celli Ddu, gebouwd rond 3500-3050 voor Christus. Het betekent 'heuvel van het zwarte bos' en is gelegen op Ynys Mon (Anglesy). Het is een doorgangsheuvel bedekt met aarde. Christopher Knight and Robert Lomas beweren in hun boek *Uriel's Machine* dat dit het laatste bolwerk was van de Druïden. De doorgang van de structuur is 27 voet lang en drie voet breed. De doorgang is gericht op de noordoosten. Het leidt naar een onregelmatige kamer. Vijf grote stenen ondersteunen de twee dekstenen van de ruimte. Bryn Celli Ddu is speciaal uitgelijnd op de midwinterzonnewende. Op de lente-equinox schijnt het zonlicht in de tunnel van de heuvel. Op de muren zijn bekervormige markeringen in het steen gegrift. Deze bekervormige markeringen zijn kleine inkepingen. De zon beschijnt een rij van de bekervormige markeringen, zodat deze op sterren lijken.[130] Het licht van de zon, op de herfstequinox rond september, verlicht de zijmuren van de binnenste ruimte, als het licht van de pilaar afkomt. Dan beginnen twee andere rijen bekervormige markeringen op te lichten. Het lijkt op een constellatie van kleine sterren. Door de uitlijning van de doorgang, wordt het zonlicht geprojecteerd op het weerschijnende kwartsmarmer van de steen. De schijf van de zon wordt dan weerspiegeld op de achterste marmeren stenen plaat van de binnenste kamer. De steen is uitgehold in de vorm van twee, met de rug tegen elkaar uitgeholde, spiegels. Als de zon zich in de juiste positie bevindt, dus op de equinoxen, wordt het beeld van de zon door de uitgehouwen steen geprojecteerd op de schaduwzijde van de kamer.[131] De lichteffecten zijn slechts voor een korte tijd te zien en alleen op een specifiek moment. Dit is afhankelijk van de declinatie van de zon. Het zonlicht raakt de pilaar, door de gleuf van de kamer, tegen de positie van de zon in de lucht. Dit wordt azimut, de hoek die de zon maakt met de horizon, genoemd. De lichteffecten zijn zorgvuldig ontworpen. De weerspiegeling van het beeld van de zonneschijf in Bryn Celli Ddu lijkt op de gouden zonneschijf, zoals die in de vorige paragraaf was beschreven. Misschien werd de plek gebruikt voor het ontvangen van de energie van de zon en de kanalisering daarvan in de aarde. Was het kanaliseren van magische energie eens een praktijk van de Druïden? Het lijkt erop dat deze megalitische plaats eens een meer primitieve versie was van de gouden zonneschijf.

Volgens David Icke heeft de geometrie van een piramide een belangrijk effect op positieve- en negatieve energiestromen. Hij zegt dat steencirkels en rechtopstaande stenen werken als zekeringen en als acupunctuurnaalden, die de energieën van het universele energieraster ontvangen en opnieuw in balans brengen.[132] Carolyn Cobelo bevestigt de notie dat licht, dat in het binnenste van een megalitische kamer schijnt, aangeeft dat de plek een heiligdom is:

> *Een heilige plek heeft vaak als centrum een heiligdom die, verborgen voor het publieke zicht, het middelpunt is van spirituele kracht. Deze primaire energiebron wordt gewoonlijk gemarkeerd door een altaar, een steen, een cirkel van stenen, een vloerontwerp, licht dat door een raam schijnt, trappen, een piramide of een cirkelachtige vorm. Het kan ondergronds zijn of in een ingesloten gebied of een grot.*[133]

Ontwijding van het energieraster

David Icke beweert dat alle negatieve energie, die is veroorzaakt door moorden en oorlogen, een vervuiling veroorzaakt van het globale energieraster. Alle angst, schuld en lijden van mensen op krachtplaatsen creëren negatieve energieën die in het energieraster terecht zijn gekomen.[134]

In de pauze van een lezing op 7 november 2003, sprak ik met Karel van Huffelen over de vergelijking van de megalitische plaats Bryn Celli Ddu met het gebruik van de gouden zonneschijf in het oude Lemuria. Ik vroeg hem toen wat de invloed was van de Rooms Katholieke kerk op de energie van leylijnen en krachtplaatsen. Hij vertelde mij dat de kerk hun kerken opzettelijk op heilige plaatsen hebben gebouwd, om de energie van de krachtplaatsen te blokkeren. De kerk kon zo voorkomen dat de ley-energie zou gaan lekken naar de omgeving. Karel bevestigt het gevoel dat ik had toen ik dit boek begon te schrijven. De kerk bepaalt of en wanneer het deksel van de 'energieput' open gaat. De kerk kon zo de 'zegening van God' geven of onthouden. De priesterkaste had toegang tot deze energieën door de sacramentele rituelen, die gereedschappen zijn om met subtiele energieën om te gaan. Karel vertelde me verder dat de Rooms Katholieke kerk heeft verhuld dat Jezus en Maria Magdalena een tantrische, seksuele relatie hadden, waarin Maria Magdalena een tantrische meesteres was. De werkelijkheid van de vrouwelijke energie, de Shekinah, werd door de kerk verborgen gehouden. De kerk bouwde een patriarchale samenleving op die 2000 jaar heeft geduurd. De Rooms Katholieke priesters benadrukten de maagdelijkheid van de vrouw en onderdrukten de vrouwelijke seksualiteit. De mannelijke- en vrouwelijke energieën moeten weer met elkaar in balans komen. Daarom is het noodzakelijk om de aardse en kosmische energieën te kanaliseren in het leylijnenraster. Ten eerste is het nodig dat het energieraster wordt gereinigd, ten tweede dient het energieraster te herleven. De priesteressen in het oude Lemuria gebruikten kristallen, die geplaatst waren onder de tempels, als een verbinding tussen de priesteressen en het leylijnenraster. Dit is echte subtiele energietechnologie. De belangrijkste boodschap die uit ons gesprek voorkwam is dat het noodzakelijk is om te leren om de energieën te voelen. Voelen is weten. Als we ons afstemmen op de energieën van heilige plaatsen en gebouwen en de stenen aanraken, dan kunnen we op intuïtieve wijze de energieën kennen en voelen. Deze conversatie met Karel van Huffelen bevestigde mijn eigen ideeën over de grote invloed van de kerk op het leylijnenraster en gaf me daarnaast veel stof tot nadenken.

Ontwijding van het energieraster kan worden gedaan door offerrituelen op oude begraafplaatsen. Deze activiteiten schenden de heilige plaats en versterken de kracht van het ritueel. Resultaat hiervan is dat de energie verstoord raakt door de ontwijding.[135]

Energetische kathedraalbouw

Henk Schorfhaar heeft een artikel geschreven over energetische kathedraalbouw. Vanuit het centrum van de kerk werden sporen gelegd, door de bouwlieden, die leiden tot in de bossen. Henk Schorfhaar heeft een regressiesessie gehouden waarin bleek dat hij een kathedraalbouwer is geweest.[136]

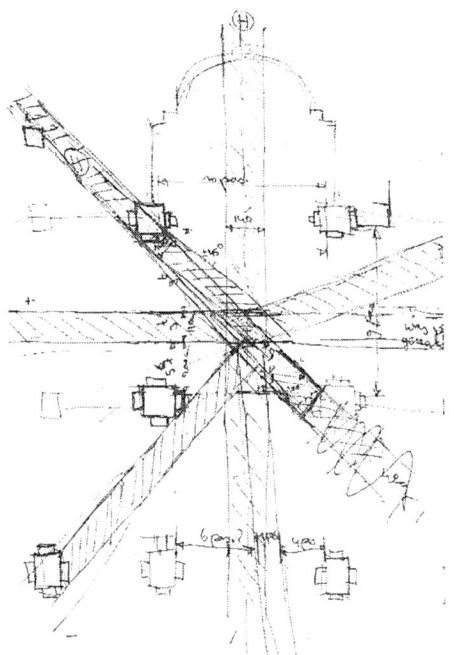

Afbeelding van energielijnen op de kaart van een oude kathedraal [136]

Henk Schorfhaar heeft, zoals hij beweert, een incarnatie gehad als Adolfi, die behoorde tot de orde van de Cisterciënzers in de 12^e eeuw na Christus. Hij beweert dat hij in zijn regressie de oude bouwmethodes en plaatsingsmethodes kon terughalen. Hij beweert dat bossen in secties werden ingedeeld, door rechte sporen te maken van het centrum van het bos tot aan de kathedraal of kerk. De aarde energieën konden via deze sporen naar de kerk worden omgeleid. De kerk had kanalen die werden bedekt met verschillende soorten zand. Deze kanalen werden gebruikt om de subtiele energiestroom te leiden vanuit het bos naar het centrum van de kerk. Als een dorp in de weg stond, dan werden de rechte paden omgeleid rond het dorp. Dit werd gedaan om de subtiele energieën zuiver te houden.

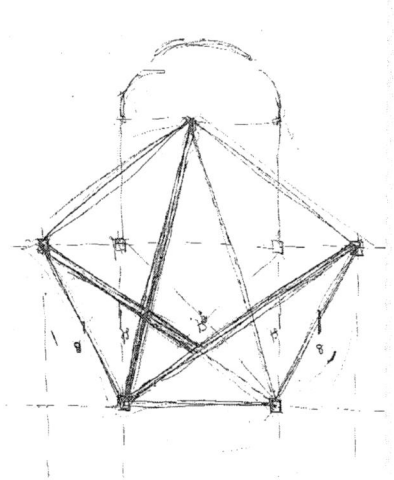

Afbeelding van een geometrisch patroon van energielijnen op de plattegrond van een
kerk [136]

De bouwers voelden de aardse- en kosmische energieën met hun blote handen. Ze maakten dus geen gebruik van een wichelroede als antenne. De mens zelf is een antenne voor de ontvangst van subtiele energiestromen. Het nam veel jaren van oefening in beslag voordat de monniken genoeg waren getraind om de subtiele energieën te ontdekken. Als zij dit stadium van ontwikkeling bereikten, dan waren ze in staat om de precies aan te duiden waar het energiecentrum was, waar de aardestromen in de lucht omhoog rezen. Op die plek komen de kosmische- en aardse energieën bij elkaar. Zij ontmoeten elkaar in balans. Op deze plekken werd een kruis gemaakt vanwaar de rest van de uitlijning werd afgeleid.

Manipulatie van subtiele energieën

Het is deze heilige energie die wordt gemanipuleerd door een afgescheiden groep van priesters en magiërs. De reden waarom er kapellen worden gebouwd langs de rechte paden van subtiele energiestromen, is om de energieën daarvan te kunnen manipuleren. De rechte paden mogen niet worden bebouwd omdat het de subtiele energiestromen blokkeert, tenzij men natuurlijk weet wat ze moeten bouwen om deze stromingen te manipuleren. De geulen, die de kerk met energieën voedden vanuit de omgeving, werkten in twee richtingen, van de omgeving naar de kerk toe en omgekeerd weer van de kerk naar de omgeving toe. Vanuit het centrum van de kerk kon de omgeving weer worden beïnvloed.

Drie stadia in de aanwending van spirituele macht

Navolgend worden de drie belangrijkste stappen genoemd voor de aanwending van spirituele kracht via religieuze- of magische rituelen. Ten eerste wordt de energie van de omgeving en de mensen onttrokken en naar het centrum van de kerk geleid. Ten tweede wordt deze subtiele energie omgevormd en gemanipuleerd door de klasse van priester-technici. Ten derde wordt de subtiele energie of spirituele invloed van de kerk geleid door de kanalen en verspreid naar de omgeving. Naar en vanaf het centrum van de kerk was het subtiele energieraster verbonden met het dorpscentrum, of het centrum van het bos, vanwaar deze subtiele energie kon worden afgenomen. Charles Webster Leadbeater beweert in zijn boek *De wetenschap der Sacramenten* dat in de kerk de religieuze aanhangers de kerkpaden van deze subtiele structuur oplaadden. De religieuze aanhangers leveren hun subtiele energie aan de priester, omdat devotie een echte energie is. En de priesters, die zijn ingewijd in de subtiele energiewetenschap, manipuleren en gebruiken deze subtiele energieën weer voor hen eigen doelen. Zij kunnen met deze energieën doen wat ze willen, of wat de kerkhiërarchie behaagt.

Het magische gebruik en misbruik van de subtiele energiematrix

Spirituele invloeden van echte subtiele energieën hebben een sterke invloed op de omgeving, zij het een positieve- of een negatieve invloed. Het kon heilzaam zijn als de religieuze aanhangers en de hele omgeving werd gezegend door de priesters, via de eucharistie en de heilige mis. Zwarte magiërs konden de subtiele energie-kennis ook misbruiken door de heilige monumenten en -plaatsen te ontwijden door orgiën en bloedoffer-rituelen. De priesters waren bedreven in het houden van magische rituelen, want dat is wat kerkrituelen zijn. Het is een echte subtiele energiewetenschap. De tijd zal snel aanbreken dat deze energieën kunnen worden gemeten op een orthodox wetenschappelijke manier. John Dinwiddie heeft met zijn dynamic spectrum analyzer de extra-laagfrequente subtiele aardse- en kosmische energieën ontdekt. Hij heeft ons een eerste glimp laten opvangen van de toekomstige mogelijkheden van het meten en controleren van de hemelse en aardse subtiele energieën. Veel kerken staan direct op prehistorische uitlijningen:

De kerken, die waren georiënteerd langs het pad van een leylijn, behielden niet alleen hun lijn, maar ook hun eigenschap en atmosfeer. De kerken werden geplaatst in een hoek, die toestond dat de hemelse lichtstralen op bepaalde seizoenen door het centrum van de kerk door de oostelijke en westelijke ramen schenen. De kerk zond de heilzame invloed uit van de leylijn waarop het stond. Het werd een krachtig instrument van diegenen die het geheim ervan kenden. [137]

John Dinwiddie merkt op dat de mensen uit de oudheid de laagfrequente golven, die van de hemel en de aarde kwamen, konden aanvoelen. Bepaalde golven brachten inspiratie, maar er waren ook golven met bepaalde frequenties, die mensen ertoe aanzetten om te vechten, te moorden en te vernietigen en dus kwaadaardig waren. Sommige golven konden mensen ziek maken, als ze daar te lang aan bloot waren gesteld.[138] Dit is bij ons bekend als de negatieve invloed van aardstralen. De plekken waar oude tempels eens stonden, of waarvan nog een ruïne staat, zijn de punten van focus van de magnetische krachten. Normaal gesproken hebben objecten een magnetisch veld van 12 tot 30 voet. Verder gelegen magnetische velden zijn ongeveer 100 tot 300 meter. De heilige krachtcentra hebben een magnetisch veld met een invloed op de omgeving in een cirkel van verschillende mijlen. De energiecentra zoals Glastonbury en Lourdes zijn met elkaar verbonden via leylijnen.

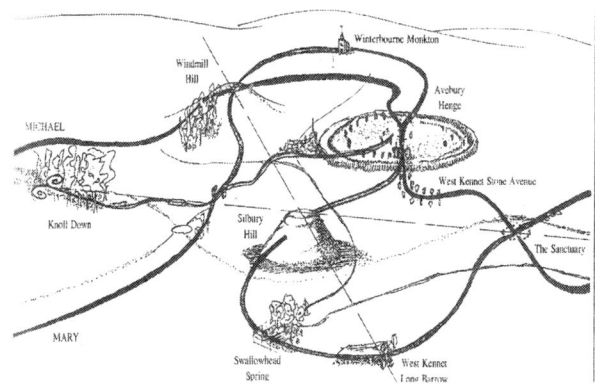

Afbeelding van een dubbele leylijn in Avebury in Engeland waarop oude megalitische plaatsen werden gebouwd.[139]

Deze sterke magnetische velden kunnen een verstorende invloed hebben. Met deze magnetische velden kan worden gewerkt en deze velden kunnen worden gemanipuleerd. [140] Een globale matrix wordt gevormd door met elkaar verbonden energiecentra uit prehistorische of archaïsche tijden. Dit is een matrix van directe occulte invloed, die via zijn verbinding door leylijnen, complete regio's omvat. Kerken worden soms gebouwd bovenop een grote megaliet, zoals de Chapelle des Sept Saints in Bretagne in Frankrijk. Oude heidense plekken werden op deze wijze ingelijfd in de christelijke religieuze architectuur. De beschavingen uit de oudheid zoals de Indiërs, Egyptenaren, Perzen en Grieken, hadden allemaal godheden voor de verschillende rivieren, fonteinen en heilige meren.

Het corrigeren van de energiestroom

Tom Graves, een Britse wichelroedeloper, concludeerde dat heilige plaatsen uit de oudheid werkten als een soort telefooncentrale, waarbij de energie zich verplaatst via het netwerk van leylijnen. De megalieten zijn een soort naalden die de vitale aardse energie, die door de leylijnen stroomt, kan aanpassen of zuiveren.[141] Belangrijk hierbij is dat leylijnen kunnen worden bijgesteld. Als twee negatieve leylijnen een bepaalde plek doordringen, dan kunnen deze energielijnen worden bijgesteld. Leylijnen worden aangepast op de punten waar de energie de bepaalde plek binnenkomt en weer uitgaat. De negatieve leylijnen worden gecorrigeerd door het plaatsen van een zespuntige houten ster of wel een hexagram, op de punten waar de lijnen de plek binnenkomen en weer verlaten. Elke ster functioneert als een vortex. Het patroon van verbindingsstukken bepaalt de positieve- of negatieve wervelende beweging van de energie die er doorheen vloeit. Dit is afhankelijk van hoe de ster op de plek is georiënteerd.[142] De sterren worden van hout gemaakt, omdat hout de eigenschap heeft om laagfrequente golven te geleiden. Het hexagram is een symbool van de vermenging van positieve- en negatieve energiewervelingen, ofwel energievortexen. Willy Lansing, een boer, heeft uitgevonden hoe de negatieve energielijnen zijn te corrigeren door het plaatsen van houten hexagrammen op de kruising van twee negatieve energielijnen en heeft, naar zijn zeggen, de kwaliteit van zijn vee op deze wijze succesvol verbeterd.

Hoofdstuk 12
Inwijding en de mysteriescholen

Wat is inwijding?

Inwijding houdt zich bezig met de persoonlijke transformatie van subtiele energieën. Het gaat over de omvorming van energieën en de overdracht daarvan van de ene naar de andere mens. Elke graad in het inwijdingsproces is een differentiatie van een straal van de allesomvattende kosmische straal. Volgens een helderziende traditie en -perspectief, is de kosmische straal onderverdeeld in 12 kosmische stralen.[143] Elke inwijdingsgraad geeft de energie in overeenstemming met de ontwakende krachten. Inwijding heeft verder te maken met het ontmoeten van de schaduwkant in jezelf. Het is een innerlijke reis in het gebied van onze persoonlijke hel, een zwerven door de tombes en kerkers van ons eigen onderbewustzijn. Het is een confrontatie van ons astrale zelf met onze astrale- en mentale constructies. Het is een vreselijk bouwsel van verleden, heden en toekomst van onze eigen lijn van gedachten en emoties.

Tarot

De Tarot is een geïllustreerde sleutel tot initiatie. Het bestaat uit de symbolische illustratie van de 22 letters van het Hebreeuwse alfabet. Het Griekse alfabet bestaat oorspronkelijk uit 22 letters. Het Griekse schrift was afgeleid van het Foenisische schrift. Het Griekse schrift was volgens Meissner [144] een bepaalde stijl die bestaat uit vocale elementen. Het tarot-spel bijvoorbeeld heeft een geïllustreerde kijk op de cyclus die iedereen herhaaldelijk moet herleven. Het doel is de bevrijding van de banden die we voor onszelf hebben gecreëerd. Er is geen reden waarom we iemand anders de schuld zouden geven voor de fouten die we zelf ook maken, door onze wederzijdse bindingen. In de Tarot is oude wijsheid verborgen. Het spel, zoals we dat nu kunnen kopen, komt uit het begin van de 15e eeuw. De Tarot is de geïllustreerde voorstelling van archetypen, inclusief de archetypen die ons in onze dromen 's nachts najagen. De archetypen van de schaduwkant van ons bewustzijn liggen diep in ons verborgen en komen soms aan de oppervlakte.

De Odyssee en de Ilias van Homerus, zijn dat inwijdingsboeken?

Iman Jacob Wilkins schreef in het boek *Waar eens Troje lag* over de epische verhalen in de Ilias van Homerus. Hij onthult dat hij in zijn onderzoek heeft gevonden, dat er in de werken van Homerus een oude cultuur op de voorgrond komt, die bestond voor de Griekse samenleving en die de Griekse samenleving erg heeft beïnvloed. Het is een interessant boek dat gaat over de verschillende visies op de Ilias en Odyssee van Homerus. Deze boeken zijn, volgens Wilkins, een oude sleutel tot de mysteriën, de geografie van oceaan- en diepzeeonderzoek. Hij heeft ontdekt dat de mythe echte- en verzonnen aspecten heeft.[145] De esoterische uitleg van klassieke mythologische geschriften is uiteindelijk verloren gegaan, maar er blijven losse eindjes over om aan elkaar te knopen. Men moet tussen de regels door kunnen lezen. Er is een ander verhaal achter verborgen, dat te maken heeft met de inwijding in de mysteriën. De kandidaten voor inwijding moesten voorbij hun persoonlijke grenzen en beperkingen gaan, zowel lichamelijk, mentaal en emotioneel. De onvolmaakte of onvoorbereide kandidaat zal niet slagen voor de definitieve test. In het geval van Achilles, stierf hij voor de poorten van Troje door een gebrek in zijn karakter. Verder is Helena in de Ilias een symbool van inwijding. Voor de ingewijden in de mysteriën was Helena een lagere emanatie van Hera. De tweede godin was Athene, die wijsheid symboliseerde. Haar tegenspeler in het drama was haar ontvoerder Paris, een emanatie van de god Hermes.

Hermes was niet alleen de boodschapper van de Olympische goden, maar ook de god van redding en bevrijding, wiens taak het is om de ingewijden naar- en van Hades, de onderwereld, te vergezellen. De Trojaanse oorlog was volgens Wilkins een historische gebeurtenis, die gebruikt is door Homerus als achtergrond voor een ander drama. Helena (Hera) en Paris (Hermes) waren dicht betrokken in de wedstrijd voor initiatie, waaraan vele Trojaanse- en Achaeiaanse edelen meededen.[146] De Odyssee beschrijft werkelijk bestaande plaatsen en tezelfdertijd het allegorische verhaal van de moeilijke weg die Odysseus aflegt naar verlichting en bevrijding. Het verhaal achter dit epos herinnert ons aan de mythe van Heracles en zijn Twaalf Werken, die een archetypisch voorbeeld zijn van inwijding.[147]

De monsters die Odysseus moet bevechten zijn de monsters van zijn duistere, onbewuste kant in zichzelf. We moeten het onderbewuste beheersen om meer goddelijke mensen te worden. Heracles, net als Odysseus, bezoekt Hades, de onderwereld. Hij heeft een ritueel contact met de dood, om symbolisch te worden herboren met een nieuwe persoonlijkheid. Deze symbolische vernieuwing van de persoonlijkheid wordt vereist om de mysteriën binnen te kunnen gaan. Voor Odysseus was dit na twaalf vreselijke avonturen, waarbij de twaalf stond voor een symbolisch en zodiakaal nummer. De twaalf was symbolisch en allegorisch voor de twaalf testen waar je doorheen moet voor de inwijding in de mysteriën.[148]

Witte- en zwarte inwijding

Mouni Sadhu beweert in zijn boek *The Tarot* dat er twee soorten van inwijding zijn, de witte- en de zwarte inwijding.[149]

Witte inwijding heeft als object een mens die als enige doel heeft het goede na te streven, zonder zich bezig te houden met zijn eigen ongemak. Zwarte inwijding is voor mensen die van het kwaad houden voor het kwade zelf, zelfs als dat hen schade berokkent. Dit is een belangrijke uitspraak van Mouni Sadhu over de eerste fase van inwijding. Deze eerste fase van inwijding betekent dat de voorbereide kandidaat zijn eerste gewilde buitenlichamelijke uittreding heeft in de astrale gebieden. Als mensen van een organisatie negatief karma creëren, dan zal de kracht van de egregore van dat collectief in overeenstemming daarmee verminderen:

> *Door deze eerste uittreding, zal de pas ingewijde aspirant overgaan in de invloedssfeer van de astrosoom (het astraallichaam ed.) van de aarde, verslaat de involutionaire reacties van zijn duistere banaliteiten, stijgt op tot in het pure astrale gebied en keert weer terug in zijn lichaam, om een nieuw leven te beginnen als een ingewijde.*[150]

We spreken van een astrale uittreding als men zich onthoudt van alle zintuiglijke indrukken, om zichzelf van de slavernij van driedimensionale ruimte te bevrijden.[151] De kandidaat voor inwijding verlaat zijn lichaam door middel van concentratie en reist dan naar de astrale wereld.[152] Hij moet dan omgaan met de invloeden van de astrale entiteit van de aarde, ook wel de geest van de aarde, Gaia, genoemd. De kandidaat moet de beproevingen en duistere banaliteiten weerstaan. Deze zijn astrale- of mentale, door de mensheid gecreëerde, gedachtevormen. Met deze clichés of banaliteiten moet worden omgegaan en ze moeten worden overwonnen. Als de kandidaat hierin slaagt, dan keert hij weer terug in zijn lichaam. Als de kandidaat faalt, dan kan de dood volgen. Hij wordt dan verzwolgen door de stromen en astrale clichés of banaliteiten en is dan niet in staat om op tijd terug te keren in zijn lichaam.

Inwijding en hermetisme

Hermes is de personificatie van het oude kennissysteem. Het is een systeem van metafysische wijsheid, astrale vermogens en kennis van de fysieke wereld (misschien als gevorderde subtiele energietechnologie) die eens werd gepraktiseerd in de oude Egyptische inwijdingstempels.[153]

Voorbereiding op inwijding

Een ingewijde is een representant van de eerste en oudste wijsheidstraditie. Mensen die niet zijn ingewijd behoren tot de onwetenden, profanen, of leken. Men moet zich voorbereiden op inwijding. Mouni Sadhu zegt dat:

> *Zonder het bezitten van een bepaalde graad van de kracht van concentratie en het vermogen om zijn gedachten en gevoelens te controleren, zou een mens simpelweg worden belemmerd in zijn bewegingsvrijheid in het astrale en worden onderworpen aan de verschillende astrale stromingen, net zoals een zwakke zwemmer in een veranderlijke zee. Hij zou alle gedachtevormen, fantomen van de doden en kunstmatige elementalen, die zijn gecreëerd door menselijke en niet menselijke inwoners van de astrale wereld, als werkelijk aanvaarden. Zonder ontwikkelde wilskracht zou men onderworpen zijn aan onophoudelijke angsten en verwondering.*[154]

Deze uitspraak bevat alle belangrijke aspecten waarmee je bij inwijding moet omgaan. Er zijn verschillende voorbereidingsprogramma's voor inwijding. Er zijn negen cycli van voorbereiding voor de taak van zelfinwijding. Belangrijk is dat deze programma's naast elkaar werken in plaats van in een vaste volgorde.

Ten eerste, verwijder je alle lafheid uit jezelf.

Ten tweede, verwijder je alle besluiteloosheid.

Ten derde, verwijder alle spijt over het verleden; het verleden kan niet worden veranderd.

Ten vierde, vecht tegen bijgelovigheid.

Ten vijfde, vecht tegen vooroordelen.

Ten zesde, vecht tegen omstandigheden.

Ten zevende, bereik een volledige fysieke orde in jezelf en ondersteun je gezondheid zo lang als het mogelijk is.

Ten achtste, bereik een astrale orde in jezelf. Streeft naar spirituele harmonie. Classificeer en heb kennis van astrale wezens en hun manifestaties.

Ten negende, organiseer mentale orde in jezelf. Bereik helderheid en absolutisme van metafysische contemplatie en het volledige bewustzijn van jouw afkomst van het archetype.[155]

De werkelijke occulte methode is niet een tijdelijke- en voortijdige verwijdering van materiële sluiers, maar de ontwikkeling van innerlijke krachten in de mens, die veruit de beperkingen die de hersenen ons opleggen overstijgen. Deze methode is een volledig wetenschappelijke methode.[156]

De praktijk van inwijding

Leadbeater zegt dat bij inwijding de etherische stroom in de ruggengraat van de kandidaat wordt gestimuleerd. De Hindoes noemen deze stroom de *Ida nādî*. De *Ida nādî* wordt gestimuleerd door een zwakke stroom van fysieke elektriciteit, door de aanraking van een zwaard of staf, op bepaalde plekken van het lichaam.[157] Leadbeater legt zo duidelijk mogelijk uit hoe de drie graden in de Vrijmetselarij energetisch worden geconstitueerd:

Eerste graad.

De krachten in de eerste graad beïnvloeden de *Ida nādî*. De *Ida nādî* is het vrouwelijke aspect van de kracht. Deze lijn heeft een karmozijnrode kleur. Dit maakt het makkelijker voor een kandidaat om zijn emoties en hartstochten te beheersen.

Tweede graad

De krachten in de tweede graad beïnvloeden de *Pingala*. De *Pingala* is het mannelijke aspect van de kracht. Deze lijn heeft een gele kleur. Dit maakt het makkelijker voor een kandidaat om zijn verstand te beheersen.

Derde graad

De krachten in de derde graad beïnvloeden de *Sushumna*. De *Sushumna* is de centrale energie zelf van de kracht. Dit maakt het makkelijker voor een kandidaat om te worden beïnvloed door de 'pure geest van boven'. Door dit kanaal, de *Sushumna,* kan men zijn fysieke lichaam verlaten, terwijl het volledige bewustzijn wordt behouden op de hogere werelden. Hij kan de herinnering van zijn ervaring behouden. De *Sushumna* stroom heeft een diep-blauwe kleur.

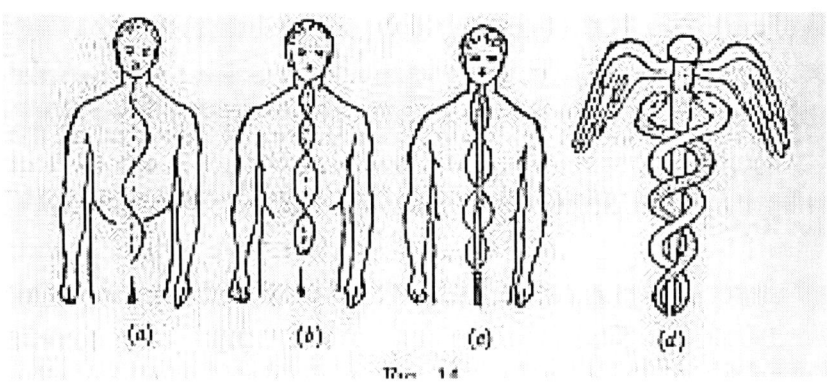

Afbeelding van de caduceus [158]

Figuur A in de afbeelding hieronder is de rood gekleurde Ida, de vrouwelijke kracht na de eerste inwijding

Figuur B is de geel gekleurde Pingala, de mannelijke kracht, na de tweede inwijding

Figuur C is het centrale diepblauwe Sushumna energiekanaal, die een kanaal opent voor spirituele energie na de derde inwijding. Voor een betere verklaring van de betekenis van kleuren zie het woord gedachtevormen in het glossarium.

Figuur D is de caduceus van Mercurius, die het bereiken van een hoger bewustzijn vertegenwoordigt, nadat de Ida en Pingala energiekanalen in beweging zijn gezet.

In de optiek van de inwijding, geeft dit een betekenis aan het caduceus-symbool van Mercurius. In de mens start de *Ida* van de basis van de ruggengraat, net links van de *Sushumna*, en de *Pingala,* begint aan de rechterkant (laat het begrepen zijn dat ik bedoel de rechter- en linkerkant van de man, niet de beschouwer). Echter, in een vrouw zijn deze posities omgekeerd.

De twee slangen van het caduceus-symbool representeren de Kundalini-kracht of het slangenvuur. Dit slangenvuur wordt in beweging gebracht langs de Ida en Pingala kanalen. Na de inwijding (eerste graad) wordt de Ida gestimuleerd. Na het passeren (tweede graad) wordt de Pingala-lijn toegevoegd. Bij de Opstanding (derde graad) completeert de diep blauwe Sushumnastroom alles. De vleugels op de caduceus symboliseren het feit dat een kandidaat bewust kan vliegen door de hogere werelden.[159]

De Hermetische mysterieschool, de driewerf grote Hermes

Zoals Hermes, die was geboren en zijn heiligdom had in een grot op de top van de berg Kylene, werd Sint Michael in een schrijn geborgen op de hoge plaatsen. Hun gezamenlijke eigenschap als gidsen op het pad tussen leven en dood identificeert hen met het zelfde archetype, want zowel Hermes met zijn met slangen omwonden staf als Sint Michael, die de draak aan zijn zwaard reeg, vertegenwoordigen het principe dat bij wichelroedelopers bekend is als de drakenstroom.[161]

De Hermetische mysterieschool heeft zijn eigen Egregore of groepsgeest. Mouni Sadhu[162] legt in detail uit wat de verschillende aspecten zijn van de Egregore van het Hermetische systeem. Hermes was, zoals al is beweerd in het inwijdingsverhaal in de boeken van Homerus, de boodschapper van de Olympische goden en ook de god van redding of bevrijding. Het is de taak van Hermes om de ingewijden te vergezellen naar en van Hades, de onderwereld. De oude Hermetische wijsheid heeft voortgang gevonden in onze tradities in een aangepaste vorm.

Egregore

Een egregore is een astraal collectief dat afhankelijk is van de leden van het collectief. In hoofdstuk 14 gaan wij hier uitgebreid op in. Er is altijd een verbinding van de priesters met de bepaalde Egregore. Een Egregore wordt in leven gehouden door de ingewijde adepten en is meestal verbonden met geheime genootschappen. Het inwijden in de mysteriën, het scheppen van een occulte band met de Egregore, heeft speciale voordelen die nieuwe leden aantrekken.

Inwijding en verheffing

Inwijding kan leiden tot het opstijgen boven de invloed van de wet van karma. Vetsch zegt dat er verschillende niveaus van zijn bestaan. Van hoog naar laag:

God

De hogere spirituele wereld

Het oorzakelijke, causale gebied

Het mentale gebied

Het astrale gebied

Het fysieke gebied

Wanneer men het 'linkerpad' betreedt, dan kan men niet uitstijgen boven de invloed van de karmische wet. Het is dan alleen mogelijk om het causale gebied te bereiken. Wanneer men het 'rechterpad' bewandelt, dan kan men het spirituele gebied bereiken, wat de enige weg is om uit te stijgen boven de karmische wet en God te bereiken. Alleen wanneer een eeuwige ziel in het lichaam is geïncarneerd, kan deze proberen om God te bereiken. Hij dient dan de assistentie van een echte meester te vinden om in staat te zijn om zich te kunnen verheffen.

Vetsch zegt ook dat onze zogenaamde 'hemel' het positieve gebied is van het astrale gebied. De 'hel' is het negatieve gebied van de astrale wereld. Wanneer iemand denkt dat hij God in de hemel kan bereiken, dan wordt hij dus misleid door zijn religie op een betreurenswaardige wijze. Ons zogenaamde goede karma, gecreëerd door onze eigen daden, geeft ons een aardige tijd om te verblijven aan de goede kant van de astrale wereld. Andersom geeft ons slechte karma, onze eigen slechte daden, ons een verlengd verblijf in de hel. Wanneer iemand zich niet direct verheft naar God, dan moet men onder het spirituele gebied blijven hangen. In deze optiek creëren mensen hun eigen lot in het hiernamaals. Inwijding in deze zienswijze is het voorbereiden om te sterven, terwijl je nog steeds leeft. Het menselijke lichaam is de poort voor de ziel naar de hogere gebieden en het is de enige mogelijkheid voor de ziel om zich te verheffen en uiteindelijk God te bereiken.[163]

Hoofdstuk 13

Kennis van subtiele energieën in religies

De kracht van gebed

Mouni Sadhu zegt, dat één van de belangrijkste dingen om te onthouden is, dat gebed -en speciaal gericht en geconcentreerd gebed- één van de krachtigste magische daden is die een persoon kan uitvoeren. Een magische daad, is een daad van transformatie van verschillende soorten subtiele energieën van het ene niveau naar het andere. Het gaat over de overgang van het ene etherische lichtenergie-centrum naar de astrale- en elementale energiespectra. Op het minerale niveau is de edelsteen, bijvoorbeeld de Amethist, de omvormer van subtiele energie. Op het menselijke niveau is de individuele mens een omzetter van energieën.

Devotionele- of intentionele energie

Wat is devotionele energie? Devotionele- of intentionele energie is: psychische energie gericht met intentie op het aanbidden van een godheid. Devotionele energie is opzettelijk opgewekte emotionele energie om de religieuze egregore te voeden. De aanbidder verliest eigenlijk zijn psychische energie aan het spirituele groepscollectief, ofwel aan de Egregore. Priesters de kracht hadden en hebben de kracht om de psychische energie te verzamelen en af te tappen vanuit een reservoir. In dit reservoir is de collectieve religieuze energie van devotie van religieuze mensen verzameld. Het gaat over het verwijderen en verzamelen van de energie van devotie, die aan god wordt geofferd. De idee van de devotionele energie is voornamelijk afgeleid van C.W. Leadbeater. Het kan ook aanbiddingsenergie worden genoemd. Tussen twee haakjes, waarom denken jullie dat christenen in de kerkdienst pepermuntjes eten? Dat is omdat pepermunt de concentratie vergroot en zorgt voor een helder hoofd. Onderstaand citaat is een illustratie van het gebruik van devotie in een oud Egyptische processie door priesters, die de kleden droegen met toepasselijke kleuren, die elk een bepaald aspect van de godheid symboliseerden:

Deze fantastische processies voerden langs de rivier tussen de zich
verdringende menigten, de zegening van de goden uitstortend als zij langs
kwamen. Zij riepen een enorm enthousiasme en devotie van de mensen op.[164]

In religie zijn standbeelden en iconen objecten van eerbied. De mensen bezaten hun eigen altaren met beelden van heiligen en baden tot de iconen voor bescherming. Zelfs reizigers hadden hun miniatuur-iconen bij zich. In augustus van 2004 bezocht ik een tentoonstelling van middeleeuwse Russische iconenkunst in het Valkhofmuseum in Nijmegen. De eerste indruk die ik had, toen ik de tentoonstelling verliet, was dat ik een gevoel van vrede en rust ondervond. Toen ik de ruimte waar de iconen waren verliet, toen voelde ik mij een beetje onrustig en wilde weer teruggaan naar de iconen. Maar wat was het dat ervoor zorgde dat ik zo gefascineerd was en steeds naar de iconen wilde terugkeren? Een paar dagen later vond ik een antwoord in een boek van Dolores Ashcroft-Nowicki and J.H. Brennan, toen het boek plotseling openviel op de juiste pagina. Ik geef hierbij het citaat:

Deze objecten, of het nou schilderijen zijn of beelden, boeken, abstracte
symbolen, of plaatsen, zijn allemaal vertegenwoordigers van heilige
gedachtevormen en maken deel uit van de aanbidding en religieuze hartstocht
van de mensheid. Concentratie en gefocust gebed hierop zal de kracht en
verbeelding vrijgeven, die in veel gevallen over honderden jaren zijn
opgebouwd, door de gedachten, hoop en dromen van hen die hun zijn
voorgegaan.[165]

Een icoon of ander heilig object is geladen en verzamelt de kracht en verbeelding van de aanbidder. Stel je voor dat iemand elke dag voor bescherming en andere dingen bidt. Dan wordt de icoon geladen met de devotionele energie, of aanbiddingsenergie, zoals ik dat noem. Als iemand werkelijk iets nodig heeft en bidt met totale concentratie, dan bevrijdt de aanbidder de devotionele energie, die hij heeft opgespaard voor dit doel, zelfs zonder dat hij zich hiervan bewust is. De aanbidder merkt dan dat 'God zijn of haar gebeden heeft verhoord'. In zijn boek *De Wetenschap der sacramenten* beschrijft Leadbeater de esoterische aspecten van het katholieke ritueel van de mis en elk aspect wat daarmee te maken heeft.

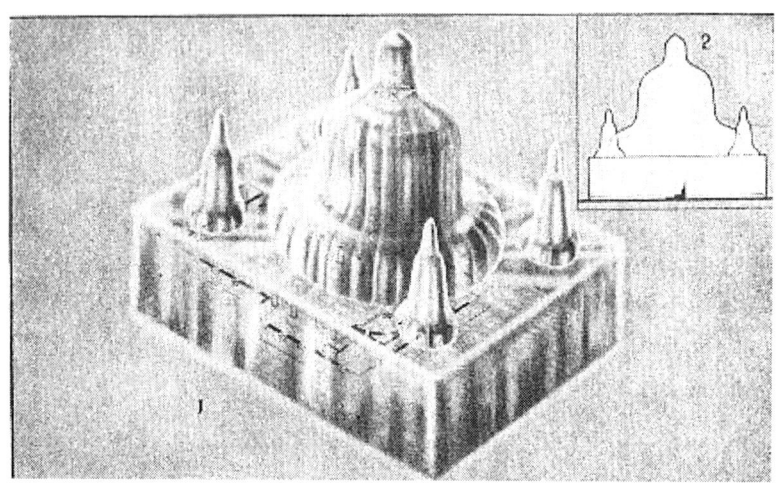

Eucharistische afbeelding van het gecompleteerde subtiele energiegebouw veroorzaakt door de rituelen van de eucharistie.

Hier is een afbeelding te zien vaan de Taj Mahal in India. Als we deze vergelijken met de eucharistische energievorm, dan kunnen we duidelijk zien dat de vorm van het eucharistische gebouw bijna hetzelfde is als de architectuur van dit heilige tempelgebouw

Charles Webster Leadbeater werd een bisschop van de Vrije Katholieke kerk en was betrokken bij deze praktische esoterische magie. Hij verklaart dat de heilige eucharistie een methode is om de evolutie van de wereld te bevorderen. Dit wordt gedaan via uitstoting en verspreiding van spirituele krachtstromen. De heilige eucharistie is de meest verheffende ceremonie. Het beïnvloedt de hele omgeving van de kerk waarin de mis wordt gehouden. Leadbeater zegt dat werkelijke religie altijd een objectieve kant heeft. Het werkt niet alleen van binnenuit, maar ook van buitenaf. Verfijnde en subtiele invloeden hebben zo een blijvend effect op alle subtiele lichamen of voertuigen van bewustzijn van een persoon.

Het verspreiden van de goddelijke kracht

Over het uitstorten van de goddelijke zegening of genade zegt Leadbeater het volgende:

We moeten niet van deze genade denken dat het een soort poëtische uitspraak is, of op zijn minste gradatie vaag is; we hebben te maken met een kracht die net zo absoluut is als elektriciteit, een spirituele kracht die in de ruimte verspreid wordt over de mensen op een bepaalde manier, die zijn eigen effect achterlaat, en zijn eigen voertuigen nodig heeft, net als elektriciteit zijn toepasselijke machinerie nodig heeft. Het is via helderziende waarneming mogelijk om deze kracht in actie te zien, om te zien hoe de dienst van de eucharistie een gedachtevorm opbouwt, waardoor de priester met behulp van de engel de kracht verspreidt die voor dat doel is opgeroepen.[166]

Echte religie moet volgens Leadbeater proberen ook de omgeving te beïnvloeden. De kerk of tempel is niet alleen een plaats van gedienstigheid, maar ook een centrum van magnetische uitstraling, waardoor een hele regio kan worden beïnvloed:

Het Christelijke schema heeft een groot aantal kerken nodig die over het hele land zijn verspreid; het Egyptische plan vereiste alleen de actie van een paar Grote Loges die in de belangrijkste steden waren gevestigd om het hele koninkrijk te overstromen met het Verborgen Licht.[167]

Het Verborgen Licht is de goddelijke kracht die in iedereen huist, ook wel de goddelijke vonk genoemd. Maar de spirituele kracht die wordt uitgestort werd ook het Verborgen Licht genoemd. Dit kan verwarring scheppen.

85

Zij erkenden volledig dat een dergelijke uitstorting van goddelijke genade alleen kon worden opgeroepen door een geweldige inspanning. Samen met de voorziening van passende machinerie voor het verspreiden van de kracht als het kwam, was het een groot gedeelte van het verborgen werk waaraan de edelste Egyptenaren zoveel van hun tijd en energie wijdden. [168]

Het interessante van devotionele energie in dit opzicht, is dat John Dee en Edward Kelley moesten bidden tot de engelen voordat ze enige openbaring in de kristallen bol ontvingen. Zoals het bekend is in de esoterische literatuur, ontvingen Dee en Kelley een magisch alfabet met een engelentaal. Zij kregen die kennis van de engelen. Het systeem van Dee en Kelley werd later bekend als enochiaanse magie. Wat ik hiermee duidelijk wil maken, is dat de engelen de psychische energie gebruikten van Dee en Kelley. Blijkbaar gaven de engelen, die alleen in de kijksteen te zien waren, geen informatie zonder een gebed te hebben ontvangen. Dus was het gebed een soort psychische brandstof om de openbaringsmachine te laten werken. Maar er is ook nog een heel andere verklaring mogelijk:

Voor de bijgelovigen, is Dee's buitengewone onderneming in de esoterische dampen van zwarte magie, vrijelijk bezaaid met duivels en demonen. In feite was John Dee een wetenschapper op zoek naar zowel de mechanismen van de menselijke geest en de invloeden van buitenaf. Zijn geschriften over het Hermetische waren niet meer dan instructieboeken in de werking van menselijk gedrag en hoe het wordt beïnvloed door de vijf zintuigen. Dee had ontdekt uit de studie van Griekse schrijvers uit de oudheid, dat de transformatie van de menselijke geest meest waarschijnlijk de ware betekenis van de alchemistische zoektocht is, de steen der wijzen. Zijn interesse in chemische reacties veroorzaakt ook consternatie in de kerk. Hij publiceerde zijn bevindingen, vermomd als conversaties met engelen, die waarschijnlijk bijdroegen aan zijn bestempeling als beoefenaar van de zwarte kunst en tovenarij. Net als de oude Grieken, nam hij de studie van de astrologie op, waardoor zijn karakter nog meer werd gedemoniseerd. [169]

Het spirituele reservoir van psychische energie of magnetische kracht

Er bestaan dus reservoirs van magnetische kracht. De theorie hierachter is de oude idee van prana of mana, ook wel vrill genoemd. De chinezen noemden deze universele energie

Li. In het westen noemen we deze psychische energie het universele magnetische fluïdum van Mesmer en orgone van Wilhelm Reich. Prana of vrill is psychische energie. Het is het magische element, gesymboliseerd als vuur. Serge King zegt dat prana een vrije energievorm is in de atmosfeer. Het verlevendigt alle levende materie. Je neemt prana of vrill tot je door voedsel te eten en door te ademen. Prana of vrill is geaccumuleerde psychische energie die wordt gebruikt voor levitatie, controle van het weer, genezing en moord. Om prana of vrill te verzamelen kan je diverse ademtechnieken gebruiken. Lagen van verschillende materialen die op elkaar zijn gelegd, produceren een krachtveld van prana, orgone of psychische energie. Oude megalitische plaatsen hebben vaak een gelaagde constructie. Je kunt de effecten van psychische energie meten door de stenen uit te lijnen met het aardmagnetische veld. Prana of vrill is volgens oude traditie nodig voor de juiste aanbidding in magische- of religieuze rituelen. Een getraind persoon kan prana ontladen door een mentale krachtsinspanning. Prana kan zich dan vertakken en het kan alles bereiken naar waar je het ook wilt hebben, zoals een octopus. Oude berichten geven aan dat hier een echte subtiele energie aan het werk is. De ervaren persoon, zoals een priester of magiër, gebruikt prana om dingen aan zich te binden. Men kan op een mentale manier psychische energie richting geven. Prana kan een patroon volgen, dat is gecreëerd door de geest. Vrill, prana of psychische energie kan worden opgeslagen. Prana kan permanent in een object worden ingevoerd. Geluid kan de effecten van prana versterken. Een object dat is opgeladen met prana of mana projecteert zich als een magnetisch veld. Aka of akasha, ook wel astrale materie of ether genoemd, is het medium voor vrill of prana. Een houten stok, zoals de staf van een bisschop, kan de psychische energie opslaan. De priester kan dan de verzamelde energie van de houten staf ontladen. De ontlading van een object, dat maximaal is opgeladen met vrill of prana, kan dodelijk zijn. Verzameld prana kan, als deze wordt ontladen, worden gebruikt voor telepathie, helderziende waarneming en psychische bescherming.[170]

Christelijke beroepskrachten bijvoorbeeld, tappen door devotionele rituelen een special gedeelte af van dit psychische energie reservoir, door middel van het christelijke sacramentele systeem. In het bijzonder nemen ingewijde priesters de verzamelde magnetische energie af. Ingewijde priesters zijn een kanaal, condensator en ontlader van deze psychische energieën. De priesters hebben de macht om de psychische energie af te tappen van het reservoir van de collectieve devotie energie van mensen. Dit gebeurt door traditionele gebaren en woorden van kracht in specifieke rituelen zoals de eucharistie en de heilige mis. Priesters zenden stromen van spirituele energie of vrill de wereld in. Elke 'witte' of 'zwarte' mis, of elk goed uitgevoerd heidens of christelijk ritueel, heeft dit effect. Als aanbidders zich verzamelen om een gedachtevorm of eucharistisch gebouw op te bouwen, dan doen ze dat om de uitstoot van spirituele kracht makkelijker te maken. Het doel van religieuze diensten is de uitstorting van spirituele kracht en deze beïnvloedt al de mensen die deelnemen aan het ritueel. Leadbeater beweert dat het christelijke ritueel een nieuwe vorm is van de oude wijsheid, van de oude mysteriën. Religie is een kans om te werken voor het heil van God en van de mensheid. De magische invloed, die op de climax van het ritueel wordt uitgestort en verspreid, bevordert de morele en mentale atmosfeer van de stad waar de mensen wonen. Men dient het reservoir van magnetische kracht zo economisch mogelijk te gebruiken. De verspreiding van kracht wordt door spirituele machten gedaan, waarvan de bronnen beperkt zijn. De methode is om enkele magnetische energiecentra te creëren. Als de krachten van boven worden uitgestort, dan is het direct mogelijk om deze zonder krachtsverlies te verspreiden.

De opslagplaats van psychische kracht

Brennan zegt dat de mis het aanroepen is van de aarde-energieën. De mis is het naar beneden halen van kracht door de priesters. Dit wordt gedaan voor het heil van de gemeente.[171] Brennan heeft een heldere definitie van de opslagplaats van psychische kracht, die de priesters gebruiken in hun rituelen. Een aspect van de innerlijke werking van een ritueel, is dat de deelnemers de spirituele krachten en potente energieën bemiddelen. Deze energieën komen voort uit de oude goden, de engelen en aartsengelen en in sommige gevallen de elementale heersers. Deze energieën vormen dan een opslagplaats van kracht die dan wordt gestuurd door het ritueel zelf.[172]

Odische mantel als de opslagplaats van odische energie

De odische mantel is een andere term voor het occulte magnetische veld dat de aarde omringt. Het is de metafysische tegenhanger van de elektromagnetische sfeer van de aarde die bekend is in de wetenschap van de natuurkunde. In de metafysica wordt beweerd dat de odische mantel de registers van de akasha bevat van alles wat op aarde gebeurt. Vanuit het perspectief van de occulte wetenschap, houdt de odische mantel energie-indrukken vast, gegenereerd door gedachten en daden, net zoals een magnetische computerschijf gegevens of een audiotape muziek bevat. De odische mantel is dus de opslagplaats van odische energie. Het is mogelijk om dit voor magische doeleinden af te tappen door rituele magie en door een veranderende staat van bewustzijn. De tijd van de volle maan is de meest effectieve periode voor het vrijgeven van odische energie.[173]

Het doel van rituelen

De speciale wijze van rituelen is uitgedacht om de krachten, die worden uitgestoten voor een vooropgesteld doel, te verzamelen en te verdelen. De traditionele manieren zijn afgeleid van de mysteriën van de oude religies. Het gaat allemaal om het creëren van een vorm om de spirituele energie te verzamelen en op te slaan alvorens het uit te delen aan de wereld. De gedachtevorm kan het makkelijker maken om de invloed te controleren van de energie-verspreiding naar de directe omgeving. Het doel van religieuze rituelen is tweevoudig volgens Leadbeater: Ten eerste, het verzamelen van de devotie-energie van aanbidders en het te offeren aan God. Het tweede doel is het verzamelen en verspreiden van de uitstoot van spirituele energie. Het offeren van de devotie aan God betekent de devotie energie brengen in het collectieve energiereservoir. Rituele praktijken vormen de religieuze devotie energie om, naar subtiele, maar krachtige spirituele energie. De priesterkaste verzamelt deze spirituele energie en verspreidt het onder de mensen. Het ritueel creëert gedachtevormen, die de afdaling van leven en kracht van de hogere spirituele werelden mogelijk maken. Het maakt niet uit of de aanbidders bewust zijn van deze magische verspreiding van hun subtiele energieën. De magie van dit ritueel werkt eenvoudigweg volgens Leadbeater. Bijvoorbeeld, in de Egyptische religie gebruikten de priester het ritueel om de aandacht van de goden te trekken.

> *De viering van het ritueel van Isis bijvoorbeeld, trok altijd haar aandacht en riep de aanwezigheid op de engelen van haar orde, die werkten als kanalen van de goddelijke zegening in dat wonderlijke aspect van de verborgen waarheid die zij vertegenwoordigde.*[174]

Het resultaat van de mis kan mooi en verheffend zijn. Het hangt allemaal af van het precies en juist volgen van het ritueel.[175]

Herinwijding als het hoofddoel van rituele arbeid

In rituelen neemt de mens symbolisch deel aan de werkelijkheid van het dagelijks helpen om het universum opnieuw te wijden en deelt daarmee in het werk van de heilige geest. [176] Een kanaal wordt gecreëerd in het ritueel van de heilige eucharistie tussen de deelnemers op aarde en God, door de daad van wijding van de elementen van brood en wijn. De deelnemers in het ritueel geven elk een kleine stroom van menselijke kracht aan de goddelijke creatieve krachten. Elk ritueel is een herschepping van het ritme van creatie. Door de wijding van elementen wordt de afdaling van het goddelijke leven in de materie herschapen, of beter gezegd, opnieuw vastgesteld. Het Hebreeuwse ritueel concentreert zich op de eerste persoon uit de drie-eenheid, de Vader. Christelijk ritueel is gefocust op de tweede persoon van de drie-eenheid, de Zoon of de Christus. Het maçonnieke ritueel is gebaseerd op de derde persoon van de drie-eenheid, de Heilige Geest, de universele creatieve kracht. Elke actie in het ritueel heeft een kosmische betekenis. Door het doen van ritueel werk is de deelnemer goddelijk in zijn rituele activiteiten.[177]

Het gebruik van geluid in rituelen

Geluiden helpen energetische patronen of gedachtevormen, die zijn opgebouwd door de tijd heen, te veranderen. Tonen zijn als golven of bewegingen en helpen de structuur van negatieve gedachtevormen te bevrijden, die worden vastgehouden in het cellulaire geheugen van ons lichaam. Geluid en tonen bewegen door de oude vormen door hun oscillatie. Het is daarom een krachtige genezingstechniek. Tonen kunnen worden gebruikt voor het verplaatsen van energie:

> *Door het moduleren van de hoogte van de toon van een geluid, kunnen we een vibratie creëren die een vrije vloeiende beweging van energie door ons lichaam toestaat. Er is kracht in de toepassing van heilige geometrie via geluidssleutels. Geluidssleutels, (in het engels soundkeys genoemd ed.) zijn opeenvolgingen van geluiden, die toegang verlenen tot bepaalde, specifieke hogere-vibratie energieën en codes. Zij hebben elk een specifieke 'afstemming' gebaseerd op sacrale geometrie.[178]*

Het laten rinkelen van een rituele bel, of een kerkklok, kan kwade geesten verdrijven. De bel zendt de boodschap dat de kwade geesten moeten wegblijven van de gewijde omgeving, waar een religieus of magisch ritueel wordt uitgevoerd. De bel wordt gebruikt om de geest en de spirituele energie te richten. Het geluid vertegenwoordigt het rijk van de geesten. Iemand kan een bel laten rinkelen om de geest leeg te maken en stress en spanning te verbannen. Tibetaanse schalen worden traditioneel gemaakt van zeven metalen. Zij activeren de zeven energiecentra van het lichaam. Bellen worden gebruikt voor het focussen op meditatie en genezing. Ze worden ook gebruikt als een goed zuiveringsinstrument. Bellen kunnen worden gebruikt als een gereedschap om geesten aan te roepen. Het geluid van de bel vertegenwoordigt het lucht-element, de wereld van geesten. De bel wordt gebruikt om het etherische energieveld van het lichaam te reinigen en te helen. Daarnaast vormt het geluid van de bel negatieve energiepatronen om, door het buigen van de geluidsfrequentie. Een Tibetaanse bel wordt geluid door met een stok, een dorje, langs de rand te wrijven, waardoor er een indringend geluid ontstaat. De bel als vrouwelijk symbool en de dorje als mannelijk symbool kunnen behulpzaam zijn bij het zuiveren van stagnerende energieën. De dorje of vajra kan worden gebruikt voor visualisatie en/of het oproepen van godheden. De bel wordt ook gebruikt om de godheden om bescherming te verzoeken, of om andere acties te verzoeken van de opgeroepen godheden. Het rinkelen van de bel kan worden gebruikt als een geluidsoffer. De bel of klok draagt iemands gebeden naar de hemel en de dorje representeert verlichting.[179] Ik heb persoonlijk een verlichting van pijn ervaren toen ik hoofdpijn had en ik de bel voor een tijdje met een houten stok had aangeslagen, door zacht langs de rand van de bel te strijken.

Geluidsvormen

Elk geluid schept een geluidsvorm. Elke muzikale noot heeft zijn corresponderende kleur. Als we muziek maken, dan scheppen wij een geluidsvorm die bestaat uit verscheidene kleuren en vormen. Een muzikale vorm kan een lange tijd blijven bestaan en kan helderziend worden waargenomen voor enkele uren. Als hetzelfde stuk muziek precies wordt herhaald, dan creëert het weer dezelfde geluidsvorm. Elke soort muziek heeft zijn eigen type van geluidsvorm. Afhankelijk van de vibraties kunnen ze opwekkend of depressief makend zijn. De uitstraling van de geluidsvormen dringt door in de directe omgeving. Elk geluid maakt zijn afdruk op de astrale- en mentale materie. Deze afdrukken kunnen alleen op helderziende wijze worden waargenomen, volgens de theosofen C.W. Leadbeater en Annie Besant. Kijk voor meer eigenschappen van geluid in de woordenlijst bij geluidsvormen.

Gedachtevormen

Vetsch definieert gedachtevormen als een subtiele energiematrix, die een definitieve vorm heeft, maar geen bewustzijn of ziel. Deze kan men genereren door gedachten, die eruit kunnen zien zoals men wenst. Gevoelige mensen kunnen de gedachtevormen binnenin zien. [182] Symbolen zijn slechts hulpmiddelen om in staat te zijn om een gedachtevorm af te tappen. Als je de energie wilt van de gedachtevorm, dan moet je contact maken met een symbool.[183] De gedachtevormen, die door de tijd heen zijn geschapen, zijn magische energiebatterijen. Bij bepaalde gebeurtenissen, zoals de heksensabbatten, kan men de energie aftappen door rituelen. Zie voor verdere details de begrippen geluidsvormen en gedachtevormen in de woordenlijst.

Het gebruik van goddelijke namen

De verschillende namen van goden en godinnen zijn manifestaties van een bepaald aspect van de oerenergie. Dit kan een duister- of een licht aspect zijn van de oorspronkelijke energie. Deze energieën hebben we een naam gegeven om een betere link te creëren met de bron.[185] De namen van goden en godinnen zijn een geluidssleutel die de deuren openen naar de goddelijke energie.[186]

Is het gebruik van religieuze magie wit of zwart?

Ik denk dat het er wel degelijk toe doet op wie of wat de devotie-energie is gericht. Het kan voor een gewenst doel worden gebruikt, zij het een heilzaam-, of individueel doel. Het doet er wel degelijk toe, dat de priesters en ingewijden in de mysteriën in staat zijn om devotionele energie te verzamelen en te gebruiken. Het werkt ten goede of ten kwade. Deze spirituele- of subtiele energietechnologie is in essentie neutraal.
Leadbeater benadrukt slechts de witte of positieve zijde van religieuze devotie. Witte magie betreedt het zogenaamde rechterpad. Uitvoerders van zwarte magie bewandelen het linkerpad, waarover nu meer.

Het rechterpad van magie

Een voorbeeld van het bewandelen van het rechterpad in de magie is de positieve kracht van het offerritueel door het sterven van Christus. In een internetartikel van Benjamin Rowe vond ik hierover het volgende opmerkelijke citaat:

De astrologische hoofdgedachte achter het sterrenbeeld Vissen is opoffering; dus de daad die de barrières verbrak tussen het maanbewustzijn en het zonnebewustzijn werd gesymboliseerd in de vorm van zondebok ritueel. Jezus, de zondebok nam alle 'zonde' van de mensheid op zich, door het Vissenproces van het medelijden, van de barmhartigheid. En door het medelijden identificeerde hij zichzelf met het gehele menselijke ras. Dus zijn dood in het ritueel nam al de toekomstige lunaire naar solaire doodservaringen op van het menselijke ras op een doeltreffende wijze en elimineerde daarom de noodzaak voor iedereen om deze te moeten ervaren.[187]

Het linkerpad van magie

Maar er is ook een zwarte- of negatieve kant om te beschouwen. Er bestaan ook 'zwarte loges' en zwarte priesters of zwarte magiërs die de zwarte mis opvoeren. Zij voeren zogenaamde satanistische rituelen uit. Wat voor soort energieën gebruiken zij? Nemen zij ook deel aan het collectieve reservoir van spirituele devotie? Zwarte loges wijden zich aan de 'goden van de duisternis' en zij kunnen deze energie verzamelen en gebruiken voor hun eigen doeleinden. Een voorbeeld hiervan is de veronderstelde alliantie van Hitler met occulte krachten via het Thulegenootschap.[188] De zwarte rituelen gebruiken de energieën van het lagere astrale gebied. De wit-magische rituelen doelen op het bereiken van vibraties van hogere niveaus, zowel voor de aanbidders als voor de directe omgeving. Gehoorzaamheid aan de priesters is noodzakelijk. Het geloof in de Egregore of groepsgeest wordt gepresenteerd als een godheid door de religieuze dogma's en canons.[189]

Magische bloed-offerrituelen

Van Jeruzalem wordt beweerd, dat daar de krachtigste subtiele energie-plek op aarde is, omdat hier het grootste aantal leylijnen bij elkaar komen. Bloed, dat is vergoten op de heilige bergen van Jeruzalem bijvoorbeeld, is een typisch voorbeeld van het verlagen van het vibratieniveau van de aarde via zwarte praktijken. De negatieve energie wordt dan gevoerd via de krachtlijnen of leylijnen en wordt dan vanuit de vortex door het gehele subtiele energieraster verspreid. Hierdoor wordt de vibrationele staat van het aardmagnetische veld negatief beïnvloed.[190]

De rol van gidsen op aarde

In het tijdschriftartikel *Your Guides and their role on earth* [191], channelde Lee Carroll de entiteit Kryon. Deze zegt dat onze spirituele gidsen vaten zijn die het bijproduct bevatten van de energie die door onze intenties zijn gegenereerd.

Intentie

De energie die karma transmuteert wordt met intentie gecreëerd. De energie van potentieel karma vertegenwoordigt een volledige potentie van een menselijk leven! Als je het wijzigt, dan moet de voormalige energie ergens in het transmutatieproces blijven. Het gaat naar Gaia toe, naar de aardbodem en de planeet absorbeert deze energie. Het bijproduct van alchemie is aardeverandering. Pure intentie neemt van het kosmische energieraster, om verandering in leven te bewerkstelligen.

Deva's of natuurgeesten

Deva's zijn natuurwezens of wel natuurgeesten, of natuur-entiteiten genoemd. Het koninkrijk van de deva's is hiërarchisch in natuur en bestaat onder andere uit elementalen, feeën, gnomen, tuingeesten en natuurgeesten. Deva's zijn sterk verbonden met de aarde en zijn gebonden aan hun beperkte territoria. De mensheid, die het mannelijke aspect is van het team, is verantwoordelijk voor het verzorgen van de gedachtevormen of blauwdrukken, die door deva's worden belichaamd. De helder geformuleerde gedachte, van energie voorzien door verlangen, wordt opgepikt door deva's en dan gematerialiseerd in een vorm. Dus alles wat we op dit materiële vlak zien is een resultaat van gedachten (het element van de mensheid), die van energie voorzien worden door verlangen, die de deva's manifesteren en vormgeven. Dus alles zonder uitzondering bevat natuurgeesten. Zij zijn in feite het leven binnenin de vorm. In kerken, begraafplaatsen en oorlogsmonumenten, bevinden zich vaak deva's wiens energie erg zwaarwichtig is. De mens geeft de deva's een gereedschap van transformatie dat de deva's gebruiken om de energieën van de mensheid te transmuteren, die deva's verplicht moeten belichamen.[192]

Hoofdstuk 14
Egregores: de creatie van onze goden

De kennis van de golven die de mens beïnvloeden ontaardde in het geloof in geesten en goden die het lot van de mensheid bepalen John Dinwiddie

Dit hoofdstuk gaat over de wetenschap van de creatie van onze eigen godheden en religie. Priesters waren sjamanen Zij konden reizen in de materiële- en in de etherische wereld. Esoterische kennis werd afgeleid uit de trancetoestand, die leidt tot de uittreding van het etherische-, astrale lichaam (astrosoom) uit het fysieke lichaam. De priester-sjamanen konden de akasha-archieven lezen, dat zijn de etherische archieven die een indruk van 'elke rimpel in de oceaan van de eeuwigheid' zijn, dus van alles wat er op aarde gebeurt, is gebeurd en nog gaat gebeuren. De priester-sjamanen konden spirituele macht uitoefenen, vanuit de etherische gebieden op het materiële gebied. Zij konden deze macht uitoefenen zonder gezien te worden. Zo konden zij worden vereerd als goden door de onwetende massa, terwijl zij nog in een fysiek lichaam leefden.

Egregore

Een egregore is een soort kunstmatige elementaal die in leven wordt gehouden door de ondersteunende leden. Brennan beweert:

> *Als een aantal mensen zich concentreren met emotie op een enkel object, dan wordt er een astrale elementaal gevormd op het astrale vlak. De elementaal volhardt alleen zolang het wordt gevoed door de emoties van de individuen. Zonder aanbidders kunnen de goden niet langer bestaan op de astrale niveaus* [209]

Brennan zegt dat door een daad van gewijde concentratie het mogelijk is om een gedachtevorm te produceren, waardoor de krachten van de goden zichzelf kunnen manifesteren. Degenen die buiten het ritueel blijven, dienen als een soort energiebatterij waaruit de entiteit kan tappen om zich te manifesteren.[210]

De aanbidders vormen dus een batterij van psychische energie, die kan worden gebruikt door de leider van het ritueel. Dit is het geval in heidense- en christelijke religieuze rituelen.

Mouni Sadhu heeft een definitie van een egregore als een collectieve entiteit. Een egregore wordt ook een astrale keten genoemd. Voorbeelden van egregores of collectieve entiteiten zijn: Naties, genootschappen, religies, sekten en kleinere menselijke organisaties. De structuur van egregores is gelijkend op die van mensen. Egregores hebben fysieke lichamen, het collectief van alle lichamen van degenen die tot een bepaalde egregore behoren. Egregores hebben ook astrale en mentale lichamen, die kunnen worden gezien door de helderziende als een symbolische representatie. Als voorbeeld hiervan noemt Sadhu de leeuw van Brittannië, de haan van Frankrijk en de adelaar van Duitsland.[193] Wanneer de mensen in een groepscollectief elkaar bevechten, dan vechten de egregores met elkaar op het astrale gebied. Sadhu beweert dat als menselijke vijanden van een groep, die tot een bepaalde egregore behoren, mensen vermoorden van een andere groep, dan maken de astrale lichamen of geesten (van de overledenen) de kracht van de egregore op het astrale vlak groter. Is dit niet de reden dat oorlogen tussen naties of conflicten tussen religieuze groeperingen op het materiële vlak worden uitgevochten?

De egregore heeft de macht om mensen aan te moedigen, die tot de Egregore behoren, om voor zijn eigen doelen te werken. Het is als een onzichtbare hand. De egregore motiveert zijn leden om nieuwe leden aan te trekken.[194] Er zijn egregores van het positieve, evolutionaire type en egregores van het negatieve, involutionaire type. Later ontdekte ik dat er een onderscheid is tussen Egregores die groepszielen zijn en Egregores die groepsgeesten zijn. John Michael Greer zegt dat je de groepsgeest niet moet verwarren met de groepsziel. De groepsgeest is een vorm van collectief bewustzijn die individuen met dezelfde gedachten en emoties delen. De groepsgeest kan plotseling worden gecreëerd op een verzameling of bijeenkomst, in een menigte, bij voetbalsport of rellen bijvoorbeeld. Magische groeperingen construeren opzettelijk groepsgeesten voor specifieke doelen. De groepsziel echter is de collectieve spirituele essentie van een groep, zoals een natie of een gemeenschap en heeft zijn eigen karma. Het lijkt erop dat Mouni Sadhu de term egregore gebruikt voor zowel de groepsgeest als de groepsziel. Voor het doel van dit boek gebruik ik de bredere definitie van Mouni Sadhu, dus gebruik ik de term Egregore en niet de termen groepsziel of groepsgeest.[195]

De invloed van Egregores

Egregores kunnen mensen op verschillende manieren beïnvloeden. Karmische banden zijn het opgebouwde karma van het persoonlijke ego, veroorzaakt door verschillende vorige levens. Egregores zijn een soort groepscollectieven in de astrale sfeer, die occulte banden hebben met mensen. De banden worden onderhouden door het aftappen van de etherische lichtenergie van levende mensen. Etherische lichtenergie is kosmische energie die alleen mensen kunnen omvormen uit de omgeving. De levende mens wordt dan afgetapt door een astrale entiteit en dan worden de etherische lichtenergie van hem afgenomen. De parasieten kunnen afkomstig zijn van de entiteiten of groepscollectieven van de astrale sfeer. De etherische lichtenergie komt vrij nadat deze is getransformeerd door een persoon, in het bijzonder als hij bidt of mediteert in een collectief. Massale bijeenkomsten, van een religieus-, politiek- of commercieel karakter, vergroten de uitstoot en verspreiding van etherische lichtenergie, die op zijn beurt de kracht versterkt van het astrale groepscollectief, ofwel het morfologische veld of de egregore.

Egregores en mythen

Mouni Sadhu legt verder in zijn boek *The Tarot* uit dat er ook mythologische egregores bestaan. De mythologische egregores hebben de namen van de oude goden, zoals de Romeinse en Griekse goden. Deze goden hadden sterke astrale banden met de entiteiten van de planeten. In elk tijdperk is de vorm waarin de goden zich manifesteren anders. Dit maakt de egregore-goden machtig. Planetaire entiteiten veranderen als zij zich ontwikkelen; de goden uit de oudheid zijn gebonden aan hun primaire vormen. De astrale verbinding van de planeten met de goden is door de tijd heen losser geworden. Dus kunnen egregores door de tijd heen sterven en kunnen dan niet meer met succes leven worden ingeblazen.[196]

De rol van de priesters is om de egregore levend te houden

Het is dus belangrijk om de egregore door de tijd heen levend te houden. En mensen die de egregore blijven voeden, zullen de egregore dus levend houden en sterker maken. Mensen kunnen kiezen om zich zelf samen te smelten met een egregore.[197] De kerkvaders wisten van inwijding en de Hermetische leringen. Er bestaat een christelijk-bisschoppelijke egregore. De priesters zijn vertegenwoordigers van deze egregore.[198] Het spirituele reservoir wordt de spirituele, astrale kracht van de egregore. Egregores kunnen steun, troost en aanmoediging geven aan zijn adepten.[199] Gerechtigheid die Liefdadigheid beperkt (tarot arcana) is de oorzaak van het ethische karakter, dat werkt in kerken en het leven ondersteunt van de egregore en dus de macht van de egregore vergroot.[200]

Onsterfelijke egregores

Er bestaan ook onsterfelijke egregores. Mouni Sadhu zegt dat de exacte kennis van de namen en de Sepiroth onmisbaar zijn voor de beginner in het Hermetisme. Dit geeft hem de mogelijkheid voor kabbalistische activiteiten en geeft hem de mogelijkheid om zijn wilskracht te versterken. Dit wordt gedaan via kabbalistische formules, die hem met de onsterfelijke egregore van de grote keten in contact brengen.[201]

> *Door het oproepen van 'nep' voorouders van Mozes via Salomo naar Dr. Faust en St. Germain, vindt de magiër niet alleen zijn eigen geschiedenis opnieuw uit, maar hij roept ook de egregore op van deze 'entiteiten' (samen met al hun krachten en remmingen natuurlijk) of om Mr. Sheldrake's terminologie te gebruiken, hun morfologische velden.*[202]

Religieuze Egregores

De verschillende religies hebben door de tijd heen hun eigen specifieke egregores geschapen. Sadhu benoemt de religies en hun ordes met gecreëerde egregores in chronologische volgorde:

Krisjna (c. 3150 B.C.)

Zoroaster (Iran, 2450 B.C.)

Pho-Hi (China, 1950 B.C.)

Hermes Trismegistus (Egypte)

Mozes (c. 1560 B.C.)

Orde van de Tempeliers (118-1312 A.D.)

Rozenkruisers

Vrijmetselaarsorde als een buitenste schil voor de Rozenkruizerij

Martinisme

Kabbalistische Orde van de Roos en het Kruis (van Stanislas de Guaita)[203]

Alle bovenstaande ordes en religies hebben egregores, die worden onderhouden door hun volgelingen en door het religieuze systeem van wetten en rituelen. Omdat het collectief van de leden van de ene religie verschilt van de andere, hebben de egregores verschillende eigenschappen of karakteristieken die dominant zijn. De oorlogen tussen religies zouden kunnen worden bevochten tussen twee- of meer egregores in een wedstrijd om meer macht. Op dit moment is de christelijke egregore een levende en handelende macht, volgens Sadhu, omdat dat niet behoort tot het verleden. Dit is omdat er zelf tegenwoordig nog vele christelijke aanbidders zijn.[204]

De vijf elementen van het patroon van de egregore (YHSVH)

Yod, He, Shin, Vau, He zijn de vijf elementen van de egregore en deze zijn essentieel voor het 'plannen van een religie', zoals Sadhu het noemt.[205] Een egregore volgt het patroon van het Tetragrammaton, Yod, He, Shin, Vau, He. Het hoofddoel en de reden voor het scheppen van een collectief op het fysieke vlak, wordt ondersteund door de egregore, die is gecreëerd op het astrale vlak. De idee van de overdracht van traditie en het in leven houden van de egregore, kan één van deze hoofddoelen zijn.

Ten eerste, Yod. Yod is het actieve element, de metafysische essentie van de filosofie, de werkelijke eenheidsreligie.

Ten tweede, de eerste He, de passieve elementen, de omgeving, de voorwaarden waarin het collectief en de Egregore zouden kunnen bloeien.

Ten derde, Shin, de aantrekkingskracht om lid te zijn van een groep en dus deel te zijn van de astrale collectieve entiteit, die egregore wordt genoemd. Dit is het element dat nieuwe leden blijft aantrekken naar het collectief en de egregore die daar deel van uitmaakt. Een aantrekkingskracht kan hierbij zijn een voorraad van kennis, of aantrekkelijke astrale banaliteiten of clichés. Dit zou kunnen zijn het vervullen van profetieën, of het uitvoeren van wonderen. Het vooruitzicht, om als toekomstig adept allerlei krachten uit te oefenen en te laten werken, kan ook veel aantrekkingskracht hebben.

Ten vierde, Vau, de androgyne elementen, een lichaam van discipelen of aanbidders, die rond een meester zijn gegroepeerd, dus de gehele cultus. De cultus verandert zichzelf in bepaalde periodes en landen.

Ten vijfde, de tweede He, de realiseerbare elementen, een ontwikkeld genootschap, en een geheel van regels, beleid van de cultus of religie. Het beleid is nuttig om het verband en de overdracht van de traditie te verzekeren.[206]

Zeven planetaire egregores

Er bestaan zeven planetaire egregores, ook wel planetaire geesten genoemd.[207]

*Als de graad van verlichting van een oppervlak direct afhangt van de hoekige
coördinaten van licht in relatie tot de horizon, waarom zouden we dan niet
accepteren dat puur astrale invloeden, in het algemeen en in een bepaalde mate,
functies zijn van deze hoekige elementen?* [208]

Volgens de wet van de analogie in het Hermetisme wordt het axioma 'zo boven zo
beneden' gebruikt om de astrale werkelijkheid te begrijpen door deze te spiegelen aan de
fysieke werkelijkheid. Planetaire egregores kiezen de planeet als een fysiek steunpunt. Ik
citeer hier enkele dingen over de egregore:

*Zoals Marcelo Ramos Motta schreef: "De egregore bestaat in het zogenaamde
'astrale vlak' en het is een demon, dat wil zeggen, een illusoire entiteit. Het is
geen werkelijke microkosmos, maar een gestalte van gevitaliseerde omhulsels,
een brandpunt voor alles dat negatief is, moedeloos, sentimenteel, fanatiek, in
zichzelf gekeerd in de menselijke aard – een oen die compleet vijandig is voor
vooruitgang en voor de spirituele evolutie van de mensheid."* (Zie het webartikel op de OTO-site van Koenig: http://www.cyberlink.ch/~koenig/fs2.htm)

Inwijding en egregores

Door inwijding wordt een kanaal gecreëerd, dat de priester verbindt met de specifieke
egregore. De egregores kwijnen weg, als er geen mensen meer zijn om ze te ondersteunen
en te voeden met hun devotionele energie. Het lange leven van egregores is afhankelijk
van de geheime genootschappen, die de egregore blijven voeden voor het onderhoud en
versterking van zijn krachten. De priesters onttrekken door verschillende rituelen de
devotionele energie van de aanbidders. De egregore wordt hierdoor versterkt en geeft, via
de priesters, de energie van blijdschap terug aan de mensen en de omgeving. Dit wordt de
'zegen van God' genoemd. Als de adept zijn of haar taak heeft beëindigd, dan gaat deze
over naar de andere wereld. De adept sterft dan en ondersteunt zijn of haar egregore op
het astrale vlak, zodat deze egregore krachtiger wordt.[211]

Het is mogelijk om een permanente verbinding te creëren met machtige evolutionaire
egregores. Deze kunnen de wijdeling door de stadia en veranderingen leiden en deze kan
hem of haar vrijmaken van de binding aan het egoïsme.[212] Sadhu schrijft over de
astrale slang, de Nahash:

Het gevecht met de astrale slang is geen andere dan de ontwikkeling van kennis, dat iemand zichzelf van egoïsme moet afscheiden..het nadenken over de clichés van het astrale middengebied, is eigenlijk de erkenning van de noodzaak van iemands harmonieuze zelfverbetering. Wie in het bovenstaande gelooft – niet slechts met woorden, maar vanuit de diepte van zijn hart – zal altijd in staat zijn, gedurende zijn leven, om een permanente verbinding te vestigen met één van de machtige egregores, die hem zullen leiden door alle stadia en veranderingen, en hem zullen bevrijden van het wurgende omringen van Nahash, de astrale slang.[213]

De veronderstelde analogie tussen de scheppende functies van God en de mens, gaf de basis van de belangrijkste ceremonieën uit de oudheid, en stichtte de tot een hoogtepunt gekomen openbaring, die werd onthuld aan de ingewijde bij de viering van de mysteriën. [214]

De dood van Egregores

Er zijn verschillende redenen waarom een egregore kan verdwijnen zoals het gebrek aan zelfopoffering bij de leden van het collectief en het misbruik van krachten, die daardoor de macht en kracht van de egregore vermindert.[215] Dit is logisch, omdat zelfopoffering devotionele energie genereert en het misbruik van de krachten leidt tot de uitputting van het reservoir van spirituele krachten of -energieën.

101

Hoofdstuk 15

De occulte invloed van overheid en religie op de samenleving

Dit hoofdstuk gaat over de verborgen invloed van religie en overheid op de mensen. De occulte energetische invloeden van kerkgebouwen zijn werkelijke overblijfselen. Bijvoorbeeld, de energie die door rituelen wordt gecreëerd, wordt geabsorbeerd in het metselwerk van de kerkmuren. De muren absorberen de devotionele energie.

Geschiedenis van het onderhouden van de occulte energiematrix door de tijden heen

Megalitische plaatsen

Druïdische- en Keltische structuren

Tempelcomplexen van voor de zondvloed

Chinese- en Tibetaanse tempels

Soemerische- en Babylonische tempels

Egyptische tempelstructuren

Azteek-, Maya structuren

Griekse tempels

Romeinse tempels

De Tempeliers, het geomantische complex van Rennes le Chateau

Middeleeuwse kathedraalbouw

Maçonnieke logegebouwen. Deze lijken op het tweede arcanum van de tarot, de Hogepriesteres. Het is interessant om te speculeren dat de gebaren afgebeeld op tarotkaarten analoog zijn aan maçonnieke gebaren.

Overheidsgebouwen, stadhuizen, paleizen, monumenten en stedenbouw. Het occulte symbolisme, dat is neergelegd in de stratenplannen van wereldsteden zoals Londen, Washington DC etc. wordt uitgevoerd door Vrijmetselaars.[216]

Leylijnen, heilige plaatsen en werkelijke politieke- en geestelijke invloeden

Nadat ik het boek *The Earth Spirit* van John Michell had gelezen, ontdekte ik dat spirituele macht en politieke macht één en hetzelfde waren. De oude priesterkaste probeerde de aarde-energieën vast te pinnen. Daarnaast wilden ze de aarde-energieën leiden naar hun gewenste heilige plekken, waar ze tempels bouwden. Rechte wegen hadden een symbolische- en een magische functie, naast dat ze een methode waren van communicatie en controle. Michell gelooft dat het mystieke altijd wordt gecombineerd met het praktische. Een voorbeeld hiervan wordt gevonden in het oude keizerlijke China:

> *Het gebruik van Feng Shui werd steeds belangrijker met de groei van het Chinese rijk. Feng Shui was behulpzaam bij de concentratie van macht in de keizerlijke hoofdstad. De macht werd geconcentreerd door het leiden van de natuurlijke slangachtige stromen van aarde-energie in lange rechte kanalen naar de keizer, bij de zetel van de regering in Peking. Sommige wegen waren betegeld en werden als verkeerswegen gebruikt. Andere wegen liepen onzichtbaar door het landschap heen. De koers van deze onzichtbare wegen werd door obelisken gemarkeerd en ook door ceremoniële bruggen en tempels, waarvan de hoofd-as samenvalt met de uitlijningen. De spirituele energieën van de aarde worden gegenereerd met bergtempels en kloosters. De stroom van deze spirituele energieën werd gereguleerd op sacrale stations langs de hele weg. Deze energieën ondersteunden de keizer. Daarnaast werd de keizer ondersteund door de dienst van de mensen. De solaire stroom werd via dezelfde kanalen verspreid. De solaire stroom werd van bovenaf uitgefilterd door de keizer en via zijn hiërarchische en kosmologische geordende hofpaleis. Daarna werd de solaire energie met zijn vruchtbaarmakende invloed verspreid door het hele koninkrijk heen.[217]*

Hier is een afbeelding van het oude Romeinse wegensysteem. De hoofdwegen leiden naar het Romeinse keizerlijke centrum.[218] Deze afbeelding lijkt op een moderne elektronische printplaat. De energie van aarde en kosmos, ofwel de goddelijke energie of koninklijke macht, wordt verspreid door de diverse rechte kanalen, nadat deze is geconcentreerd door het keizerlijke centrum. Het keizerlijke centrum is een soort kanaal voor de spirituele- of subtiele energieën die van- en uit het centrum komen. Veel oude Romeinse wegen zijn gebouwd op oude uitlijningen of leylijnen. De gebouwen, zoals tempels en huizen en officiële gebouwen, die door het hele land waren gebouwd, konden kanalen zijn of versterkers of condensatoren van subtiele energie. De versterking van subtiele energie via deze condensatoren maakt het mogelijk om de energie door het hele land te verspreiden. Een voorbeeld van het gebruik van symboliek door de kerk, is het gebruik van het beschermende kruis. Een kruist dat in een veld is geplaatst, beschermt en maakt de gewassen vruchtbaar.[219]

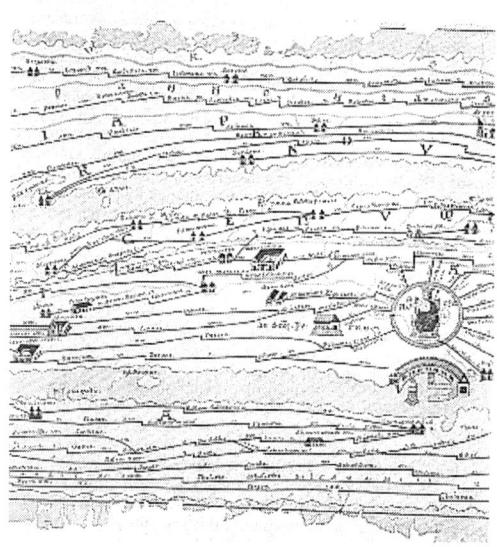

Deze afbeelding van het oude Romeinse wegensysteem lijkt op een moderne printplaat met elektronische circuits. De gebouwen zijn de elementen op de printplaat. De energie van aarde en kosmos (de goddelijke energie of koninklijke macht) wordt verspreid door de diverse rechte kanalen, nadat deze is geconcentreerd door het keizerlijke centrum. Het keizerlijke centrum is een soort kanaal voor de spirituele of subtiele energieën die van- en uit het centrum komen. Een hoop oude Romeinse wegen zijn gebouwd op oude uitlijningen of leylijnen.

Het gaat allemaal om controle

Het onder controle houden van de mensen gaat op verschillende manieren. Ten eerste, door de controle van het lichamelijke bewustzijn. Dit kan door een beperkt bereik van perceptie te creëren, door het vibratiebereik, ofwel trillingsbereik van de ether, te controleren.

Ten tweede, het uitoefenen van emotionele invloed, de invloed op de astrale lichamen van de mensen. Devotionele energie, die wordt opgewekt door eeuwen van gecreëerde schuldcomplexen, wordt afgetapt van religieuze mensen op massabijeenkomsten, die worden gebruikt voor bepaalde occulte, verborgen doelen.

Ten derde, mentale manipulatic, zoals tcchnicken van gedachtecontrole. De dogma's van de kerkvaders van wereldreligies worden gebruikt voor de emotionele- en mentale controle van aanbidders.

De kerk controleerde de extra-laagfrequente golven, dat is de devotionele energie van religieuze deelnemers. Deze controle werd uitgevoerd door het concentreren, verspreiden en leiden van ELF golven op sacramentele rituelen, om daarmee de zegen van God te geven. Zo werd de collectieve geest beïnvloed en dus ook het gedrag van het individu, door de verbinding tussen de collectieve geest en de individuele geest. Waren tempel of kerkrituelen bedoeld om de huidige drakenlijnen te herleven of heractiveren?

PSI-sporen als onzichtbare paden

Het is mogelijk om op mentale wijze een leylijn te creëren of een hele matrix van onderling verbonden leylijnen. Hier komt de notie van het psi-spoor in het spel. Brennan zegt dat de plek waar men een reactie krijgt bij het wichelroedelopen een rechte lijn vormt die naar het doel wijst. De lijn die zo wordt gevormd heet een psi-spoor. Een psi-spoor is dus een onzichtbaar pad dat door de geest van de zender van dat spoor is neergelegd. Het is mogelijk om de wijdte en hoogte van het psi-spoor vast te stellen.

Aka-draden

Serge King heeft ook ontdekt dat in de oude Huna-traditie aka-draden bekend zijn als akasha-draden. Dit zijn draden van aka-materie. Andere benamingen voor aka zijn ectoplasma, astrale materie of universele ether. Aka lijkt een medium te zijn voor prana, ook wel mana of vrill genoemd, afhankelijk van de tradities. Het is een manier om prana te kunnen doorsturen. Een analogie hiervan is dat wij lucht als medium hebben voor het dragen van geluidsgolven. Op dezelfde wijze hebben wij aka-draden nodig voor het dragen van prana.

Het Huna-concept is dat fysieke materie sterk geconcentreerd aka is en is omgeven door een veel minder dicht veld van aka, dat hiernaar wordt aangetrokken door een zwaartekracht-effect. Samen met aka is er mana, de basale energie van het universum..zowel aka als mana kunnen door de geest worden beïnvloed. De eerste kan worden gekneed om in een mentaal patroon te passen en de tweede kan worden gericht. De bewuste geest…geeft orders aan het onderbewuste om de aka te formeren en de mana te sturen door het proces van het willen.[220]

Een aka-draad wordt gecreëerd wanneer twee aka-velden met elkaar in contact komen. Nadat de aka-velden met elkaar in contact zijn geweest, blijft er na de scheiding een draad van aka tussen zitten. Iedereen is verbonden met alle mensen en dingen waarmee ze contact hebben, of waarvan ze in de nabijheid zijn geweest. Aka doordringt alle materie en kan zich tot in het oneindige uitstrekken. De aka-draden blijven diens hele leven bij iemand. Zo verzamel je steeds meer aka-draden tijdens je leven. De aka-draden worden echter pas actief, als deze worden gestimuleerd door gedachten en door mana. [221] Aka draden worden gebruikt voor het verzenden van energie, of voor het ontvangen van informatie. Het is hiervoor nodig dat er voldoende voorraad van mana of vrill aanwezig is. Daarnaast dient de persoon de juiste mentale instelling te hebben. Ook dient er een verbinding te bestaan tussen zender en ontvanger.[222] Serge King zegt dat alle vormen speciale energiepatronen creëren. Alle materialen hebben bepaalde energievelden.[223] Aanraking en staren zijn manieren om aka-draden op te zetten. De geconcentreerde aandacht stimuleert het stromen van mana door de aka-draden. Hierdoor wordt een contact gevestigd tussen het individu en het object waarop geconcentreerd wordt.[224]

Devotionele energie in dit oogpunt is dus de energie van geconcentreerde aandacht die aka-draden creëert. Men kan ook een aka-draad creëren tussen een persoon en een andere persoon. Maar dit kan ook tussen een persoon en gedachtevormen, die door de eeuwen heen zijn gevestigd. Bijvoorbeeld, men kan zich sterk concentreren op een figuur als Christus of Boeddha, wat een heilzaam effect geeft. Dit komt door de energie die wordt ontvangen door het aka-contact. Objecten kunnen dus worden opgeladen met mana of prana, ofwel psychische-, intentionele energie. Een standbeeld kan bijvoorbeeld worden opgeladen met mana. Het energieveld, dat hierdoor rond het object ontstaat, kan worden gevoeld door een hiervoor gevoelige persoon. Dit veld heeft dan hetzelfde effect op een persoon, als de energie van degene die het heeft opgeladen. Mesmer zei dat verschillende mensen en objecten een andere mate van absorberingsvermogen hebben. Deze theorie van het opladen van objecten wordt gepraktiseerd bij de magie van amuletten en talismannen.[225]

Vivaxis

Een vivaxis is een energievortex dat letterlijk de levens-as betekent. Volgens Frances Nixon, die het boek *Born to be magnetic* schreef, is elke persoon verbonden met het magnetische veld van zijn of haar geboorteplaats. Dit is de centrale thesis van astrologie. Dit is de vivaxis. Het is een sterke band van aka-draden, zegt Serge King. Een vivaxis kan ook worden gemaakt met objecten, zoals symbolen. Symbolen hebben een energieveld om zich heen. Stel, je tekent een lijn op papier. Een wichelroedeloper bijvoorbeeld, kan met een wichelroede laten zien dat er een energievortex uitgaat vanuit het centrum van de lijn, die net is getekend. Een entiteit, de lijn, is gecreëerd en de vivaxis daarvan ook. Als de lijn wordt verplaatst van zijn originele positie, dan constateert een test met de wichelroede dat het nog steeds verbonden is door een energiestroom, die loopt langs de aka-draad. De vivaxis lijkt volgens Serge King op een bol van ronddraaiende energieën.[226]

Energievelden rond symbolen

Er zijn energievelden ontdekt rond tweedimensionale symbolische patronen, zoals het Maltese kruis. Een sterke vivaxis wordt gecreëerd, als het originele patroon van een symbool, onder de juiste omstandigheden, binnen een krachtig energieveld wordt getekend. De vivaxis beïnvloedt in zo'n geval niet alleen het originele patroon, maar ook alle volgende tekeningen van het symbool met hetzelfde patroon. Omdat dit patroon resoneert of vibreert met dezelfde frequentie als het origineel, kan er een verband ontstaan tussen het tweede patroon en de vivaxis van het eerste patroon.[227]

Het klopt dat het originele symbool vaak kan worden gebruikt omdat de aka-draad al is gecreëerd. Verschillende stappen moeten worden genomen om een energievortex ofwel vivaxis te creëren:

Ten eerste creëer je een origineel patroon. Ten tweede moet het patroon onder de juiste omstandigheden worden gecreëerd. Hiervoor kijk je naar correspondenties, bijvoorbeeld the magische correspondenties van de kabbala. Wat de juiste omstandigheden zijn voor het creëren, hangt af van het doel wat je hebt met de creatie van een vivaxis. Ten derde, creëer dit patroon op een plaats met sterke geomagnetische energieën, zoals de bekende krachtplaatsen. Deze plaatsen zijn de kruisingen van leylijnen bijvoorbeeld.

Voorbeelden van symbolische patronen zijn de geometrische- en occulte symbolen, die zijn neergelegd in de stratenplannen van enkele hoofdsteden in de wereld. De vivaxis verklaart dat occulte symbolen, in het bijzonder traditionele symbolen, een reële energetische invloed hebben op mensen. Dit is zo, omdat er een vibratie of resonantie van dit symbool is met de originele vivaxis. Dit verklaart ook het gebruik van geschreven symbolen in oude en moderne magische boeken en grimoires, in religieuze rituelen en in de symbolische gebaren van priesters in rituelen.

Het alfabet

Naast het symbolisme, dienen de letters van het alfabet te worden uitgesproken door hun geluid. De mensen in de oudheid wisten, dat als je de letters van het alfabet uitspreekt met hun geluiden, je dan het geluid van de natuur in hen kan oproepen. In zijn lezing[228] schrijft Michio Kushi over yin- en yang energieën en hun verband met de letters van het alfabet (Zie Aanhangsel III).

Elementen van de subtiele energiematrix

Van- en naar overheidsgebouwen, die door de geschiedenis heen zijn gebouwd, zoals hoven, paleizen, kastelen etc., lopen rechte wegen. Deze rechte wegen vormen een tweerichtingsverkeer voor de geleiding van subtiele energieën die een occulte, dus verborgen, invloed uitoefenen op de onwetende massa. Deze verborgen invloed creëert onze matrix, ons persoonlijke referentiekader. Het beïnvloedt letterlijk onze energetische lichamen, of biovelden. Gezien vanuit de oosterse esoterische traditie, wordt ons materiële lichaam doordrongen door energievortexen ofwel chakra's, die elk een specifieke betekenis en -functie hebben in het menselijke energiesysteem van het menselijke bioveld, ook wel aura of lichtlichaam genoemd.

De magie van symbolen

Alle symbolen en geometrische figuren zijn gemaakt om de energie te genereren, die deze symbolen representeren. We hebben net gezien dat symbolen worden omringd door energievelden. Dit is waarom steden zoals Londen gebouwd zijn volgens maçonnieke symbolen. Bijvoorbeeld een obelisk, als een fallussymbool, representeert mannelijke seksuele energie. David Icke zegt dat een symbool de energie vertegenwoordigt die het symbool zal genereren. Dit is zo omdat symbolen een fysieke manifestatie zijn van de gedachten die de symbolen hebben gecreëerd.

Ten eerste creëren gedachten dus symbolen. Ten tweede genereert het symbool de bedoelde energie, omdat het symbool de intenties representeert. Symbolen helpen om de energievelden te resoneren aan de vibrationele frequentie, die door het symbool wordt beoogd. Als het energieveld resoneert met de gewenste vibrationele frequentie, dan worden de gedachten en gevoelens van mensen beïnvloed.[229] Serge King noemt in zijn boek een onderzoek over energievelden die afkomstig zijn van puur symbolische ontwerpen. Vele vormen stralen hun eigenaardige energiepatronen uit. Hoe traditioneler de symbolen zijn en hoe langer ze dus zijn gebruikt, hoe sterker de energie is van deze symbolen. Serge King beweert dat alleen al door de vorm, de driedimensionale vorm energie accumuleert of genereert. Daarom is de vorm hier de sleutel.

Gedachtecontrole in de oudheid door uitzendnetwerken van megalitische granieten torens

David Hatcher Childress denkt dat oude Afrikaanse- en Egyptische obelisken eens deel waren van een uitzendsysteem van elektrische kracht met een breed bereik. Hij zegt dat een toren of obelisknetwerk, analoog aan het systeem van Nicola Tesla, gebruik maakte van de atmosfeer. Elektrische energie kan, volgens Toby Grotz van de voormalige International Tesla Society, worden verbreid over de wereld, tussen de oppervlakte van de aarde en de ionosfeer, met extreem lage frequenties. Dit staat bekend als de Schumann-ruimte. Deze ruimte rondom de aarde breidt zich uit tot 80 kilometer boven het aardoppervlak. Elektromagnetische golven met extreem lage frequenties, de ELF-golven, in het bereik van 8 hertz (de fundamentele Schumann resonantie frequentie) verbreiden zich rond de aarde met weinig signaalverlies binnen de Schumann-ruimte. Op deze wijze kan energie in dit systeem resoneren en wordt afgeleverd op elke plek op aarde.[230] Een netwerk van krachttorens, zoals obelisken, is vereist om energieën te pulseren in de atmosfeer door dit draadloze transmissiesysteem. Childress zegt dat:

> *Deze torens zouden kristalachtige granieten obelisken kunnen zijn, precies zoals we die aantreffen in het oude Egypte en het oude Ethiopië.*[231]

Ook volgens de occulte lezingen van Edgar Case bestonden er eens kristallen torens, die enorme hoeveelheden van een onbekende energie uitzonden. Hier citeer ik Serge King over de mogelijkheid van kristallen torens:

> *De centrale bron van energievoorziening was een enorm kristal, geplaatst op een toren die de energie van de zon transformeerde in bruikbare elektrische en*

andere energieën. Een kristal als bovenste steen, ontving vermoedelijk de zonne-energie en focuste het in een kristallen grondvlak die kwikzilver, zwavelzuur en orichalcum bevatte. Van daaruit werd het omgezet in bruikbare energie en verzonden als radiogolven.[232]

Ondersteuning van de oude subtiele energiematrix

We zijn nu aan het ontdekken hoe de subtiele energiematrix werd ondersteund via een draadloze ELF-puls uitzending, gebaseerd op een uitgebreid megalithisch netwerk van obelisktorens. Er was een zogenaamd systeem van monolitische zendtorens van graniet om te pulseren op extreem lage frequenties, namelijk op 8 hertz. Interessant hierbij is dat 8 hertz binnen het frequentiebereik valt van het menselijke energieveld, ofwel de aura. Dus zou dit oude zendnetwerk van obelisken, als het in gebruik is, de menselijke aura of bioveld kunnen verstoren, met alle gevolgen van dien. Zoals ik al eerder heb laten zien, valt het menselijke energieveld binnen het bereik van 0 tot 34 hertz. Het lijkt erop dat dit een paleolithische versie is van het moderne HAARP systeem, waarover we het later nog zullen hebben. Je zou kunnen speculeren dat het oude megalitische toren-netwerk gebruikt zou kunnen worden voor verscheidene doeleinden. Hoe dan ook, met het oog op mijn theorie over de subtiele energiematrix, zou men kunnen denken dat het obelisknetwerk werd gebruikt als een gereedschap voor gedachtecontrole op een massieve schaal. Het obelisknetwerk werd gebruikt om aura's te verstoren, die dus de hersenen van mensen beïnvloeden, die onder de invloed waren van de ELF-pulsen die van het granieten obelisknetwerk af kwamen.

Geomantie en gecentraliseerde overheid

John Michell beweert dat een paleis de zonnekracht van de keizer vasthoudt. Zoals alle overheidscentra, wordt deze benaderd via lange rechte wegen. Deze lange wegen leiden de energie door het koninkrijk heen, maar tegelijkertijd wordt de (belasting) giften van de mensen en het platteland naar het centrum getrokken.[233]

Het creëren van de subtiele energiematrix

David Icke zei in één van zijn videolezingen, dat piramiden werden gebruikt om energievelden in steden en andere plekken te manipuleren. De piramide verzamelt energie en focust deze. Maçonnieke tempels worden gebouwd op grote vortexen van het aarde-energieraster. Wanneer men deze energievortexen in beslag neemt, kan de energie daarvan, door op die plek tempels te bouwen, worden gemanipuleerd. Zoals al eerder gezegd, treffen wij in de wereldsteden zoals Londen, Parijs, Washington DC en New

York, maçonniek symbolisme aan dat is neergelegd in de plattegrond. Icke sprak in deze lezing over dat je energiestromen creëert, die door de straten van de stad gaan, door het neerzetten van belangrijke gebouwen, met hoofdvormen die in een verschillende geometrische verhouding tot elkaar staan. Op deze wijze kun je het hele energieveld van een stad resoneren aan het frequentiebereik, waarin je wilt dat mensen leven. Mensen worden beïnvloed door de frequentie van het energieveld van de stad.[234]

Hier zien we dus de elementen die nodig zijn voor het creëren van een subtiele energiematrix, een energieveld met een bepaald frequentiebereik. De piramidestructuur op de top van enkele hoofdgebouwen is analoog aan een grote obelisk. De obelisk heeft een piramidevormige top, die daar is neergezet voor het effect die het heeft op het energieveld. Piramiden en obelisken hebben dus dezelfde functie om het energieveld te beïnvloeden, juist door hun piramidale vorm. De hoofdgebouwen in de stad zijn uitgelijnd op de zonsopgang van de zomerzonnewende en de winterzonnewende.[235]

De macht van sacrale geometrie

Datums, vormen, symbolen en hoeken zijn de sleutel tot het beïnvloeden van de omgeving op een effectieve wijze, door gebruik te maken van astrologische energieën en de zonnecycli en maancycli. Alle symbolen, vormen, en hoeken hebben de macht om verschillende energieën te genereren. Deze energieën worden gebruikt op specifieke data. Dit is de macht de praktijk van het uitlijnen van sacrale gebouwen op de zonnewendes en equinoxen. Als je verschillende geometrische vormen gebruikt en uitlijningen van gebouwen met een specifieke hoek en met een specifiek symbolisme, dan kan je het energieveld van de omgeving resoneren met een gewenst vibratiebereik. Het is dan mogelijk om energieën te focussen op die plek.[236]

Data

Data zijn belangrijk omdat datums de energiestroom en cycli vertegenwoordigen. Hier komen bijvoorbeeld de Tibetaanse Tattvische getijden in het spel.

Vormen

De obelisk representeert de mannelijke energie van de zon. De koepelvorm, die wordt gevonden in tempels en kathedralen en andere gebouwen, representeert de lunaire, vrouwelijke energie. Een gebouw met een koepel trekt energie aan en houdt het binnen

111

perken, net zoals een piramidevorm dat doet. De energie van de piramide is echter anders dan de energie die door koepels wordt aangetrokken.

Symbolen

Symbolen zijn fysieke gedachtevormen. Symbolen trekken de energieën aan en genereren de energieën die ze vertegenwoordigen. De macht van geometrie is het focussen van energie op een plek. Dat is waar het allemaal om draait. Een obeliskvorm, zoals een grote wolkenkrabber, heeft een effect op het energieveld. Obelisken hebben ook effect met het in bedwang houden van solaire energie, net zoals koepels een effect hebben op het in bedwang houden van lunaire energie.

Hoeken

Het uitlijnen van gebouwen in specifieke hoeken genereert bepaalde energieën. Het belang van de declinatiehoek en de uitlijningen van tempels worden ergens anders in dit boek toegelicht. Ik citeer hier Carolyn Cobelo over de eigenschappen van hoeken:

> *Hoeken sturen ons berichten door geometrische vlakken en patronen. Een rechte hoek geeft ons een gevoel van soliditeit en controle. Hoeken van minder dan 90 graden zenden een boodschap van samentrekking en hoeken van meer dan 90 graden roepen een perceptie van expansie op. Hoeken beïnvloeden de stroom van energie rond hen. Scherpe hoeken activeren onze geest en ons individualistische denken. Hoeken en rechte hoeken verzamelen energie, waardoor de energiestroom wordt gehinderd. Afgeronde hoeken en cirkelvormige en ovale vormen stimuleren ons om te ontspannen en mee te stromen met de omringende energie; zij herinneren ons aan eenheid en dat we allemaal een deel zijn van de universele bron.[237]*

Elke vorm, die dient als een versterker van de geomagnetische energielijnen, heeft een effect op het energieveld van de aarde en zijn inwoners. Dit esoterische idee vond ik later in een gechanneld boek van het Esoterische Genootschap. Volgens dit boek is het doel van piramidevormen het verbreken van de krachtvelden die rond de aarde stromen, om ze daarna te reflecteren en deze krachtvelden om te vormen in een andere energievorm. Als je verschillende vormen met een verschillende verhouding plaatst in een speciale uitlijning tot elkaar, op een bepaalde mathematische wijze, dan kun je energie genereren die de mens en de materie verbindt met de kosmos. Materie wordt gebruikt als een energiegenerator door het plaatsen van verschillende vormen in relatie tot elkaar. Een constructie van piramiden bijvoorbeeld, die in een bepaalde verhouding tot elkaar zijn geplaatst, transformeert de energie van de materie, als er speciale formules van afmetingen worden gebruikt.[238]

De geheime kracht van de praktijk van de uitlijning van stenen op de declinatiehoek

John Williams is ervan overtuigd dat de megalitische mens de declinatiehoek, de hoek van de zon naar het centrale punt van de aarde, kende. De declinatiehoek was rond 23.5 graden. De megalitische mens had ontdekt, dat als hij stenen plaatste en ze uitlijnde op de hoek van 23.5 graden, de kracht van de stenen werd versterkt. Coördinaten van lichtgolven in verhouding tot het oppervlak zijn analoog aan pure astrale invloeden, die functies zijn van deze hoekige elementen. Sadhu beweert:

> *Als de graad van verlichting van een oppervlak direct afhangt van de hoekige coördinaten van licht in verhouding tot de horizon, waarom zouden we dan niet accepteren dat pure astrale invloeden, in het algemeen en tot een bepaalde mate, functies zijn van deze hoekige elementen?*

Verder is elke rechtopstaande steen in Brittannië uitgelijnd op ten minste twee, vaak meer, prehistorische heilige plaatsen. Er was een eenvoudige methode om deze hoek te berekenen. Als men een diagonaal tekent in een rechthoek van 9 bij 4, wordt de mathematische hoek van 23.5 graden gemakkelijk gecreëerd.[239]

De megalitische mens diende kennis te hebben van de maansverduisteringen en zonsverduisteringen, van de zomerzonnewende en winterzonnewende, van de herfst- en lente equinox en van facetten van hogere geometrie. Zij wisten dat deze kennis van vitaal belang was voor het juiste functioneren van de energiestroom die door de stenen ging. Hij experimenteerde voortdurend met het uitlijnen van stenen op de meest effectieve wijze, door het aanpassen van de hoeken. Er zijn zelfs aanwijzingen dat de psychische krachtcentra te krachtig konden worden. Francis Hitching zegt dat er in Schotland heuvelforten waren gebouwd met een declinatiehoek van 23.5 graden ten opzichte van elkaar. De stenen fundering veranderde in gesmolten glas, niet lang nadat de forten waren gebouwd. Dit fenomeen wordt volgens Hitching ook aangetroffen in rechtopstaande stenen.[240] Dit is analoog aan het positioneren van een lichtstraal op een oppervlak met een meest efficiënte hoek. De megalitische mens was voortdurend de stenen opnieuw aan het uitlijnen, zodat op specifieke cruciale momenten, de ritmes van de kosmos en de magische heilige plaatsen werden doordrenkt met vitale subtiele energieën. Deze vitale energieën, die door de megalitische structuren heen ging en in de aarde terecht kwam via leylijnen ofwel drakenlijnen, revitaliseert de magnetische stroom van de aarde en al zijn inwoners.

Seizoenen van de aarde-energieën

Zij gebruikten de oude uitlijningen die er al waren. Alle traditiegetrouwe mensen zijn afhankelijk in hun dagelijkse leven van kennis van de manieren en seizoenen van de aarde-energie. Het gaat allemaal om het verhogen van het niveau van aarde-energieën in het land en om te zorgen dat menselijke gewoontes hiermee in harmonie blijven. Plato adviseerde de kolonisten dat zij ten eerste al de locale schrijnen van zijn aarde-energieën zouden ontdekken en zich daar op de toepasselijke dagen zouden installeren.[241] John Michell

De kerk heeft door de eeuwen heen heidense tradities ingelijfd bij de christelijke feesten. De reden waarom de kerk dit wilde, was om de subtiele energieën te controleren en te beheersen, die werden bewerkstelligd door de heidense rituelen. Dit was een directe vermindering van de macht van de gewone mensen. De heidense rituelen werden een traditie zonder betekenis. Dit was omdat de elementen van geconcentreerde intentie en uitgeoefende wilskracht niet meer aanwezig waren bij de rituelen. Zij werden door de tijd heen simpelweg vergeten. De werkelijke betekenis raakte verloren voor de gewone mensen. Dus had de kerk alle mogelijkheden van toen af aan om rituelen of diensten te houden, zonder dat de gewone mensen hier van afwisten. De reden waarom de heidense mensen rituelen uitvoerden op de zomerzonnewende, was dat de energiestroom van de aarde en de hemel, (ofwel het gouden elixir van John Dinwiddie) op zijn sterkste niveau was. Op de nacht van de zomerzonnewende, op 23 juni, de nacht van Sint Johannes, bereiken de vitale energieën hun maximale intensiteit. Dit is de tijd dat het gouden elixir vloeit door de meridianen van de aarde, waardoor de ondergrondse waterstromen worden gemagnetiseerd. Tezelfdertijd dringen de extra-laagfrequente golven de vortexen binnen bij megalitische- en natuurlijke subtiele energiecentra. Alle levende organismen, dieren, planten en mensen floreren op de energie van het elixir. In de zomer, bij de zomerzonnewende, is de groeiperiode op zijn hoogtepunt en daarna vermindert deze weer geleidelijk.

Zoals we al hebben gezien, werden kerken gebouwd op leylijnen en elke zondag op dezelfde tijd in alle katholieke landen worden religieuze ceremonieën gehouden. De kerken zijn in hun oriëntatie uitgelijnd op de energielijnen van de aarde en uitgelijnd op de sterren. De kerken werden gebouwd op een plaats waar twee of meer leylijnen samenkomen. De kerk is een heilig krachtcentrum, of anders gezegd een subtiel energiecentrum. Het kerkaltaar is het centrale gedeelte in een kerk of kathedraal. Het altaar is de plek waar de subtiele energieën samenkomen. Er zou dus een direct verband kunnen zijn tussen de plaatsen van altaren en het gebruik van leylijncentra. Het altaar is ook een soort batterij voor de opslag van subtiele energieën, zoals energie die is uitgestoten door religieuze aanbidders. De spirituele bron voor de goddelijke zegening komt uit het spirituele reservoir. Het altaar zou een verbindend element kunnen zijn voor het vrijmaken van spirituele energieën uit het spirituele reservoir. Kerken worden meestal achterelkaar geplaatst, op een afstand van enkele honderden meters of meer, in een directe lijn op een leylijn. De leylijnen zouden kunnen worden geactiveerd door het vrijkomen of de verspreiding van subtiele spirituele energieën, die werden verzorgd door de religieuze aanbidders. De leylijnen zouden een manier kunnen zijn 'om het land van de rooms katholieke kerk op een religieuze wijze te bevloeien'. Met andere woorden, de invloed van de kerk wordt uitgestort naar de samenleving, elke dag op dezelfde tijd, door de ingewijde priesterkaste in de dagelijkse stille mis. Dit gebeurt eens per week samen met de religieuze aanbidders. Er was werkelijk een netwerk van invloedrijke energieën waarmee de mensen werden gebombardeerd. En wat te denken van de verschillende Vrijmetselaarsloges die beweren de oude kennis te bezitten? Wat doen zij met hun tempels en hun rituele diensten? Welke invloed oefenen zij uit op een subtiele wijze? Wat te denken van de oude Babylonische-, Griekse- en Egyptische tempels? Ik denk dat dit een onderzoeksproject is waarbij alle grote beschavingen betrokken zijn die een oude religieuze superstructuur hadden. Deze subtiele energie superstructuur zou de sleutel kunnen zijn tot het begrijpen van de hechte relatie tussen de staat en de religie in de geschiedenis. Dat de staatsmacht en de religieuze macht voor een lange tijd in dezelfde handen was is logisch, omdat de ene de ander versterkte. De priesters waren eigenlijk technici van subtiele energieën. Zij waren ingewijd in de subtiele energiewetenschap, die een voordeel was voor hun eigen ontwikkeling en soms voor de maatschappij als geheel, wanneer ze Gods zegen aan de mensen gaven. Was de subtiele energiematrix, die was gecreëerd en gebruikt door de eeuwen heen, ook gebruikt als een soort mentale manipulatie machine? Als een mechanisme voor massale gedachtecontrole, zou deze goddelijke zegen een gedachtecontrole-mechanisme kunnen zijn, om de mensen in een plezierige spirituele slaap te houden. Men zou hen onder controle kunnen brengen en houden op een dergelijke wijze, dat niemand die niet was ingewijd in deze mysteriën, zelf maar zou kunnen merken dat er iets aan de hand was.

Het is tegenwoordig wetenschappelijk bewezen dat leylijnen het bioveld of menselijk aura beïnvloeden. Zijn we in werkelijkheid ons, door de religieuze rituelen, niet aan het verbinden met God (Jehova) maar aan de aarde-energieën, aan Gaia, de geest van de aarde? Resoneren wij met Gaia en ontvangen wij de zegening van onze gevestigde relatie met moeder aarde? Is dat de betekenis van religie? Het opnieuw scheppen van een band met de aarde ofwel met de natuur. Veel schrijvers hebben beweerd dat onze religies eigenlijk allemaal vanuit dezelfde bron voorkomen. Het gaat om het verbinden met de energieën van de aarde. De kerkrituelen zijn eigenlijk van heidense oorsprong en doen ons denken aan de oude mysteriereligie van Babylon en misschien nog oudere mysteriën.

Christelijke en heidense magie

De kerk heeft een superstructuur van christelijke relikwieën gelegd over de oude heidense plekken. Er kunnen vergelijkingen worden getrokken tussen de werking van heidense magische rituelen en de rituelen van de kerk. Ten eerste, het trekken van een beschermende magische cirkel in het heidendom zou analoog kunnen zijn aan de processies die aan het begin van een kerkceremonie worden gehouden. Aan het begin van een kerkceremonie wordt de atmosfeer gereinigd met wierook om de gedachten van de aanbidders op God te richten. In een verder stadium van het ritueel wordt, in het geval van gewone magie, een hemels wezen aangeroepen in de cirkel en op een specifieke plaats vastgehouden. De magische driehoek wordt gebruikt om de opgeroepen geest vast te houden. In het kerkritueel worden de heilige engelen en heiligen opgeroepen om te helpen met de verspreiding van de zegening van God, nadat ze de devotionele energie (het respect voor god, de vreze Gods) hebben verzameld . Hier is het kerkaltaar de plek waar de aarde-energieën van Gaia zich concentreren. De priester zegent en wijdt het altaar door deze verschillende keren te bewieroken.[242] Vitruvius zei al dat altaren gericht moeten zijn naar het oosten en dat ze altijd op een lager niveau moeten worden geplaatst dan de standbeelden, zodat de aanbidders naar het standbeeld van de god moeten opkijken. Elk altaar heeft de hoogte die voor de betreffende godheid toepasselijk is.[243] In beide gevallen, in de heidense en christelijke rituelen, worden de hogere- of goddelijke intelligenties uitgenodigd en later ook weer weggezonden. De kerk heeft een nieuwe superstructuur neergelegd met nieuwe beelden over de oude mysteriereligie van Babylon.

De oriëntatie van kerken, tempels en loges

De oriëntatie van kerken, tempels en loges is altijd naar het oosten. Er is hiervoor een magnetische reden die Leadbeater uitlegt:

> *Er is een constante stroom van kracht in beide richtingen tussen de evenaar en elk van de polen van de aarde en er is daar naartoe ook een stroom vloeiend*

met rechte hoeken, die beweegt om de aarde heen, in de richting van zijn beweging. De beide stromen worden gebruikt in de werken van de loge.[244]

In andere woorden: Leadbeater heeft het hier over leylijnen of geomagnetische stromen.

Magie is manipulatie van subtiele energieën

Brennan zegt dat magie voornamelijk bezig is met de manipulatie van subtiele energieën. Hij noemt de bio-elektrische energieën van de acupunctuur meridianen. Maar wat ook van belang is, is de energie van het menselijke voorstellingsvermogen, ofwel het astrale. Voor magiërs is de wereld van verbeelding, de astrale wereld, een objectief universum en geen subjectieve creatie.[245]

Megalieten en ultraviolette straling

Robin Collyns beschrijft een andere opmerkelijke eigenschap van het onderzoek van John Williams. Williams ontdekte dat Stonehenge een link is in het netwerk van krachtbronnen.

Afbeelding van Stonehenge, Engeland

Het verband tussen steencirkels en de meer dan 3000 losse megalieten, is dat alle steencirkels en megalieten zijn uitgelijnd op elkaar over een afstand van 32,180 km, met een hoek van 23.5 graden of een meervoud daarvan. Robin Collyns heeft opgemerkt dat

117

de hoek van de pool-as ook 23.5 graden is. Williams ontdekte op veel van de topografische foto's die hij heeft bestudeerd, een verborgen blauw spoor. De meeste enkelvoudige megalieten bevatten kwarts die ultraviolette straling uitstraalt. Hij denkt dat de steencirkels en de megalieten deel uitmaken van een groot netwerk van krachtbronnen. Hij speculeert dat de dekstenen van Stonehenge werden gebruikt als een soort schakelaars om het krachtbron-netwerk te activeren.

De activering van steencirkels en leylijnen

Levenloze [246] objecten worden verlevendigt of gemagnetiseerd door menselijke devotie. De objecten die gemagnetiseerd worden zijn stenen, houten stokken, tempelaltaren of kerkaltaren en in een mindere mate ook bomen. Deze objecten en planten absorberen psychische energie. De steencirkels kunnen alleen worden geactiveerd wanneer bepaalde acties worden ondernomen. Door middel van Hitching kan ik samenvatten wat nodig is voor de activering van steencirkels. Ten eerste, kalenderdagen, waarop religieuze feesten en rituelen worden gehouden, zijn afgestemd op kosmische gebeurtenissen, die astronomisch worden geobserveerd. Ten tweede, de rituelen die worden uitgevoerd door mensen concentreren de kracht in de stenen. Ten derde, wordt tegelijkertijd de psychische energie onttrokken aan de kosmos. Dit compenseert het offer van de devotionele energie, door de deelnemers in het ritueel. Dus hebben we drie elementen van aardemagie, volgens Hitching; de krachten van ondergrondse stromen, de kosmische invloeden en de kracht van de menselijke geest. Al deze factoren samen werden in verschillende combinaties gebruikt. Elke samenleving gebruikte verschillende manieren en verschillende tijdsramen. Kunnen we concluderen dat magie en technologie één en hetzelfde was?

Piezo-elektriciteit: een sleutel tot het ontraadselen van het mysterie?

Piezo-elektriciteit zou een sleutel kunnen zijn voor het begrijpen van hoe de gehele subtiele energiematrix werkt. Hier is in het kort een overzicht van het functioneren van de subtiele energiematrix. Deze kon worden gebruikt voor verschillende doeleinden. ELF-golven komen door bepaalde uitlijningen van megalitische structuren op de posities van de zon, de maan en andere planeten. De stenen werden geplaatst op krachtcentra van subtiele energie. The ELF-golven worden omgezet in Piezo-elektriciteit, via resonantie in het kwarts van de megalitische stenen. Megalieten worden geplaatst boven de samenkomst van watersporen (aquastats) en/of rechte energiesporen. Het kwarts van de stenen resoneert met de ELF-golven en transformeert de golfenergie in piezo-elektrische energie. Dit zogenaamde piezo-elektrische effect resulteert in het genereren van piezo-elektrische energie. Het water stroomt, in verschillende richtingen, ongeveer 38 meter onder het energiecentrum,[247] het altaar, of het centrum van de heilige plaats. Het water neemt de piezo-elektrische energie met zich mee. Dit is letterlijk het irrigeren van de omgeving. De aquastats zijn de negatieve pool van het fenomeen en de bovengrondse rechte paden vormen de positieve pool.[248]

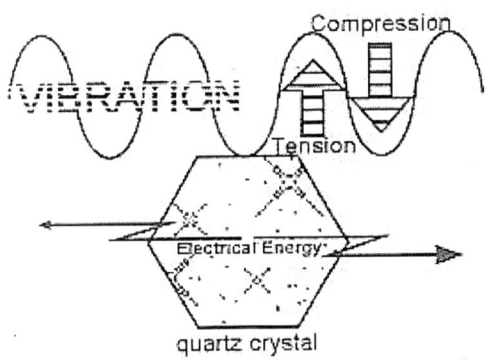

Afbeelding die het piezo-elektrische effect verklaart

Tijdruimte anomalieën

Kunnen tijdruimte-anomalieën worden gecreëerd via het opladen van oude monumenten met kosmische energie? Zouden wij hierdoor de oorspronkelijke energiematrix, of het energieraster van de aarde, kunnen revitaliseren? Kan een mengeling van kosmische energieën op een bepaalde tijd en plaats, het gouden elixir zoals Dinwiddie dit noemt, of op een specifiek ruimtetijdraam, in de tijdruimtematrix worden gebruikt en versterkt door oude monumenten? Kan dit een tijdruimtepoort creëren om te reizen in een andere dimensie? Waren de oude tempels en monumenten multidimensionale tijdruimtepoorten in de matrix? Het doel van tempels zou kunnen zijn om bewust een tijdruimte anomalie te creëren. De oude maçonnieke traditie zou geheim zijn gehouden, omdat er implicaties voor de mensheid zijn, of voor het bewaren van de bestaande machtsbalans van geheime genootschappen.

Steencirkels en heilige plaatsen; zijn zij interdimensionale poorten?

Wanner wijzen zingen bij steencirkel, dus op energieknooppunten, dan zouden ze een piezo-elektrisch effect kunnen creëren, die dan een tijdelijke poort naar een andere dimensie creëert. Er zou dan door de matrix kunnen worden gereisd. De activering van de steencirkels en andere heilige monumenten, creëert een veld of een scheur in de dimensionale tijdruimtematrix. Het zingen vibreert met het kwarts in de stenen monumenten en resoneert met de energievortexen op de krachtplaatsen. De energievortex op de krachtplaats en het zingende effect, hebben een veranderde bewustzijnstoestand tot gevolg. Oude culturen hebben een psychische kaart van het landschap gemaakt.

De archaïsche erfenis van de heilige kracht van een plaats werd opnieuw leven ingeblazen door de romantische dichters, in het bijzonder Wordsworth, die probeerde te laten zien dat er een speciale verwantschap was tussen veranderde staten van bewustzijn en ongebruikelijke punten in het landschap. Als men al de krachtpunten samen betrekt, dan begint men te komen met een psycho-historische kaart van de cultuur.[249]

Voorbeelden van krachtplaatsen worden overal aangetroffen; in Glastonbury en Stonehenge in Brittannië, Tiahuanco in Bolivia, Paaseiland in de Pacifische oceaan en Mount Shasta in Californië. In Frankrijk staat de kathedraal van Chartres bovenop een prehistorische heuvel over een ondergrondse kamer. De christelijke bedrijvers van geomantie hadden een verborgen invloed binnen de kerk gedurende de middeleeuwen. Zij plaatsten de kathedralen, die dienden als instrument voor de verzameling en samensmelting van energie. Daarna werd deze energie tot heil van de buurt verspreid en ook voor de pelgrims, die de kathedraal bezochten op speciale seizoenen in het jaar.[250]

Krachtplaatsen als doorgang tot de astrale wereld

Heilige krachtplaatsen kunnen zijn gebruikt als een astrale doorgang, die werd gebruikt om astraal te reizen en uit te stijgen boven de lagere astrale werelden. Dit kon een doorgang of pad zijn naar de hogere spirituele gebieden, wanneer de overleden ziel wilde gaan voorbij het lagere astrale gebied. Ook levende sjamanen en spiritueel ontwikkelde personen konden astraal reizen in een trancetoestand. Het was dus mogelijk om, door dit te willen, bewust te gaan naar verschillende realiteitsniveaus. Door de intentie te focussen, kon men van de ene dimensie naar de andere dimensie gaan via buitenlichamelijke uittredingen. Deze uittredingen in de astrale wereld werden dus makkelijker gemaakt als deze op de krachtplaats werd ondernomen, die op dat moment op de piek van zijn energie was.[251]

Het gebruik van subtiele devotionele energie op een koninklijke begrafenis

De navolgende speculatieve these onderzoekt de idee van het gebruik van een soort subtiele energiebatterij. Toen prins Claus, prins van het Nederlandse koningshuis, overleed in oktober 2002, was er een grote officiële belangstelling in de begrafenis ceremonie. Alle Nederlandse belangrijke leden van het koninklijke huis worden in een crypte begraven in de Nieuwe Kerk in Delft. Daar is een verzegelde ondergrondse graftombe. Hierin liggen alle overleden Nederlandse koningen en koninginnen en prinsen. Voor de begrafenis, is er voor de adel en de politici een mogelijkheid tot het bewijzen van de laatste eer. Nadat deze elite families hun eer hebben bewezen aan de overledene, hebben rond 80.000 mensen hun condoleances gegeven en konden zij vier dagen lang een laatste blik werpen op de kist van de overledene. In de media waren er mensen die 'een innerlijke drang voelden om naar het ceremonieel te gaan' en meer dan twee uur in de rij te wachten om hun condoleances te geven. Op de tiende dag, na negen dagen van publieke rouw, werd de doodskist in de crypte bijgezet.

Graftombes en krachtplaatsen

In de visie van Leadbeater kunnen we theoretiseren wat hier aan de hand is. Wat er gebeurt, is een concentratie van devotionele energie, die wordt gegeven door het volk, die hun laatste eer bewijzen aan het overleden lid van het koninklijke huis. De sarcofaag is mogelijk een soort subtiele energiebatterij die de devotionele energie opslaat. In bijna één week tijd wordt deze subtiele energiebatterij opgeladen met devotionele energie. Dan, nadat alle eer is bewezen, wordt de kist in een crypte geplaatst. De Nieuwe Kerk in Delft is geplaatst op een heilige plaats, of anders gezegd op een magnetische anomalie. De sarcofaag of kist kan worden vergeleken met een opgeladen kerkaltaar. Bij de oude Egyptenaren zijn de plaatsen waar de mummies zijn begraven heilige krachtplaatsen. Zo heeft ook het Nederlandse koningshuis een rituele begrafenis. Er is een koninklijke garde, in de eerste drie dagen na de dood van de prins. Deze bewakers waren de Nederlandse prinsen Willem Alexander, Maurits en Johan Friso. Wanneer de sarcofaag in de crypte wordt bijgezet, wordt deze in een loden kist gedaan. De crypte onder de kerk zou dus een opslagplaats van devotionele energie kunnen zijn. Verder zegt Carolyn Cobelo in haar boek, dat op begraafplaatsen, zoals oude megalitische plaatsen of kerktomben en andere plekken, sterke elektromagnetische stromen zijn, die de scheiding van de ziel uit het lichaam makkelijker maken. Zij zetten daarnaast het proces van ascentie of verheffing van het bewustzijn en zijn acceptatie van de spirituele wereld, kracht bij. (Carolyn E. Cobelo, *The power of sacred space*, 2000, p.103)

Opslagplaats van koninklijk genenmateriaal

Omdat alle leden van het Huis van Oranje zijn begraven in deze crypte, is de complete genenpool van het Nederlandse koninklijke bloed (DNA) bewaard gebleven. Zou deze genenpool van koninklijk bloed worden bewaard voor toekomstige generaties, om te worden gebruikt als een genetische pool voor koninklijke klonen? Zou de kist gemaakt zijn van lood om de genen tegen eventuele straling te behoeden? Hoewel dit nu een zeer vergezochte gedachte lijkt, kan het in de toekomst mogelijk worden om menselijke koninklijke klonen te creëren, net zoals het nu al mogelijk is om dierlijke klonen te creëren. Er is ook nog een andere mogelijkheid. We weten dat het lichaam van de overleden prins is gebalsemd. Esoterische leringen noemen het oude geloof, dat zolang het lichaamsweefsel nog niet volledig is vergaan, het meestal onmogelijk is voor het etherische lichaam om totaal te verdwijnen. In deze optiek is het mogelijk, dat het lichaam in een loden kist is opgeslagen om het lichaamsweefsel te behouden, maar ook om te voorkomen dat het etherische lichaam van de overledene sterft.

Hoofdstuk 16

De manipulatie van de subtiele energie matrix; wijding en ontwijding van heilige plaatsen

Wijding en ontwijding van heilige plaatsen wordt gepraktiseerd via het houden van rituelen, met het doel om de mensen massaal te beïnvloeden. Rituele consecratie of ontwijding manipuleert de subtiele energiematrix. Laten we eens kijken naar deze twee manieren van manipulatie, wijding en ontwijding.

Wijding

Ten eerste hebben we de mogelijkheid van een positieve wijding om de aardevibraties op een hoger niveau te brengen. Consecratie of wijding is de daad van het zegenen. Bijvoorbeeld, een magische dolk is een tantrisch ritueel object. Het wordt gebruikt om kwade geesten te overwinnen en om obstakels te vernietigen. In Tibet is de dolk een nagel of een pin en wordt phurpa genoemd. De traditie zegt dat als je een phurpa in de aarde steekt, kwade geesten worden vastgepind en gebonden. De uitvinder van de phurpa wijdde de aarde waarop het Samye klooster in Tibet werd gevestigd. Een ander voorbeeld van consecratie is het luiden van kerkklokken, die een boodschap geven aan kwade geesten om weg te blijven van de gewijde omgeving.[252]

Ontwijding

Een andere mogelijkheid om de energiematrix te manipuleren is ontwijding. Ontwijding verlaagt het frequentie- of vibratieniveau van de aarde. Ontwijding is de daad van het vervloeken. De 'vreze Gods' van religieuze aanhangers is een lagere emotionele vibratie, die mogelijk de vibratie van de aarde verlaagt. Het vibratieniveau werd verlaagd door emoties zoals angst. In occulte literatuur is het wijduit bekend dat angst deel uitmaakt van een lager vibratieniveau. De drempel van perceptie is door de jaren heen verlaagd door ten eerste; de creatie van angst, ten tweede; door de opname van de angsten van de massa en ten derde; door het misbruiken van de angsten van de massa. De elite gebruikt de negatieve devotionele vibraties (of ELF-golven) om hun occulte doelen te bereiken. De elite kan de energie van angst via zogenaamde subtiele energie technologie manipuleren.

Deze subtiele energie wordt onder andere opgeslagen in altaren, standbeelden van heiligen, of crucifixen. Relikwieën verzamelen magnetische vibratie-energie, die wordt gedragen door extra lage frequentie golven (ELF-golven). Dit zou de prominente rol zijn die altaren hadden in oude tempels en andere heilige plaatsen. Hierachter ligt dus de wetenschap van subtiele energieën. Een belangrijk voorbeeld hiervan, waar we nu nader op ingaan, is de kapel van Rosslyn in Groot Brittannië

Is de kapel van Rosslyn de heiligste plek op aarde?

De kapel van Rosslyn is een oude heilige plaats. Het wordt tegenwoordig genoemd bij zijn officiële titel, de academische kerk van Sint Mattheus. De snijwerken uit het bronzen tijdperk onder het kasteel van Rosslyn, zijn ouder dan de piramiden en zijn meer dan 5000 jaar oud. De Romeinen bouwden op die plek een centrum van Mithras. De familie die de kapel bouwde, de Saint Clairs, de tegenwoordige Sinclairs, kwam daar in de elfde eeuw. In de vijftiende eeuw bouwde de Sinclair-familie de oosterse poot van de kapel. Het sacrale gebouw is echter nooit afgebouwd. Het hoofddraam is gericht naar het oosten, naar het binnenkomende zonlicht en naar Jeruzalem. De kapel van Rosslyn is gebouwd in overeenstemming met de sacrale geometrie van de canon, waar we het in het hoofdstuk over de canon al over hebben gehad.

Michael Bentine, auteur en historicus van de Tempeliers en wichelroedeloper en professor Lin Yung, een erkende Feng Sui meester, dat is een meester van de kunst om objecten en gebouwen op een lijn te brengen om bepaalde resultaten te bereiken, bezochten de kapel van Rosslyn. Zij concludeerden dat er twee energielijnen zijn die elkaar daar kruisen. De belangrijke plek van bovennatuurlijke krachten is daar waar de eerste lijn is. Dit is op de plek waar het dwarsschip van de kapel oorspronkelijk zou worden ontworpen en gebouwd. Deze lijn kruist de tweede lijn, die is gepositioneerd tussen het altaar en de ingang. Het centrum, waar deze krachtlijnen elkaar kruisen, heeft de sterkste energie. De kapel van Rosslyn is een plaats waar men zich erg positief voelt. Het is een groot centrum van vrede en liefde. Michael Bentine zegt, dat als men door de ingangsportalen loopt, men een echt gevoel van vrede en genezing ervaart binnenin de kapel. Lin Yung, de Feng Sui meester die op bezoek was, maakte een erg belangrijke opmerking. Hij zei dat als men dit energiecentrum manipuleert, men de vrede in de hele regio, maar ook in de rest van de wereld beïnvloedt. Rosslyn zou de belangrijkste heilige plek op aarde zijn. Volgens Lin Yung is de energie van de kapel van Rosslyn vol van spiritualiteit. De muur, geplaatst ten oosten van de kapel, blokkeert enkele van deze spirituele energieën. De kapel representeert de geschiedenis en energie van alle mensen in de wereld. Het is belangrijk voor het welzijn van alle mensen. Deze energie beïnvloedt gemeenschappen, de overheid, mensen die de kapel bezoeken en zelfs het hele land. De toekomstige ontwikkeling van deze kapel is gerelateerd aan de wereldvrede in de toekomst. Professor Lin Yung heeft nog nooit een plaats ontmoet met de zelfde bovennatuurlijke krachten als in Rosslyn. De groep van de vrienden van Rosslyn doneren in een fonds om de kapel te behouden voor de toekomst.[253] Rosslyn was eens een belangrijke plaats voor de Tempeliers. De kapel van Rosslyn is gebouwd volgens het sacrale geometrische bouwplan van de tempel van Salomo. Het kruissymbool van de Tempeliers is onderdeel van de sacrale geometrie van de kapel. Het kruis van de Tempeliers is het symbool van de samenkomende krachtlijnen op deze plek. Dus het symbool bevat het hele geheim. De Tempeliers wisten blijkbaar dat deze krachtlijnen bestonden. Loges van Vrijmetselaars hebben hier ook rituelen gehouden. De Vrijmetselarij probeert het welzijn van de regio, door het houden van rituelen op deze heilige plaats, te beïnvloeden, misschien zelfs wel van de hele wereld.

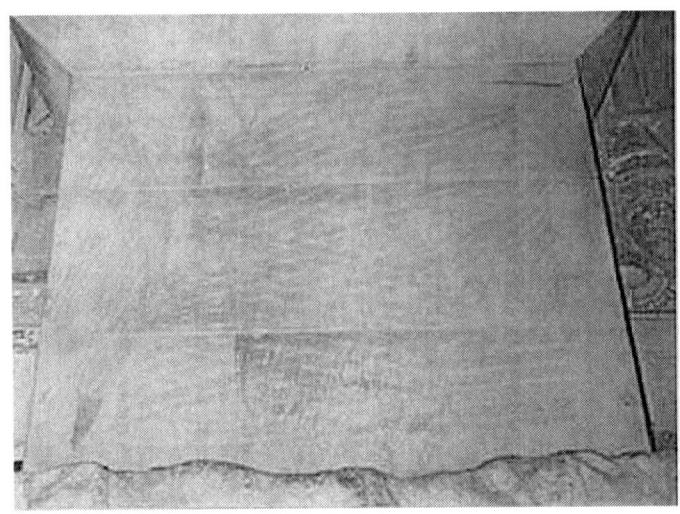

Hierboven zien we een afbeelding van de energiespiralen die aanwezig zijn in de kapel van Rosslyn

Een opmerkelijk zichtbaar teken van de energie binnenin de kapel verscheen in de nacht op de altaarsteen (het hoge altaar) boven de ingang tot de crypte, op 20/21 december 1995. De patronen, die blijkbaar zijn gevormd door spiralen

125

van een energievorm die oprijst uit de stenen vloer, verschenen op de steen. Bij nader onderzoek bleken ze te zijn gevormd door een soort schimmel – maar wat zorgde ervoor dat het in zulke vreemde patronen groeide? Deze spiraal is mogelijk zeer belangrijk. De plek waarop het ontstond (het hoge altaar) wordt door wichelroedelopers al jaren erkend als een tellurische hotspot. Hier bij Pharo, geloven wij dat dit één van de weinige foto's is die de levenskracht van de aarde in al haar majesteit bevat. In essentie zou deze spiraal de meest primitieve kracht van natuurlijke energie zijn.[254]

De matrix

In waarheid, is het niet het fysieke lichaam dat in slavernij wordt gehouden, maar eerder het energielichaam. De matrix-mythe werkt, omdat, volgens de interpretatie van de magiër, het energielichaam het ware zelf is, waarvan het fysieke lichaam werkelijk niet veel meer is dan een schil of vat voor het energielichaam om zich in te begeven. En het is de pure energie of het plasma, dat in essentie puur bewustzijn is, waarmee de anorganische wezens uit de occulte kennis (Castaneda noemt ze vliegers), naar men beweert, zich voeden. Het fysieke lichaam is alleen voor de vogels (en de wormen). Jake Horsley [255]

Om de matrix te creëren, worden subtiele energieën gemanipuleerd, dit om het vibratieniveau te handhaven of te verminderen tot een beperkte limiet (grenswaarde). Op deze manier kan het vibratieniveau worden gecontroleerd. Deze controle vermindert of vermeerdert de vibratiefrequentie. Een voorbeeld van het krachtige gebruik van de matrix is het versterken van de krachten van negatieve leylijnen, die in de vorm van een icosaëders zijn gestructureerd. Dat is het ritueel focussen van kosmische energie, ten tijde van kosmische gebeurtenissen, in de leylijnen via de megalieten. Op bepaalde tijden kan deze energie goedaardig zijn, op andere tijden is deze energie kwaadaardig.

De kruising van leylijnen creëert wervelingen die de vibraties van de matrix, waarin wij gevangen zijn, kunnen verhogen of verlagen, zoals David Icke zegt. David Icke zegt verder in zijn boek dat wij gevangen zijn in een frequentiebereik en daarom zijn we gevangen in een illusie.[256] David Icke spreekt over het globale energieraster en speciaal de belangrijkste vortexen, waar veel energielijnen elkaar kruisen. Deze energie werd als een slang gesymboliseerd.

De meer esoterische onderzoekers, die het enorme symbolisme en referenties naar slangenbloedlijnen, slangenkennis en slangenmensen erkennen, beweren dat dit alleen maar codes zijn in relatie tot dit aarde-energieraster, bekend als drakenlijnen of leylijnen… deze leylijnen vormen een web of raster van magnetische energie, de universele levenskracht, die langs deze lijnen stroomt die de planeet omgeven en doordringen….De oude beschavingen, de Atlantiers, Lemuriers en de mensen van het Soemerische rijk inbegrepen, gebruikten rechtopstaande stenen als acupunctuurnaalden voor de aarde. Zij verklaarden deze belangrijke vortexen heilig en dit zijn de plaatsen van de rechtopstaande steencirkels, piramiden en oude grondwerken over de hele wereld.[257]

David Icke noemt ook het verband tussen paganistische plekken met kerken. Toen ik dit las, dacht ik dat kerken gebouwd zijn op heilige grond om te voorkomen dat mensen vrijelijk gebruik kunnen maken van deze interdimensionale doorgangen. Dit omdat de kerk bepaalt of je al dan niet toegang hebt tot het altaar, de vortex! Ik dacht ook dat deze kerken de heilzame energie voor iedereen afsluiten. Misschien verzamelt of bewaart de kerk deze energieën in het kerkgebouw. Bijvoorbeeld, het graniet van de piramiden heeft kristalachtige eigenschappen, die, zoals we weten, de mogelijkheid hebben om subtiele energie op te slaan of om te vormen.

De beeldenstorm, de vernietiging van de duistere middeleeuwse matrix van kerkinvloed

De beeldenstorm, het kapot slaan van beelden in de kerken en de vernietiging van heilige relikwieën in kerken in heel Europa, is een effectieve methode geweest om de magische kracht van de kerkmatrix te verminderen. Dit was omdat daar een hoop spirituele- of devotionele energie aanwezig was. Die energieën waren opgeslagen in de relikwieën en decoraties van de kerk. De devotionele energie is afkomstig van beeldaanbidders. Het blokkeren van energieën, om te voorkomen dat de tijd van de verlichte rede zou aanbreken, was, zoals wordt beweerd, een georchestreerd plan voor het bereiken van een verborgen ontwerp voor een maçonnieke wereldorde. Hierover meer in het volgende hoofdstuk.

De beeldenstorm was in mijn visie een opzettelijke daad van ontwijding van de heilige plaatsen uit de christelijke traditie. Het was een enorme vernietiging van kerkelijke eigendommen. Dit veroorzaakte een soort collectief psychologisch trauma, die de invloed van de kerk verminderde en ervoor zorgde dat de samenleving een andere weg insloeg. Deze ontwijding heeft de spiruele banden tussen de kerkelijke hiërarchie en de kerkelijke politieke macht in de middeleeuwen losser gemaakt. Deze ontwijding heeft de absolutistische spiruele gevangenschap verbroken van het individu door de magische invloed van kerkelijke riten, zoals de sacramenten.

Hoofdstuk 17
Monumentale maçonnieke magie

In de negentiende eeuw verscheepten Vrijmetselaars obelisken van hun oude plaatsen, zoals Egypte, naar Europa. Martin Short legt in zijn boek *Inside the Brotherhood* uit dat Vrijmetselaars goed zijn voorbereid op een vrijmetselaarsleven na de dood. Dit komt door hun training. Zij ontmoeten elkaar in tempels met altaren die zijn gewijd door rituelen.[258]

De obelisk

Voor de Egyptenaren was de obelisk een heilig symbool. De vorm was verbonden met Re of Ra. De obelisken zijn aan de top voorzien van een piramidon, een piramidevormige top dus. De geest van de zonnegod werd verondersteld de stenen binnen te komen op bepaalde periodes. Bij deze gelegenheden werden menselijke offers aan de zonnegod gebracht. De slachtoffers waren waarschijnlijk krijgsgevangenen, die levend waren gevangen genomen en buitenlanders. Als dit niet lukte, moeten de priesters de lokale bevolking hiervoor hebben gebruikt.[259] Osiris was de god van de aarde. De obelisken waren gewijd aan de zonnegod. Short beweert dat de obelisk het enige architectonische symbool was van Osiris. Volgens maçonnieke geschiedkundigen is Hiram Abiff in werkelijkheid de herboren Osiris. Er is volgens hem geen sterker bewijs van maçonnieke dominantie te vinden dan de Egyptische obelisken, die in het hart van de grootste westerse steden zijn geplaatst.[260]

De twee pilaren Jachin en Boaz

De twee pilaren aan de voorkant van de tempel van Salomo, Boaz en Jachin ofwel Set en Horus, vormen de doorgang naar het huis van Osiris.[261] Belzoni, een maçonnieke avonturier, heeft in 1818 een obelisk verscheept die het cartouche van Cleopatra droeg. Belzoni heeft, naar men beweerde, een oude Egyptische maçonnieke tempel ontdekt in Thebe. De tempel heeft wandschilderingen, die de inwijding van Osiris laten zien in de Vrijmetselarij. Osiris, die een maçonnieke schort draagt, wordt ingewijd terwijl hij een andere vrijmetselaar een hogere graad toekent. Later werd ontdekt dat zich in de tempel in Thebe de graftombe van farao Seti I bevond. Hoewel de ontdekkingen van Belzoni onjuist door hem werden geïnterpreteerd, is het effect geweest dat vele

Vrijmetselaars naar Egypte kwamen om elke obelisk te verschepen die ze konden vinden. Het is interessant dat Short aangeeft dat de paus van Rome, paus Sixtus V, in 1586 , na het oprichten van de obelisk op het Sint Petersplein, de kwade geesten verdreef uit de obelisk van Caligula en deze daarna weer inzegende. Daarnaast voorzag hij de top van de obelisk met een kruis.[262]

Astronomische indeling van een maçonnieke tempel

Op de zomerzonnewende en winterzonnewende is de schaduw van de ondergaande zon perfect uitgelijnd met de schaduw van de ondergaande zon. De twee pilaren Jachin en Boaz stonden los voor de tempel van Salomo. Jachin is geplaatst in het noordoosten en Boaz is geplaatst in de zuid-oosterse positie. Zie de onderstaande afbeelding van de astronomische indeling van de tempel van Salomo.

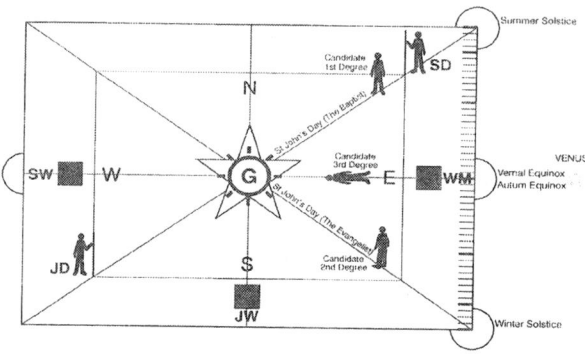

Afbeelding van de astronomische indeling van de tempel van Salomo [263]

Op de zomerzonnewende markeert Jachin het noordelijke uiteinde van de opgaande zon. Op de winterzonnewende markeert de pilaar Boaz het zuidelijke uiteinde van de opgaande zon. Een maçonnieke tempel is altijd gericht naar het oosten. De Eerwaardige Meester vertegenwoordigt de zonsopgang tijdens de equinox. Hij zit in het centrum van het oosterse eind van de tempel. De Senior Opzichter zit in het westen, tegenover de Eerwaardige Meester en vertegenwoordigt de neergaande zon tijdens de equinox. De Junior Opzichter zit in het zuiden en vertegenwoordigt de maan. De Senior Decaan zit in het noordoosten en de Junior Decaan zit in het zuidwesten.

In de maçonnieke kalender zijn er twee belangrijke feestdagen. Op- of rond de zomerzonnewende is het de dag van Sint Johannes, of Johannes de Doper. Op- of rond de winter-zonnewende is het de dag van Sint Johannes, of Johannes de Goddelijke. De lijnen van de zonsopgang van de pilaren Jachin en Boaz in de maçonnieke tempel, markeren de solstitia. Knight en Lomas, die zelf Vrijmetselaars zijn, noemen de specifieke uitlijningen van de maçonnieke tempel in verband met de eerste drie graden van de Vrijmetselarij.

De eerstegraads kandidaat, de binnengekomen leerling, wordt geplaatst in de noordoostelijke hoek van de tempel-loge. De Decaan houdt de hand van de kandidaat vast. De kandidaat staat op de lijn, die de zonsopgang tijdens de zomerzonnewende markeert. Deze is gemarkeerd door de schaduw van de Jachin-pilaar. De tweedegraads kandidaat, de gezel, wordt geplaatst in de zuidoostelijke hoek van de loge. De Boaz-pilaar markeert door zijn schaduw de lijn van de zonsopgang tijdens de winter-zonnewende. De kandidaat laat zien dat hij vooruitgang heeft geboekt in de maçonnieke wetenschap. De derdegraads kandidaat, de meester, wordt geplaatst op de centrale lijn van de tempel. De centrale lijn geeft de oost-west lijn van de equinoxen. In deze graad voert de kandidaat op een rituele wijze de opstanding uit de dood uit. De kandidaat wordt symbolisch vermoord en gaat dan op de vloer liggen, om te simuleren dat hij op de grond is neergeslagen. Alle lichten worden verduisterd in de loge en wat later wordt de kandidaat opgericht uit het graf. Hij wordt dan weer tot leven gewekt. De kandidaat ziet het licht van de vijfpuntige ster met een 'G' in het midden, de zogenaamde vlammende ster. Deze ster geeft de opstijgende planeet Venus weer.[264] Één keer in de acht jaar, wordt het opstijgen van Venus gereflecteerd in de megalitische kamer in Newgrange. Knight en Lomas speculeren dat bij Newgrange het licht van de ochtend-ster Venus in de kamer schijnt. De megalitische mensen geloofden in reïncarnatie en in het bijzonder de reïncarnatie van de heengegane ziel van de dode koning of priester in een nieuwgeboren familielid.

> *Dit gebeurt bij Newgrange slechts eens in de acht jaar, zoveel tijd zou er verlopen zijn voor het moment wanneer sterfelijke lichamen, die lang sluimerden in het stof, worden opgewekt. Deze heropwekking zorgt dat zij worden herenigd met hun familiegeest. De geest van de heengegane is zijn familie binnengekomen, een gerelateerde nakomeling. Dit proces veroorzaakt dan dat het individu wordt bekleed met onsterfelijkheid.[265]*

De Vrijmetselarij verbindt de oriëntatie van loge-gebouwen aan methoden van leylijn waarneming. Sommige Schotse loges hebben precieze procedures voor de uitlijning van kerken. Toen de Tempeliers hun kathedralen bouwden door heel Europa heen, gebruikten ze een meetlat bij het leggen van de oprichtingssteen in de noordoost hoek, om de hoek van de schaduw van de zon te meten. De hoek die hieruit resulteert, is afhankelijk van de tijd van het jaar. Dit bepaalde de noord- en zuid muur van het gebouw. Op deze manier was het gericht naar de zonsopgang op twee bepaalde dagen in het jaar. Dit is zo, omdat alleen de zonnewendes slechts één dag hebben met een gegeven hoek. Alle andere dagen in het jaar delen een hoek met elkaar. Bijvoorbeeld de Sint Maria Magdalena kerk uit de tijd van de Tempeliers staat tegenover de opgaande zon op die plaats op 22 juli. Dit is de feestdag van Maria Magdalena.[266]

De magie van de tempel

Schwaller de Lubicz zegt dat het bewustzijn van harmonie mogelijk is door functionele vereenzelviging. De functionele vereenzelviging maakt het bewustzijn van harmonie mogelijk. Dit bewustzijn behoort tot een bovennatuurlijke orde. Deze orde kan niet door onze beperkte concepten worden gedefinieerd. Het principe van identiteit, van vereenzelviging, ligt buiten ons bereik. Dit feit van identificatie wordt pas werkelijk voor ons, als wij de harmonie van een verband ondervinden. Identificatie wordt verwerkelijkt in ongeorganiseerde materie, elke keer dat zijn eigen staat in functionele harmonie is met zijn functionele kosmische identiteit. Om deze reden wordt de tempel heilig, wanneer het is gebouwd met kennis die alle gezichtspunten betrekt, zoals proporties en nummers, assen en oriëntatie, materiaalkeuze, de harmonie van getallen, kleuren, lichten, neergelegde funderingen etc. De harmonieuze synthese creëert de tempel. Het gaat dus niet om het kinderlijke symbolisme bijvoorbeeld het dak, dat de lucht symboliseert of de vloer, die de aarde symboliseert. Schwaller de Lubicz zegt, dat magische verwerkelijking gaat over het toepassen van bovennatuurlijke krachten, door een daad van identificatie. De verwerkelijking van alle gezichtspunten wordt in de tempelbouw aangetroffen. De synthese van deze gezichtspunten vestigt op een bewuste manier de absolute overeenkomst tussen de hemel en de aarde.

De tempel wordt opgevat als de mystieke tweeling van de hemel, in vereenzelviging met het levende kosmische moment van de positie van de hemel, overeenkomende met het principe waar het aan gewijd is.[267]

Schwaller de Lubicz zegt dat de vereenzelviging tussen natuurlijke objecten niet meer bestaat en alleen door de kunst gevonden wordt. Vereenzelviging is de bron van alle magie. Het gaat om het principe, dat twee identieke dingen niet langer zijn afgescheiden, maar één en hetzelfde zijn. Het ene ondergaat wat het andere ook ondergaat. Op de kennis van de functionele vereenzelviging, is de perfecte architectuur van tempels gebaseerd en ook de magie van religieuze rituelen en van de liturgie.[268]

Door een eed gebonden aan een egregore

Zoals algemeen is erkend, worden Vrijmetselaars en andere leden van geheime genootschappen bij hun inwijding aan elkaar gebonden via een bloedeed. Deze soort binding is essentieel voor de nieuwelingen en voor degenen, die al zijn ingewijd om deel te hebben aan de egregore van geheime genootschappen, zoals de Vrijmetselarij. De egregore zou zijn wortels hebben in een verloren samenleving, of van de overblijfselen daarvan. Een egregore kan ook opnieuw leven in worden geblazen, bijvoorbeeld door het aanbidden van een oude Egyptische god, op dezelfde wijze als we nu met onze christelijke God doen. Ik denk echter dat de geheime genootschappen een algemeen thema zijn in het leven, omdat kennis en lering door verscheidene stadia gaan. Elke vrijmetselaar is verplicht om deel te nemen aan de rituelen. Sommigen nemen deel aan hogere-, andere aan de lagere mysteriën. Voor de gemiddelde vrijmetselaar vervelen de rituelen op periodieke bijeenkomsten na een tijd. Ik denk dat hier meer achter zit. In het ritueel worden de aanbidders gebruikt in een spel, die de meeste deelnemers eigenlijk niet begrijpen. Slechts bij de hogere graden zullen diegenen, die worden voorbereid op de verantwoordelijkheid, de eed van stilzwijgen houden over de maçonnieke geheimen. Zij begrijpen echt wat voor energetische aspecten er achter de verschillende rituelen zitten. Kandidaten houden zich aan de eed van stilzwijgen, onder andere omdat zij hun zwakheden aan de groep hebben opgebiecht en dus kwetsbaar en chantabel zijn. Maar het opbiechten versterkt ook de band tussen de groepsleden. Van Leadbeater's boek *De Wetenschap der Sacramenten* weten we al dat de Rooms Katholieke kerk rituelen heeft met een oude traditie. Deze rituelen hebben een reëel energetisch of spiritueel effect. Het is bijzonder belangrijk dat de hogepriesters hiervan bewust zijn, omdat zij de zegen van God in de gewenste richting leiden.

Astrale tempel als maçonnieke werkplaats

Leadbeater legt de betekenis van de twee pilaren Jachin en Boaz uit als een symbool van het bouwen van een maçonnieke tempel:

> *Dus als bij de opening van de loge de W.J.W. zijn pilaar neerlegt en de W.S.W. de zijne opricht, symboliseert dit het feit dat we nu in het leven geïnteresseerd zijn, we werken op de mens, op het bewustzijn, niet op materiële objecten, wat het geval zou zijn als wij een materiële structuur zouden bouwen en niet de tempel van de mens, zijn innerlijke karakter, zijn onsterfelijke ziel. De Grote Architect bouwt nu 'een tempel in de hemel, niet een die met handen is gemaakt'.*[269]

133

Zoals aan de afbeelding van 'een tempel binnen een tempel' is te zien, bouwen de Vrijmetselaars op energetische wijze een tempel. Dit betekent dat zij een maçonnieke tempel bouwen in de astrale wereld. Door rituelen wordt een subtiele energietempel of een zogenaamde astrale tempel gebouwd, binnen de fysieke tempel of het logegebouw.

Het bouwen van een astrale tempel via een maçonniek ritueel [270]

Leadbeater beweert in het voorwoord van dit boek:

> *In dit boek is het mijn doel om iets van de diepere betekenis te verklaren van de betekenis en het doel van de Vrijmetselarij, terwijl ik de passende geheimhouding bewaar op die onderwerpen die geheim moeten worden gehouden, in de hoop om onder de broeders een meer diepgaand respect op te wekken voor dat waarvan zij de hoeders zijn en voor een vollediger begrip van de mysteriën van het gilde.*

Rituelen worden ontworpen om de subtiele energietempel te bouwen in het astrale gebied. Het astrale gebied is het gebied waar ingewijden een buitenlichamelijke ervaring ofwel uittreding hebben, waarin zij zich met hun wil op een bewuste wijze

134

sturen in de gewenste richting. Dit proces noemen we astrale projectie of uittreding, wat we kunnen aanleren. Door het aansluiten bij een geheim genootschap, zoals de Vrijmetselaars of een andere orde, verbindt men zich met de egregore van de organisatie. Met andere woorden, men wordt deel van de groepsziel van de organisatie. Hierdoor wordt een echte spirituele band geschapen bij de inwijding. De nieuwelingen wordt geleerd hoe ze met hun astraallichaam kunnen uittreden en toch hun bewustzijn kunnen behouden. Wanneer zij dit hebben geleerd, dan kunnen zij elkaar ontmoeten in tempels in de astrale wereld, op elke tijd en op elke plaats waar ze zich bevinden. In deze dimensie lijkt de tijd zijn lineaire betekenis te hebben verloren. Halevi bevestigt het bovenstaande in zijn boek *School of the Soul*. Hij zegt dat de ingewijden een plaats van aanbidding hebben gecreëerd. Dus hier krijgt de idee van de maçonnieke werkplaats een echte esoterische betekenis. De innerlijke tempel op het astrale vlak is een werkplaats waar studenten naar school gaan, naar een 'geheime school'. Het gaat allemaal om het bouwen van een heilige ruimte met een astrale tempel. De astrale tempels worden gemodelleerd uit het model van de 'hemelse tempel in het hemelse Jeruzalem'. Maar deze sacrale tempel moet constant worden onderhouden.[271] Stephen Knight heeft in zijn bestseller *The Brotherhood,* via zijn onderzoek in het Verenigd Koninkrijk, uitgevonden dat maçonnieke leden rituelen houden in loges van beambten en magistraten op het stadhuis, of andere lokale overheidsgebouwen.[272] Verder beweert Brennan dat de loges een verbinding hebben met de innerlijke werelden. Hij zegt dat het essentiële verschil tussen een spiritualistische groep en een groep in een logeruimte was, dat de groep in de logeruimte een verbinding had gevormd met de innerlijke gebieden en kracht afnam van de andere zijde van de collectieve geest.[273]

De astrale tempel

Wat Vrijmetselaars en andere geheime genootschappen doen, is dat zij een astrale tempel scheppen. Visualiseren speelt hierbij een belangrijke rol. Elke keer dat je hetzelfde visualiseert, versterk je de visualisatie in de astrale wereld.[274] Amber K. legt in haar boek *Covencraft* uit wat de betekenis is van een astrale tempel. De astrale tempel is een heilige plaats die is geconstrueerd op een ander werkelijkheidsvlak, door de kracht van de geest. Dit kan bijvoorbeeld door het gebruik van het gecombineerde geloof en de verbeeldingskracht en de wil van de deelnemers. De astrale tempel is een ontmoetingsplaats, rustplaats en leerplaats. Door de kracht van de geest kan een lid de astrale tempel bezoeken en zich verbinden met de andere leden. Het lid kan hier schuilen voor nachtmerrie-achtige creaturen en voor een psychische aanval door een andere magiër, of door bepaalde astrale entiteiten. De astrale tempel is daarnaast een krachtsopslagplaats voor de groepsziel en -geest ofwel de egregore.[275]

Het bouwen van een astrale tempel

Het bouwen van een astrale tempel kan het beste worden ondernomen ten tijde van de nieuwe maan, de wassende maan, of de volle maan. Het is het beste om op een astrologische wijze het beste moment te bepalen. De planetaire aspecten moeten juist zijn voor het dromen en voor de creativiteit. Het kan op elk moment worden gedaan, maar de tijdspanne tussen Yule en Imbolc is hiervoor het meest geschikt. [276]In een groepsritueel, als de magische cirkel is getrokken, kunnen de verscheidene groepsleden de tempel creëren. Elk lid voegt een stuk van de puzzel toe via creatieve visualisatie, zodat iedereen zijn steentje bijdraagt en zo de tempel op het astrale vlak creëert. De tempel wordt geopend en gesloten door een 'sleutel', wat een bepaald symbool is waarover iedereen het eens is, of een gebaar, of een combinatie hiervan. Voor de eerste sessie wordt gesloten, wordt er kracht bijeengebracht om de creatie op te laden, terwijl iedere persoon het beeld stevig voor zich houdt. Daarna wordt de astrale creatie verbonden met natuurlijke energiebronnen, zoals de maan, de zon, of het sterrenlicht, zodat het patroon van zijn werkelijkheid wordt onderhouden, zelfs als de groep of coven niet aanwezig is om het te energetiseren.[277] Het is dus mogelijk om de astrale tempel te onderhouden door een natuurlijke energiebron. Natuurlijke energie voedt de astrale tempel om het te behouden en niet zozeer de energie van de leden zelf. Op deze manier worden de leden niet uitgeput door verlies van hun energie, omdat de egregore niet teert op hun energie. De werkwijze voor het scheppen van een astrale tempel is dus:

Ten eerste, verzamel je kracht in een groepsritueel.

Ten tweede, laad je de astrale creatie op, terwijl je een mentaal beeld hiervan vasthoudt.

Ten derde, verbind je de astrale creatie met een natuurlijke bron om deze te behouden.

Ten vierde, creëer je een sleutel, zoals een symbool en/of een gebaar voor het afsluiten en openen van de astrale tempel door de ingewijden.

Soemerische helende tempels

Een gechannelde boodschap van Inanna in het *Sedona Journal* [278]zegt dat Soemerische helende tempels zich manifesteren in het hier en nu op het etherische niveau, door de wil van het planetaire collectieve onbewuste. Deze tempels verenigen hemel en aarde. Zij creëren een landschap waar de energieën, die de hemelen boven verbinden met de aarde beneden, worden bemiddeld. In het oude Soemerië bewaarden de tempels het evenwicht tussen de energieën van de sterren en die van de aarde. Gemeenschapsceremonieën en rituelen, uitgevoerd onder de leiding van de tempel en heilige mysteriën in het geheim uitgevoerd door de adepten, binnen de begrenzing van het tempelcomplex, werken om de vruchtbaarheid, gezondheid en het welzijn van het land, de dieren en de mensen, van de gemeenschap te verzekeren. Echter, het werk van de Soemerische helende tempels gaat door tot op het etherische niveau van de werkelijkheid. De Soemerische helende tempels manifesteren zich in de nachtelijke hemel en zijn plekken waar de aarde-energieën of frequenties opnieuw worden afgestemd.[279]

De verborgen innerlijke werking van een co-maçonnieke loge

Maçonnieke tempelgebouwen gaan over uitlijningen en symbolisme en gaan over het bouwen van een nieuwe matrix voor de nieuwe wereldorde, die wordt geleid via de occulte energiematrix. Leadbeater spreekt over het vierkant-maken van de loge. De energiestromen vloeien langs- en dwars over de vloer en ook langs de randen van de vloer. Het is belangrijk, dat iedereen die de maçonnieke vloer betreedt, dit doet in de richting waarin deze energieën gaan. Leadbeater zegt, dat wanneer iemand een kaars opsteekt met een religieuze intentie, dit hetzelfde werkt als een gebed. Het roept altijd het 'neerdalen van de kracht van boven' op.[280]

De ceremonieën van de christelijke diensten en de ceremonieën van de Vrijmetselarij bereiken een vergelijkbaar doel, maar op een verschillende manier. In de christelijke dienst wordt eerst een grote gedachtevorm gebouwd. Deze dient als een soort opslagbatterij of condensator van kracht. Als de kracht langzaam en geleidelijk wordt gegenereerd, kan het worden opgeslagen voor gebruik, in plaats van dat de kracht in de lucht vervliegt.[281]

Er is een groot verschil tussen christelijke- en maçonnieke rituelen. Het Christendom roept in hun diensten de grote engelen aan. Deze wezens zijn veel verder gevorderd in spirituele ontwikkeling dan wij mensen. Ik citeer hier Leadbeater:

> *In het Christendom roepen wij grote engelen aan die ver boven ons staan in spirituele ontwikkeling en plaatsen onszelf in een aanzienlijke mate in hun handen en bevoorraden hen met het materiaal van liefde en devotie en aspiratie die de dienst uit ons losmaakt en wij laten aan hen voornamelijk het bouwen van de vorm en de verspreiding over. In de Vrijmetselarij roepen we ook de hulp van engelen aan, maar van diegenen die dichter bij ons eigen ontwikkelingsniveau staan, en elk van hen brengt met zich een aantal ondergeschikten, die zijn aanwijzingen uitvoeren. Deze ondergeschikten zijn assistenten van het rijk van de natuurgeesten en ook van de elementalen.[282]*

137

Leadbeater geeft ons een algemeen overzicht van de handelingen in de co-maçonnieke loge. In de openingsprocessie van een loge, magnetiseert de Meester van de loge de loge, door rond de loge te lopen. De Meester moet een werveling maken in de stromende krachten. Hij bouwt dan een voorlopige [283]gedachtevorm. Hij vult dan de gedachtevorm met sterke magnetische stromen. [284] De chakra's, de zeven belangrijkste krachtcentra in de mens, zijn belangrijk voor de maçonnieke dienst. Een vrijmetselaar kan de krachten in de natuur commanderen, die zijn verbonden met het specifieke chakra waardoor hij aan het werken is. De natuurlijke krachten worden ook gecontroleerd door het chakra dat daarmee correspondeert.

De zevenvoudige kracht in de natuur stort zichzelf uit in de wereld. Deze kracht stort zich uit vanuit de hogere werelden. De leringen van de theosofen worden opgevoerd in de rituelen van de Vrijmetselarij. Dus kan men stellen dat de theosofische vereniging een soort voorportaal is van de Vrijmetselarij. De scheppingsdaad wordt symbolisch opgevoerd in de rituelen. Het openen van de loge roept spirituele krachten of -entiteiten op. Het sluiten van de loge zorgt ervoor, dat alle opgeroepen entiteiten terugkeren naar hun eigen verblijven en de krachten worden dan uit elkaar gedreven. Alles lost dan weer op in zijn oorspronkelijke element.[285]

Elk van de officieren in de Vrijmetselaarsloge vertegenwoordigen één van de zeven energieën, die ook aanwezig zijn in onze chakra's. De officieren dienen als een focus voor één van de zeven energieën. Als de officieren worden opgesomd, dan werkt de opsomming van hun ambten en plichten als een evocatie van de deva's of engelen (of demonen?), die horen en werken op deze respectievelijke niveaus.

De officieren vertegenwoordigen elk een bepaalde deva. Het is de deva die de werkelijke gedachtevorm opbouwt. De deva zorgt ook voor het uitstorten van de kracht. De officier moet zich uitstrekken naar zijn deva-representant en toestaan dat de kracht vrijelijk door hem vloeit. De officier moet zijn wil harmoniëren en vermengen met de deva als de kracht stroomt. Hij is dan een kanaal voor de goddelijke kracht.[286]

Elke deva of engel, die de officier in de loge vertegenwoordigt en eigenlijk het meeste werk doet, heeft een kring van entiteiten onder zijn commando. De deva-representant leidt het juiste gebruik van de devotie en het enthousiasme en gebruikt deze energie als bouwmateriaal voor de gedachtevorm die moet worden gebouwd. Er zijn zeven deva's, elk met zijn eigen groep van entiteiten en elementalen. Op een bepaald punt in het ritueel wordt er een lijn gevormd die de officier verbindt met de deva. De deva zweeft boven de officier en is hiermee verbonden door een lijn van levend licht. Deze lijn wordt gebruikt door de deva, om zijn kracht uit te storten naar de officier. Op een later moment worden de zeven groepen ook met elkaar verbonden door lichtlijnen. Het zingen van een hymne wordt gebruikt om de devotie uit te storten via de maçonnieke logeleden.

In die loges die een portret gebruiken van de H.O.A.T.F. is het net voor het zingen van deze hymne, dat het portret wordt ontsluierd, zodat alle broeders zich hier naartoe keren en het begroeten. In direct antwoord op deze begroeting projecteren de grote Adepten een gedachtevorm, die een precieze beeltenis is van Hemzelf, net zoals op een hoger niveau Christus de Heer die gedachtevorm projecteert, die de Engel der Aanwezigheid wordt genoemd tijdens elke viering van de Heilige Eucharistie. Deze gedachtevorm maakt zo volledig deel uit van de H.O.A.T.F. dat de loge baat heeft van Zijn aanwezigheid en Zijn zegen, als stond hij daar in fysieke vorm. De deva representant van de R.W.M. buigt laag voor het Hoofd van zijn Straal, en laat de leiding van aangelegenheden in Zijn handen.[287]

De gedachtevorm die wordt gecreëerd lijkt op een Griekse tempel. In het midden van deze astrale tempel, wordt een cella, ofwel een binnenste kamer, gebouwd, die een condensator is van al de krachten die er in worden opgeslagen. De deva's, die de drie voornaamste officiers vertegenwoordigen, gaan door met het uitstorten van hun krachten in de cella. Door de lijn die de deva verbindt met de officier, stort de deva de kracht uit over de officier, op het moment dat de deva is aangeroepen.[288] Leadbeater beschrijft op een prachtige manier hoe de deva-representanten, met hun onderling verbonden groepen, daadwerkelijk een energetische tempel bouwen op het astrale vlak. Dit mooie citaat wil ik de lezer niet onthouden:

In de openingsprocessie hebben de R.W.M. en zijn officieren het lagere deel van de cella, of de binnenste kamer van de tempel, al opgebouwd, het geheel van het mozaïek van de vloer afgesloten en het sterk met magnetisme opgeladen. Deze wezens storten zich hier eerst op en maken de muren snel dikker en hoger, de grotere wezens versterken zijn magnetisme door het te vullen met de fantastische kracht van hun respectievelijke niveaus. Opnieuw spreiden zij een plafond over de gehele loge uit met de snelheid van het licht. Vanuit dat plafond, beginnend op de hoeken en net binnen de muren van de fysieke loge, laten zij ondersteunende kolommen vallen van bovenaf, net als de wortels van een banyan-boom, een pilaar die elk van de niet-officiële broeders omringt.[289]

Dit is waarom de inofficiële broeders de kolommen worden genoemd. Door de hele ceremonie heen, storten de deva's hun kracht uit in de cella. Degenen, die als kandidaat de mozaïeken vloer betreden, worden beïnvloed met de sterkste kracht. De kracht wordt eerst door het dak gefilterd en daarna door de kolommen en bereikt dan iedereen die aanwezig is bij het ritueel.[290]

De diverse egregores hebben hun eigen sacramentele systemen. De geldigheid van het sacrament worden niet beïnvloed door de specifieke geloofsopvattingen van een bisschop of maçonnieke kandidaat.[291] Het gaat allemaal om de juiste en efficiënte praktijk van de rituelen en zijn werkingen. Het werkt met een oud systeem, dat de subtiele energie van de deelnemers in de gewenste richting in beweging brengt. In de inwijding van een kandidaat, is de climax het moment waarop een energiecentrum of chakra van de kandidaat wordt geopend. Het openen van de chakra geeft de kandidaat een mogelijkheid van kracht.[292]

De kandidaat moet de magnetische kracht absorberen, die wordt verzorgd door het magnetiseren van verschillende delen van de loge. De loge wordt bewierookt en daardoor gemagnetiseerd. De lichaamsdelen, die ontbloot zijn gedurende de ceremonie, ontvangen de sterkste magnetische krachten, corresponderend met de chakra die wordt geopend. De cella is de omsloten, sterkst gemagnetiseerde, centrale plek. Het staat op mozaïeken vloer en het altaar is daarbij inbegrepen. [293] Boven het altaar hangt een lamp, de 'vlammende ster'. Dit symbool vertegenwoordigt het licht van de Logos dat over alles straalt.

Bij het afsluitingsritueel van een loge worden de krachten, die zijn gegenereerd en verzameld, gebruikt voor 'projectie langs bepaalde definitieve lijnen daarbuiten'[160] Zou Leadbeater hier verwijzen naar onze zogenaamde leylijnen? Betekent dit dat maçonnieke loges, net als kerken worden uitgelijnd op deze leylijnen? De sacramentele structuren van zowel Vrijmetselarij als Christendom worden gebaseerd op de structuur van de oude mysteriescholen uit het verre verleden.

De maçonnieke egregore

De loge is een mentale entiteit die is opgebouwd uit alle leden. Leadbeater zegt dat elke loge op het mentale vlak bestaat, uit een absoluut mentaal object, een echt ding in het gebied van de gedachten. Leadbeater bedoelt dat elke loge een absolute grote bol is, die precies in de ruimte is toegewezen. Het is toegewezen boven de plek waar de logeleden elkaar ontmoeten.[294] Als een aantal loges elkaar ontmoeten, dan kan men op helderziende wijze zien dat 'verscheidene bollen zwevend te zien zijn boven het gebouw, als een cluster van ballonnen'. Elke loge heeft zijn eigen mentale vorm. Er is altijd een astraal- en een mentaal gedeelte. Laagontwikkelde logeleden creëren een sterke astrale tegenhanger van hun loge, maar met een afwijkende mentale vorm. In ontwikkelde loges, creëren de leden een sterke astrale tegenhanger van de loge, met daarnaast een sterke mentale vorm.[295]

Hoofdstuk 18
Occulte oorlogsvoering in de oudheid

Egyptische magische oorlogsvoering

In het Nationale Museum van Oudheden in Leiden staat er een klein onthoofd standbeeld tentoongesteld. Het is gedateerd rond 2040-1640 voor Christus. Het bijschrift bij dit standbeeld luidt:

> *De Egyptische legers worden versterkt door Nubische huurlingen. Als militaire kracht niet voldoet, dan gaan de oorlogvoerende Egyptenaren over tot voodooachtige praktijken om hun legers te verslaan. Egyptische magische rituelen gebruiken het standbeeld van een vastgebonden gevangene. Zij schreven op het standbeeld in rode inkt de namen op van de interne en externe lokale namen van de buitenlandse vijanden. Hierna onthoofden de Egyptenaren het standbeeld. Hier is een kleibeeldje te zien uit Sakkara, gevonden bij de Teti piramide van de 12^e en 13^e dynastie rond 1800-1700 voor Christus.*

Psychische energiestaven

Op Egyptische hiërogliefen en schilderingen kan men de figuren zien die een staf vasthouden, vaak in de vorm van een ankh. Volgens mediums was het doel van de staven het vergroten van kracht in het energieveld van het lichaam. De energie, als deze wordt gestuurd via de wil, wordt gebruikt voor psychische- en fysieke doelen. Als de staven worden gemaakt van verschillenden materialen, zoals kool, magnetisch ijzer, brons of tin, dan genereren ze een krachtstroom die tussen hen vloeit. In bepaalde gevallen werden de staven gemaakt van buizen waarbinnen weer buizen zaten. Als je de staven uitlijnt op het oost/westen of het noord/zuiden, dan vloeit er energie tussen de staven. Serge King denkt dat het mogelijk was voor de Egyptenaren om een staf op te laden met psychische kracht, ook wel prana of vrill genoemd. Als deze wordt ontladen kunnen de staven iemand bewusteloos maken of zelfs iemand doden. De priesters gooiden de staven in oorlogstijd naar de vijanden, die dan werden geraakt door de ontlading van de staven of tubes. De priesters konden ook rotsblokken optillen via deze met prana opgeladen staven. (Uit: *Mana Physics: The study of Paraphysical Energy*, by Serge King, Baraka Books LTD., New York, 1978, pp. 7-12)

De Ka, de vitale kracht gaat over in het grafstandbeeld

Jaromir Malek zegt in zijn webartikel *In the Shadow of the Pyramids,* dat tijdens het overlijden, één van de elementen van de persoonlijkheid van een overledene, de Ka, de levenskracht of geest, bleef bestaan in de graftombe. De overledene zelf werd een ankhgeest nadat de voorgeschreven begrafenisriten waren uitgevoerd. De Egyptenaren dachten dat behoud van het lichaam nodig was, waardoor de Ka kon blijven bestaan. Pogingen om een vervangende woonplaats te vinden, zorgden voor de introductie van grafstandbeelden. Dit geloof zorgde ervoor, dat er werd geëxperimenteerd met mummies. De materiële behoeften van de Ka zijn dezelfde als die van de levenden, waardoor voedsel en drankoffers werden gebracht in de kapel van de graftombe. Als er geen voedsel aanwezig was, konden afbeeldingen hiervan op de grafmuren, of het opzeggen van voorgeschreven formules, een symbolische vervanging zijn. (Jason Melek From: http://www.mystae.com/restricted/streams/scripts/duat.html)

Sarcofaag gebruikt als astrale gevangenis?

De oude Egyptenaren geloofden dat de conservering van de astrale identiteit, ofwel de Ka, werd veiliggesteld door het gebruiken van geschreven hiëroglifische magische bezweringsformules op sarcofagen en lijkkisten. Was dit zo gedaan om een astrale gevangenis te creëren? De standbeelden van de doden zijn een eeuwige leefruimte of habitat voor de Ka of identiteit. Standbeelden, waarvan lichaamsdelen van de zintuigen zoals ogen, monden, oren en borsten, werden vernield, werden gebruikt om de persoon in het hiernamaals lastig te vallen. Schade die werd aangericht aan de lichaamsdelen van de standbeelden, werd gebruikt door krijgers, om het bestaan van hun vijand in het hiernamaals op een magische wijze te verhinderen. De naos (in Griekse tempels de cella genoemd en in Rooms Katholieke tempels de kapel) is het centrum in elke Egyptische tempel. De kapel of naos van farao Amasis is een granieten blok dat rond 8,3 ton weegt. In het heiligdom van de Egyptische tempel, is er een kapel of naos gebouwd voor het plaatsen van een standbeeld van een godheid. Deze naos wordt uit één stuk graniet gehouwen. Op de buitenkant van de naos, zijn afbeeldingen geschilderd van goden en demonen van de onderwereld. De opening achter het standbeeld is verborgen achter houten deuren om het standbeeld te beschermen tegen de profanen, ofwel de nietingewijden.

Afbeelding van naos, zijaanzicht met hiëroglifische rode beschilderingen van Egyptische onderwereld-demonen, Nationale Museum van Oudheden, Leiden, 2002 (Foto genomen door de auteur)

Naos

De niet-ingewijden werden ervan weerhouden om het standbeeld in de naos te zien. Alleen de farao en de hogepriesters mochten de standbeelden zien, want het waren heilige relikwieën. In de naos werd elke dag een ritueel gehouden, waarin het standbeeld werd voorzien van voedsel, drank en kleding.

Afbeelding van naos, zijaanzicht met hiëroglifische rode beschilderingen van Egyptische onderwereld-demonen, Nationale Museum van Oudheden, Leiden, 2002 (Foto genomen door de auteur)

De naos of kapel is een granieten, kubusvormige steen met een piramidon er bovenop. Het is gedateerd uit de 26ste dynastie, rond 550 voor Christus. De opmerkelijke naos wordt tentoongesteld bij de ingang van het Leidse nationale Museum van Oudheden.

Hoofdstuk 19

De Sterrenpoort samenzwering; het creëren van een nieuwe religie voor het tijdperk van Horus

De beweringen in dit hoofdstuk zijn niet noodzakelijk de mening van de auteur. Ik kan slechts zeggen dat het onderzoek van David Icke onderdeel is van een gedachteschool over elites en bloedlijnen, die serieus onderzocht dient te worden.

David Icke beweert dat er een elite groep van families bestaat, met een koninklijke nakomelingschap, die de wereld regeert. Deze families delen dezelfde bloedlijnen (DNA). Deze families zijn geobsedeerd door hun bloedlijn en door rituelen. Deze families zijn in de oudheid gecreëerd door reptielachtige buitenaardse wezens, de Annunaki, waarvan de hybride nazaten de koninklijke families zijn geworden, die de wereld tot op de dag vandaag hebben geregeerd. De reptielachtige wezens zijn entiteiten die bestaan buiten onze driedimensionale dimensie. Het zijn een soort geestelijke demonische wezens, uit een andere dimensie, die de mensen, die daar gevoelig voor zijn, kunnen overschaduwen of in bezit nemen. De reptielachtige wezens hebben het DNA van de aardse mensen geïnfiltreerd met hun eigen DNA. Hierdoor ontstonden hybriden. De bloedlijnen bepalen het potentiaal voor de activering en bezetenheid door reptielachtige wezens. Het reptielachtige DNA in deze hybriden wordt pas geactiveerd door de vibrationele velden, die worden gegenereerd door de rituelen van geheime Illuminati-genootschappen. Ook de publieke rituelen van kroningen en andere officiële ceremonieën, zoals de opening van het parlement en rituelen van de verschillende religies, genereren deze vibrationele velden. De activering van het reptielachtige DNA wordt, via bepaalde hoogwaardige technologie op aarde en in de ruimte, toegediend aan de bevolking. Het kloon-programma dat wordt uitgevoerd op aarde, is ontwikkeld om te zorgen voor ontwerp-lichamen die de reptielachtige entiteiten kunnen bezetten. Het voordeel hiervan is dat de reptielachtige entiteiten dan geen bestaande lichamen hoeven te overschaduwen. Komt hier de idee van bezetenheid door demonen vandaan? Als het DNA van de reptielachtige wezens eenmaal is geactiveerd, dan opent het DNA het lichaam voor bezetenheid, door deze reptielachtige en andere wezens. Dit gebeurt bijvoorbeeld bij rituelen van de Vrijmetselarij, waardoor de leden ontvankelijk worden voor de vibraties van de reptielachtige entiteiten. David Icke benadrukt daarom, dat het belangrijk is voor mensen om zich afzijdig te houden van rituelen. Hoewel het ritueel zelf zich als iets heel onschuldigs kan voordoen, moet men zich afzijdig houden van zorgvuldige geconstrueerde rituelen. Rituelen die voortdurend worden herhaald, zoals religieuze ceremonieën, vallen binnen deze categorie. De infiltratie van het reptielachtige DNA wordt in de koninklijke kringen gezien als 'de familieziekte'. De koninklijke leden zijn hier eigenlijk bang voor. Als het DNA eenmaal is geactiveerd in de bloedlijnen, dan worden ze overgenomen, ofwel bezeten door de reptielachtige entiteiten. Zoals bekend, zijn de koninklijke bloedlijnen constant gevangen in rituelen. Deze ceremonieën zijn gemaakt om hun bezetenheid te activeren. Zij hebben het dilemma, dat ze zonder de koninklijke rituelen geen koninklijke familie zijn en met deze rituelen worden geactiveerd en bezeten. (Zie het artikel www.davidicke.com/icke/articles3/obsessed.html)

De molen van Hamlet en het openen van de sterrenpoorten

Adrian Gilbert hield een lezing op de conferentie over archaeo-astronomie, waar ik het in dit boek al eerder over heb gehad. Er bestaan twee sterrenpoorten. De ene is Boogschutter en de andere is de constellatie van Tweelingen. Het centrum van ons sterrenstelsel is het ene portaal in de ruimte. Orion is het andere portaal. Adrian Gilbert beweert, dat de geboorte van Jezus letterlijk in de sterren is te zien. Orion staat analoog aan Osiris, of Jozef, Sirius staat analoog aan Isis, of Maria. De ster van Regulus staat voor Bethlehem en de drie planeten zijn de drie wijzen. De drie wijzen brengen drie geschenken aan Jezus. De drie wijzen zijn de drie planeten Mercurius, Jupiter en Saturnus. Mercurius brengt wierook mee, Jupiter brengt goud en Saturnus brengt mirre mee. Adrian Gilbert beweert dat andere verhalen uit de geschiedenis van Jezus ook een astronomische relevantie hebben. Ter illustratie hiervan, worden hier enkele hoofdgebeurtenissen uit het leven van Jezus vergeleken met de gelijkrichting van de sterren in hun tijd. Het dopen van Jezus; elke planeet heeft een associatie met vogels. De duif staat voor de planeet Venus. De driejarige missie van Jezus begon op 6 uur AM, op het 26ste jaar na Christus. De kruisiging vond plaats op de overgang van de eerste volle maan op de lente-equinox, in het 29ste jaar na Christus. Het offerlam is de constellatie Aries. Bij de wederopstanding van Christus, is 40 dagen later het kruis in de hemel te zien boven het Lam, de constellatie Aries. Bij de Hemelvaart is de Orion-sterrenpoort te zien. De zon was aan de rechterkant van Orion te zien op die dag. Orion houdt de sleutel tot de sterren vast, dit is de ankh. Orion is een doorgang op het zomersolstitium en Scorpio is de doorgang op het wintersolstitium. De sterrenpoorten Alfa en Omega veranderen in positie door de tijd heen. Bij de Kaphre piramide op het Gizaplateau is er geen schaduw op het moment van de zomerzonnewende. Dan staat de zon boven de top van de piramide en is er geen schaduw. Op het moment, dat de piramide van Kaphre geen schaduw werpt, is dit symbolisch voor de overwinning van het licht over de duisternis. Adrian Gilbert zegt dat de piramide was ontworpen voor de ontvangst van kosmische transformationele energieën. Dit wordt de opening van de sterrenpoort genoemd. Het Hermetische axioma 'zo boven, zo beneden' kan dus ook astronomisch worden uitgelegd. De constellaties in de hemel worden op aarde ook uitgeleefd. In het boek van Openbaringen staan de zeven kandelaren voor de zeven planeten, die zich rond Orion verzamelen. Erich von Daniken, één van de bekendste pioniers van de oude astronauten-thesis, heeft de thesis gevestigd dat de goden uit de oudheid astronauten waren, die op aarde neerdaalden. De sterrenpoort samenzwering propageert de terugkeer van de Enneade, de negen goden uit Heliopolis.

Het geheim van mummificatie

Carolyn E. Cobelo heeft ontdekt dat belangrijke mensen werden gemummificeerd in het oude Egypte. Dit was om er zeker van te zijn dat de geest van de overledene dicht bij de mummie zou blijven. De levende priesters konden dan de overleden koning of farao raadplegen in belangrijke onderwerpen. Door het lichaam van een leider te mummificeren, bestond er nog steeds een verbinding met het aardse vlak. De geest bleef dan noodgedwongen in de nabijheid van zijn gemummificeerde lichaam, om te kunnen worden geconsulteerd door de priesters. Op deze wijze kan je stellen dat het mummificeren de overleden geest gevangen neemt, door hem te binden aan het aardse vlak. (Zie Carolyn E. Cobelo, *The Power of Sacred Space*, 2000, p. 60.)

Een super-ras van goden, gekloond uit het DNA materiaal van de mummies van farao's, zou kunnen leiden tot de terugkeer van 'De Negen', de Enneade van Heliopolis. Door de astrale binding, ofwel de binding van het Ka met de mummies, zouden de goden terug kunnen keren. Het astrale Ka-lichaam van de overledene is gebonden aan de mummie. Het astrale kan worden verbonden aan een kloon. Het resultaat hiervan is dat de vastgehouden geest van de overleden farao terug kan keren in zijn lichaam! De vervormde astrale lichamen zijn achteruit gegaan, net zoals hun mummies. De heropleving van de oude Egyptische goden, van de egregore van de Enneade, zou een soort geestelijk monster kunnen creëren, een moderne 'antichrist'. De demonen van de bijna vergeten oude magische kennis, zouden dus opnieuw leven in kunnen worden geblazen, om de luciferische nieuwe wereld orde te regeren. Want het tijdperk van Horus is aangebroken.

Jake Horsley beweert in zijn boek *Matrix Warrior,* dat de aarde een boerderij is, een fabriek die emoties fabriceert en verwerkt. De mensheid wordt gebruikt om andere entiteiten, waar we ons niet van bewust zijn, te onderhouden en te voeden. Deze entiteiten zien de mens als een prooi, net zoals elke soort aast op de lagere soort om in leven te blijven. In het gebied van de oude mythologie en vooral in de occulte overleveringen, treffen we verhalen aan die hier een belangwekkende parallel van zijn.

[296] Het gaat in deze verhalen om het bestaan van een roofzuchtige kracht die de mensheid tot slaaf maakt, om deze als een voedselbron te exploiteren. De roofzuchtige entiteiten regeren onze levens en hebben de mensheid zijn geloofssysteem gegeven om de mensheid gehoorzaam en ondergeschikt te houden. Volgens Carlos Castaneda voeden de roofzuchtige entiteiten, die de 'vliegers' worden genoemd, zich niet met de energie van het menselijke lichaam, zoals in de Hollywoodfilm *The Matrix* is te zien, maar voeden zij zich met het 'stralende bewustzijn' dat ons mens maakt. De roofzuchtige entiteiten verslinden deze [297] 'straling' bijna in zijn geheel en laten maar een fractie hiervan over voor de mens. De kleine fractie van bewustzijn die zij ons laten, is het verstand van de entiteit van de vliegers zelf.

Verkleinde afbeelding van een tekening van Neil Hague, die het hart-chakra symboliseert van een persoon in de matrix, die in verbinding staat met de 'Ene'. (Uit: David Icke's boek Tales from the Time Loop, 2003, p. 461)

Het hoofdmotto van David Icke is: *Infinite love is all there is, everything else is illusion. Oneindige liefde is alles wat er is, al het andere is illusie.* Ik voel, dat als we deze waarheid in ons leven toepassen en zelf beleven, de individuele mens, de 'vonk van God' of de 'Ene', kan ontsnappen uit het lage vibrationele bewustzijn van de matrix. De afbeelding laat een persoon zien, die in de matrix leeft en in verbinding staat met de 'Ene'. Dit is alleen mogelijk als men een staat bereikt, waarin er geen trilling is. Daar waar er 'geen rimpeling is in de oceaan van de oneindigheid'. Op dat moment, is de levende ziel niet beïnvloed door het gebied van trilling, de sfeer van de dualiteit. Als men in het gebied van Eenheid is, kan men tenminste tijdelijk ontsnappen aan de vibraties van de matrix. We kunnen de matrix niet overwinnen, lijkt het, maar we kunnen het wel veranderen. We veranderen de matrix, ten eerste, door bewust te zijn van de matrix. Ten tweede, zal het alleen dan mogelijk zijn om te ontsnappen aan de schijnbaar subtiele tentakels van de matrix.

149

Hoofdstuk 20

Esoterische wetenschap en technologie uit de oudheid

De these van de astronauten uit de oudheid

Waren de goden uit de oudheid astronauten, of zelfs van buitenaardse herkomst? De theorie van de astronauten uit de oudheid van Erich von Daniken en zijn volgelingen heeft een hele nieuwe school van gedachten over oude beschavingen voortgebracht. (Zie hiervoor de boeken van Erich Von Däniken *Chariots of the Gods*, Zecharia Sitchin *The Twelfth Planet* en Robert Temple *The Sirius Mystery*.)

Waren de goden uit de ruimte een oud reptielachtig ras?

David Icke ziet een verbinding tussen de Anunakki en de goden die uit de ruimte kwamen. The Anunakki, betekent letterlijk 'zij die van de hemel naar de aarde kwamen' en zijn volgens David Icke een buitenaards slangenras. Zecharia Sitchin wil hierin niet geloven en zelfs niet overwegen, dat mogelijk reptielachtige wezens de ruimtegoden waren uit de oudheid. Icke heeft de zogenaamde reptielachtige bloedlijnen onderzocht. David Icke gaat hierin veel verder, zoals we al hebben gezien in het vorige hoofdstuk over de sterrenpoort samenzwering.

Het Gilgamesh epos

Zecharia Sitchin schreef in zijn 'aardekronieken' boekenserie over de oude Soemerische kleitabletten die zijn gevonden. In het oude verhaal van het Gilgamesh epos is er een verhaal over een Soemerische koning die de aarde geleidelijk ziet verdwijnen en een stipje worden in de ruimte. Dit zou een mogelijke vertelling zijn van een ruimtereis in de geschiedenis. Hieronder is het citaat uit het boek van Sitching *De Twaalfde Planeet* met het Gilgamesh epos opgenomen, dat deze ruimtereis beschrijft.

De Adelaar steeg op...en steeg snel omhoog. Alsof het gerapporteerd zou zijn door een moderne astronaut, die de aarde ziet terugwijken als zijn raketschip omhoog gaat, beschrijft de oude verhalenverteller hoe de Aarde kleiner en kleiner leek voor Etana. Toen hij hem een beru (is hoogtemaat ed.) omhoog had gedragen, zei de Adelaar tot hem, tot Etana: 'Kijk mijn vriend, hoe het land verschijnt! Staar naar de zee aan de kant van het Berghuis. Het land was inderdaad een kleine heuvel geworden en de wijde zee is net als een tobbe.' De Adelaar steeg hoger en hoger...Toen hij hem een tweede beru omhoog had gedragen zei de Adelaar: 'Mijn vriend, werp een blik op hoe het land verschijnt! Het land is veranderd in een groef... De weidse zee is net als een broodmand.' Toen hij hem een derde beru omhoog had gedragen, zei de Adelaar tot hem: 'Kijk mijn vriend, hoe het land verschijnt! Het land is veranderd in een greppel van een tuinman!' Toen, toen zij doorgingen met opstijgen, verdween de aarde plotseling uit het zicht. Toen ik rondkeek, was het land verdwenen en aan de weidse zee konden mijn ogen zich niet verlustigen. (Zecheria Sitchin, *The Twelfth Planet*)

Hiërogliefen

Zeldzame oude gebeeldhouwde hiërogliefen in Abydos, gevonden op een steunbalk in de Seti tempel, laten Egyptische hiërogliefen zien met afbeeldingen die sterk lijken op vliegtuigen en boten. Er is een afbeelding met een luchtschipachtige vorm met een

prominente staartvin, die boven een structuur zweeft, die erg lijkt op een gondel. (Zie hiervoor het boek van Herby Brennan *The secret history of ancient Egypt*)

Gevorderde technologie uit de oudheid

Er zijn een paar belangrijke ideeën over gevorderde technologie in beschavingen uit de oudheid. Dit zijn manieren om te laten zien dat de mensen uit de oudheid verder gevorderd waren, dan de westerse wetenschap tegenwoordig erkent.

Priester-technici

Een hoop oude manuscripten zouden verkeerd geïnterpreteerd kunnen worden, als we deze alleen vanuit een religieuze optiek bekijken. Sassoon en Dale hebben ontdekt, dat de oude teksten van de Zohar (Het boek der Schittering) hele passages bevatten over een machine en de technische instructies om deze te bouwen en te onderhouden. Deze machine was een zogenaamde mannamachine, een soort voedselproducerende machine. De zogenaamde priesterkaste was alleen toegestaan om het 'sacrale object' binnen te gaan. De priesters waren dus eigenlijk geen magiërs, maar technici! In oude tijden was religie en technologie één en het zelfde. De priesters in de tempels behoorden tot de weinigen, die werden uitgekozen om de 'geheimen van de goden' te kennen. Zij konden deze geheimen begrijpen en zij konden de krachten beheersen van de machines, die onder hun beheer gesteld waren. Het verband met de theorie van de molen van Hamlet is, dat in de prehistorie het gewoonte was om 'visioenen' te bedenken als zij eigenlijk kennis wilden overbrengen. Sassoon en Dale beweren dat zij hebben ontdekt dat oude geschriften soms een verborgen, technologische betekenis hebben. Deze geschriften hebben een religieus- en mystiek karakter. Een visioen uit de Zohar van Rabbi Simon lijkt op een beschrijving van een atoomreactor! Sassoon en Dale claimen dat magie de technologische kennis en praktijk is van de voormalige bezoekers uit de ruimte. De wetenschap van onze tijd ontwikkelt zich langzaam in de richting van deze bezoekers.

Onmogelijke precisie bij het boren in het oude Egypte

Ingenieur en onderzoeker Christopher Dunn heeft in zijn boek *The Giza Power Plant* de afmetingen van de sarcofaag in de Koningskamer van de grote piramide van Giza geïnspecteerd en opgemeten. Hij concludeerde dat tegenwoordig onze beschaving met onze gevorderde boortechnologie nog niet in staat is om gaten te boren met de vaardigheid en precisie, die de oude Egyptenaren manifesteerden, maar 'onmogelijk gehad konden hebben'.

Hydraulische kracht en stoomkracht

Het oude Egypte bezat hydraulische kracht en ook stoomkracht. Dit wordt beschreven door Heron, een schrijver rond 100 na Christus, die een paar uitvindingen opsomt zoals; een muntautomaat, een meetschijf van een opzichter, een injectiespuit, een fontein op zonne-energie en een mechanische zingende vogel. (Brennan, 2000) Heron beschreef de eerste stoommachine, die werd gecreëerd door het verhitten van water in een grote afgesloten metalen ketel. Twee pijpen vervoerden de stoom van de ketel in een metalen bol, die erboven was vastgemaakt. Uit deze bol staken twee hoekige nauwe uitlaatpijpen, waaruit stoom ontsnapte. De stoom zorgde dat de bol draaide met 1500 omwentelingen per minuut. (Brennan, 2000)

Elektriciteit in het oude Soemerië

Er zijn aanwijzingen dat Soemerië, de oudste beschaving die ons bekend is, elektriciteit bezat. In het oude Soemerië, in Bagdad, werd een batterij gevonden, gemaakt van aardewerk. In 1936 werd er een 2000 jaar oude pot ontdekt. De gele pot van klei bevatte een koperen buis, die op een uiteinde was afgesloten met een plug van asfalt. Binnenin de buis werden verroeste overblijfselen van een ijzeren staaf gevonden. Als je een soort zuur in deze pot doet, bijvoorbeeld cider, dan geeft de pot een zwakke elektrische stroom af. Deze zogenaamde Leidse pot is het bewijs dat beschavingen uit de oudheid elektriciteit gebruikten.

Hydraulische aandrijving voor tempeldeuren

De oude Egyptische hydraulische aandrijving werd toegepast om de tempeldeuren te openen.

Bagdad-batterij

In de kelder van het Nationale Museum in Caïro is er een artefact dat lijkt op een batterij om elektriciteit op te slaan. Een Indiaas geschrift van rond 5000 voor Christus, de *Kumbhadbawa Agastyamuni,* geeft een aardig gedetailleerde beschrijving van hoe je een batterij maakt, die een elektrische stroom afgeeft en die licht produceert. De stroom die licht produceert wordt Mitra genoemd. (Herinnert dat aan de Mithraïsche mysteriën?) Wanneer verscheidene cellen met elkaar worden verbonden, dan wordt er een zeer helder licht gezien. (Zie Brunés, Hoofdstuk 4)

Statische elektriciteit in het oude Egypte

Was statische elektriciteit een realiteit in het oude Egypte? De hiërogliefen in de tempel van Dendera zijn volgens Brunés nogal verschillend van gewone hiërogliefen. In de crypte onder de tempel zijn er vreemde afbeeldingen, zoals die afbeelding van een slang in een glasachtige buis. Dit zou een krachtbron kunnen zijn, misschien een bron van elektriciteit.

Afbeelding van twee slangen in glasachtige buizen die de positief- en negatief geladen elektrische stroom vertegenwoordigt (Deze afbeeldingen zijn afkomstig uit hoofdstuk 14 en 15 van Brunés boek. Brunés heeft deze afbeeldingen weer van het boek van Auguste Mariettes boekenserie Dendera, (Volume 1-5), Parijs 1869)

Kijk eens naar deze afbeelding van slangen, die hun kop naar binnen hebben gericht, of naar buiten. Dit kan een positieve- of negatieve elektrische lading voorstellen. De glasachtige tubes worden ondersteund door een djed-pilaar. Deze afbeeldingen zijn alleen in Egypte te vinden en nergens anders in de wereld. Deze afbeelding geeft een hint naar wat we vandaag kennen als de gloeilamp. Het is afkomstig uit de lagere crypte in de tempel van Hathor, in Dendera in Egypte. De stolp rust op een zware isolator. Brunés zegt dat het er op lijkt dat hier een gedetailleerde procedure is afgebeeld. Hij denkt een elektrische krachtbron te herkennen. Deze procedure vertelt ons iets over technologie en energie. Deze afbeeldingen doen ons denken aan grote stolpen, geplaatst op zware isolatoren. Christopher Dunn herkent deze afbeelding als zijnde een Crookes-buis, een elektrisch apparaat. Hij citeert dan Joey R. Jochmans die een analyse heeft gemaakt van de gebeeldhouwde muren in Dendera.

Als de buis in werking is, dan komt de straal daaruit, waar het kathodische elektrische snoer de buis binnenkomt aan het tegenovergestelde einde. In de afbeelding in de tempel wordt de elektronenstraal vertegenwoordigd door een uitgestrekte slang. De staart van de slang begint daar, waar een kabel van de energiebox de buis binnenkomt en het hoofd van de slang het tegenoverliggende uiteinde raakt. In Egyptische kunst was de slang het symbool van de goddelijke energie. De afbeelding laat een buis zien die onder normale omstandigheden werkt, uiterst links. Maar met de tweede buis, die het dichtst is gelegen bij de energiebox aan de rechterkant, is een interessant experiment tentoongesteld. Michael R. Freeman, een elektrische- en elektromagnetische ingenieur, gelooft dat de zonneschijf op het hoofd van Horus een Van de Graaff generator is, een apparaat dat statische elektriciteit verzamelt. Een aap is te zien die een metalen mes vasthoudt tussen de Van de Graaff zonneschijf en de tweede buis. De statische lading, die is opgebouwd op het mes van de generator, zou zorgen dat de elektronenstraal binnen de Crookes-buis wordt omgeleid van het normale pad, omdat het negatief geladen mes en de negatieve straal elkaar afstoten. Het hoofd van de slang in de tweede buis, draait zich af van het einde van de buis, afgestoten door het mes in de hand van de aap. Dit zijn Egyptische elektronenbuizen uit de oudheid. De box en de kabel in de afbeelding is geïdentificeerd door professor Harris (zoals is geciteerd door Dunn, p.233) als bijna een exacte kopie van een afbeelding, die tegenwoordig wordt gebruikt om een bundel van geleidende draden te representeren. De kabel loopt vanuit de box over de volledige lengte van de vloer en eindigt op beide uiteinden en op de basis van twee merkwaardige objecten, die op twee pilaren rusten. Professor Harris zou deze hebben geïdentificeerd als representaties van hoogvoltage isolatoren. Hier is een toepasselijk citaat van Mouni Sadhu over het gebruik van statische elektriciteit door de oude Egyptenaren:

Hoewel we geen bewijzen hebben dat in pure wetenschappelijke kennis van statische elektriciteit de Egyptenaren meer gevorderd waren in verhouding tot onze huidige specialisten, die met hun gecompliceerde machines (electrophoren etc.) werken, weten we dat hoge ingewijden van het land van de farao's ons aardig vooruit waren in het persoonlijke gebruik van statische elektriciteit. Hier bedoel ik het vermogen om fenomenen gebaseerd op elektriciteit te creëren, door het gebruik van psychische krachten, de menselijke wil, of prana (vitale energie)...Door deze kennis, konden ingewijden zich bemoeien met meteorologische fenomenen en regen- en onweersstormen creëren als dat nodig was, omdat hierdoor de hoeveelheid van het nijlwater te beïnvloeden, die eenvoudigweg de gewassen controleerde. (Sadhu, 1962, p.254)

Dit citaat laat vele vragen onbeantwoord maar geeft ons zeker een aanwijzing voor de subtiele energiewetenschap van de Egyptenaren.

Het creëren van elektrische stroom uit geladen wolken

Volgens Brunél was de Hebreeuwse Ark van het Verbond een soort Leidse fles. Het is in staat om een hoop elektrische stroom op te slaan. De dekplaat van de ark is gelaagd met goud aan de binnenkant. De gouden plaat sluit de ark aan de binnenkant af. Aan de buitenkant is de ark geïsoleerd met een laag van acacia hout. Aan de buitenkant van het acacia hout is er een tweede gouden laag. Er zijn dus twee gouden dozen die door hout zijn geïsoleerd. Als er een verbinding wordt gemaakt van de binnenkant naar de buitenkant van de box en deze is geïsoleerd van de andere gouden laag, dan is er een elektrische stroom, die vloeit tussen de twee gouden lagen. Men zou de elektrische bron kunnen aftappen. Dus is de ark van het verbond zo gebouwd dat het een Leidse fles is die elektrische energie kan opslaan. De priesters droegen linnen kleding omdat linnen een isolerende eigenschap heeft en zij zo veel veiliger waren.

De offers op het altaar hadden geen religieus, maar een technisch doel. Het brandoffer op het altaar bestond uit het vet van dieren, die een rookpilaar creëerde, die een geleidende damp creëerde voor elektrische stroom. De tempel of tabernakel was bedekt met tapijten en leer. Het bestond uit vier lagen; twee lagen bestonden uit stof en twee lagen bestonden uit leer. Het doel daarvan was om te voorkomen dat de damp uit de tabernakel zou ontsnappen. Daarom werd het voorzichtig bedekt.

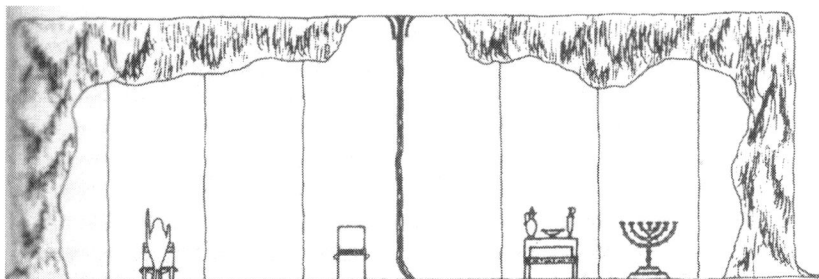

Afbeelding van hoe Mozes, als een ingewijde van de mysterieschool van Osiris, de tabernakel, het altaar en de Ark des Verbonds gebruikte. Een methode voor het creëren van elektrische stroom uit opgeladen wolken.

De Ark des Verbonds bezat een kracht die 'de heiligheid des Heeren' werd genoemd. Deze krachtbron moest ook regelmatig opnieuw worden opgeladen. Brunél beweert dat er een mogelijkheid is dat de rook, die was gecreëerd door dierlijk vet te offeren, ervoor zorgde dat de rookzuil elektriciteit geleidde. Als de weerstand klein genoeg is, of de stroom is sterk genoeg, dan kan de bliksem in een onweersstorm worden afgetapt. Dikke rook creëert een geleidende rookpilaar. Hoe dikker de rook is, hoe minder weerstand de rook heeft. Als de bliksem inslaat in de rookpilaar, dan gaat het naar beneden en dan kan het worden afgetapt. Dit kan zelfs zonder een blikseminslag. Het altaar is geïsoleerd van de grond, dus is het mogelijk om de elektrische stroom te geleiden naar een andere plek. In dit geval dus naar de ark of de cherubijnen. Als de elektrische stroom wordt geleid naar de ark, dan zal het zijn weg vinden naar de aarde zelf, om het elektrische circuit te completeren en dus af te sluiten.

Het aftappen van statische elektriciteit uit wolken

Het altaar werd gebruikt om dieren op te offeren. Mozes, die een ingewijde was in de wijsheid van het oude Egypte en die was opgevoed door de Egyptische tempelbroederschap, heeft zijn kennis met hem meegenomen tijdens de exodus. Hij bouwde de Ark van het Verbond met een bepaald doel, mogelijk als energiebron. Mozes tapte de natuurlijke statische elektriciteit van de wolken af en gebruikte het om een elektrische stroom te verkrijgen, met de relatief primitief beschikbare middelen. Bloed heeft de speciale eigenschap van een supergeleider van elektrische stroom. Het offeraltaar werd geplaatst voor de tabernakel. Op deze wijze zorgde Mozes voor een geleidende rookpilaar. De rookpilaar is een kanaal die de statische elektriciteit geleidt, die afkomt van de natuur, gedurende perioden van onweer en bliksem. De elektrische spanning tussen de statisch opgeladen wolk en de rookpilaar maakt een stroomkring. Op deze manier wordt de stroom geleid naar het altaar. Via een kanaal, dat uit bloedplasma zou kunnen bestaan, wordt de elektrische stroom geleid naar het Heilige der Heiligen, naar de ark zelf. De stroom wordt geleid door de ark, met op beide zijden gouden lagen, naar de cherubijnen, die de elektrische stroom aarden, die dan het circuit afsluit. Als de weerstand sterk genoeg is, dan is het mogelijk om een statisch elektrische stroom te geleiden en deze bron af te tappen, zonder een blikseminslag nodig te hebben. De reden waarom de Israëliërs met Mozes door de woestijn zwierven na de exodus, is dat Mozes zocht naar de plekken waar de statische elektriciteit in de lucht sterk genoeg was om af te tappen en op te slaan in zijn ark. Het is een werkelijk fascinerend verhaal dat Brunél vertelt over de herontdekking van de kennis van statische elektriciteit in het oude Egypte, die voortkwam uit de Egyptische mysteriescholen.

Het eeuwigdurende mysterie van de piramiden

Er zijn veel verklaringen over de betekenis en de functie van piramiden in oude beschavingen. De meest bekende theorie is die van de piramide als een graftombe voor de farao. Maar er zijn ook andere mogelijkheden om nader te bekijken.

Piramide als profetie-instrument

Volgens christelijk georiënteerde schrijvers en volgens theosofen en sommige egyptologen, was de grote piramide een profetie in steen. De uitlijning van piramiden en megalieten op de posities van de sterren, de afmetingen uit de canon en het gewicht, hebben een symbolische betekenis. De oude Egyptenaren incorporeerden een tijdsschema voor toekomstige tijdperken.

Piramide als stroomfabriek of energiecentrale

Door sommige onderzoekers wordt de piramide van Giza gezien als een stroomfabriek. Christopher Dunn schreef in zijn boek *The Giza Power Plant,* dat de piramide een stroomfabriek was, die de energie verzorgde voor de samenleving.

Piramiden zijn uitgelijnd op de kosmos

Het feit dat piramiden zijn uitgelijnd op de sterren en op de solstitia, is een betekenisvol teken, dat energieën van een aardgebonden- en van een kosmologische aard, een belangrijke rol spelen in het mysterie van de piramiden en andere gebouwen uit de oudheid. De piramiden zouden kunnen zijn gebruikt als een soort acupunctuur voor de aarde. Deze gebouwen waren met een doel gebouwd, misschien om de energieën te gebruiken op een 'magische' manier, zoals de controle van het weer. Tegenwoordig kunnen we de ionosfeer rond de aarde veranderen met onze moderne zendapparatuur, door ultra laagfrequente golven (ULF) en ultra hoogfrequente golven (UHF). Deze veranderingen hebben een effect op het weer. In een internetartikel wordt beweerd dat piramiden gigantische machines waren, die werden gebruikt om energie te manipuleren om het weer te controleren, om verschillende apparaten van stroom te voorzien en om dingen te conserveren, te transmuteren, of te helen.
(http://www.cassiopaea.org/cass/wave_iv.htm)

Piramiden als precessie-instrument

Robert Temple beweert in zijn boek *The Crystal Sun* dat de piramiden dienden als een instrument om de precessie van de equinoxen te bepalen. Hij ontdekte dat 3300 voor Christus optische technologie bestond en dat de precisie waarmee piramiden zijn gebouwd alleen kan, doordat er optische lenzen waren. De schaduw van de gouden driehoek buiten de piramide laat de helling van de binnenste constructie van de piramide zien. Hij zegt dat alle Egyptische kunst op gouden driehoeken is gebaseerd.

Piramiden als psychotronische apparaten?

De piramiden zouden een soort psychotronische apparaten geweest kunnen zijn. Zij zouden kunnen zijn gebruikt als massa-gedachtecontrole apparaten. Een voorbeeld van veronderstelde psychotronica door de oude beschavingen, is een oude beker of kom van graniet die zeer precies is uitgehold uit kristalachtig steen. Een ander voorbeeld is het gebruik van geluidsgolven (Zie Christopher Dunn, 1998, Andrew Collins 1998 en Herbie Brennan 2000 bij de noten). De piramiden zouden kunnen zijn gebruikt in overeenstemming met leylijnen. De precieze uitlijning van oude gebouwen op de zon en maan, op de aardas en op de polen, zou een soort geomantie kunnen zijn geweest, die is afgeleid van de westerse esoterische traditie en van de Feng Shui. Feng Shui is de uitlijning van objecten om een balans of energetisch effect te bereiken, afkomstig uit de traditie van het oosten.

Vimana's

Het navolgende gaat over vimana's, vliegtuigen uit de oudheid, die werken op een kwik vortex propulsiesysteem, dat door Bill Clendenon is gecreëerd. De basis turbopomp motor heeft vier hoofdsecties; een compressor, verbrandingskamer, turbopomp en uitlaat. Brandbare gassen worden verbruikt door het turbopompwiel om energie te genereren, om de elektrische generator om te keren. Voortstuwingstanks worden gevuld met vloeibare lucht die uit de atmosfeer wordt gewonnen.

1 Vloeibare lucht zou kunnen worden geïnjecteerd in expansiekamers en verhit door het metalen vloeibare kwik, dat in een boiler is opgesloten en wordt gekoppeld aan een hitte-uitwisselbaar.

UFO/Vimana/Aerospace Plane/A.S.P.

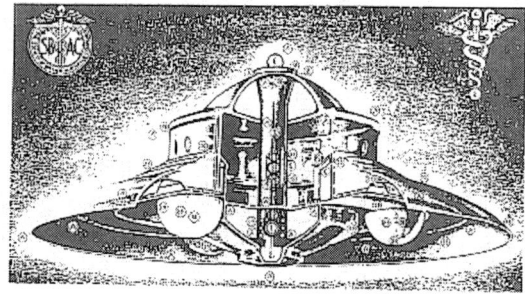

Afbeelding van een vimana door Clendenon

2 Het superverhitte magnetisch-hydrodynamische plasma (of lucht), zal uitzetten door voortstuwende gekoelde straalpijpen. Het schip zou zijn voortstuwingstanks met vloeibare lucht heropladen en water verdampen, dat direct is verzameld uit de bovenste atmosfeer door de reducerende installatie die aan zich aan boord bevindt. David Hatcher Childress heeft de theorie van de kwik vortex technologie verder uitgelegd. Zie het hieronder staande citaat:

De elektromagnetische veldspoel, die bestaat uit het gesloten circuit uitwisselaar/ condensator spoel circuit, die het vloeibare metaal kwik bevat en/of zijn hete damp, wordt verticaal met zijn kern-as geplaatst op het vliegtuig.

Een ring geleider (directionele gyro-armatuur) wordt rond de veldspoelwindingen geplaatst (hitte-uitwisselbaar), zodat de kern van de verticale hitte-uitwisselbaar spoelen, uitsteekt door het centrum van de ringgeleider.

Als de elektromagneet (hitte-uitwisselaarspoelen) wordt geënergetiseerd, dan wordt de ringgeleider direct in de lucht geschoten, en neemt deze het vliegtuig als een complete eenheid met zich mee.

Als de stroom wordt gecontroleerd door een gecomputeriseerde weerstand (rheostaat ofwel straal-richter) kan de armatuur ofwel het omhulsel van de ringgeleider en het vliegtuig zo gemaakt worden, dat het gaat zweven in de aardse atmosfeer.

Het fenomeen (uiterlijke teken van een werkende natuurwet) wordt voorgebracht door een geïnduceerd stroomeffect identiek aan een gewone transformator.

Als de afstoting tussen de elektromagneet en de ringgeleider wederkerig is, dan kan men zich voorstellen dat het vliegtuig wordt beïnvloed en antwoordt aan het afstotingsverschijnsel als een complete eenheid.

Het optillen of de afstoting wordt gegenereerd door de dichte nabijheid van de veldmagneet met de ringgeleider. Clendenon zegt dat het optillen altijd tegenovergesteld zou zijn aan de zwaartekracht-aantrekking van de planeet aarde, maar afstoting kan ook in dienst worden gesteld om voortstuwing te veroorzaken aan de voor- en achterkant. (David Hatcher Childress, 2000, p.180)

Het gevaar van dit voortstuwingssysteem is, dat als het vloeibare kwik wordt verhit, het een hete damp afgeeft. Deze hete damp is dodelijk giftig. Als het vloeibare metaal kwik radioactief wordt gemaakt en voldoende wordt verhit om straling te lekken, zou elk lek in het kwik een dubbel gevaar zijn voor de bemanning en het onderhoudspersoneel van elk voertuig dat door MHD wordt voortgedreven. (Clendenon, *Mercury: UFO Messengers of the Gods*, 1990, p. 85) Belangrijk is dat deze kwik vortex voortstuwingsmodel alleen bedoeld is voor vluchten rond de aarde. De vreemde lichtbal, die vaak wordt gezien als UFO-achtige vliegtuigen, is de bal van licht die een vliegtuig omringt; het magneto-hydrodynamische plasma, een hete, voortdurend opnieuw circulerende, luchtstroom door de gasturbine van het schip, die is geïoniseerd (elektrisch geleidend). Magnetohydrodynamica (MHD) wordt door Childress beschreven als een geïoniseerd gas dat door een magnetisch veld gaat, om elektriciteit te genereren. (Childress, 2000, p.182) Dit effect van de lichtbal, zorgt dat het vliegtuig levend en ademend lijkt. De reden waarom schepen uit het zicht verdwijnen, is volgens Clendenon: De geïoniseerde luchtbel die de UFO omringt, zou kunnen worden gecontroleerd door een gecomputeriseerde rheostaat, zodat de ionisatie van lucht zou kunnen bewegen, door elke kleur van het spectrum, waardoor het luchtschip aan het zicht wordt onttrokken. (Childress, 2000, p.181) Dus hier is een wetenschappelijke optiek van de zogenaamde onzichtbaarheid van luchtvaartuigen. Al deze ideeën zijn afkomstig van een zeer oud manuscript, de *Vimaana Shaastra*. In dit manuscript zijn er veel gedetailleerde eigenschappen van wat zeer mogelijk kwik vortex generatoren zouden kunnen zijn geweest. Deze kwik vortex generatoren zouden kunnen zijn gebruikt in verschillende typen vimana's.

Hoofdstuk 21
Hermetica en paleofysica

De zogenaamde Hamlet's Mill-discussie heeft de basale veronderstelling dat oude mythen een verborgen technologische betekenis hebben. Technologische aspecten in de breedste zin van het woord, bevatten kennis van de sterren en planeten, van astronomie en van architectuur, muziek geometrie etc. Het was de kunst van de retoriek die vele technische feiten versluierde. Joseph P. Farrell noemt dit paleotechnologie. Veel van de mythen en de poëzie is bij vergissing opgevat als religie. Het is duidelijk geworden dat het moeilijk is om te onderscheiden wat werkelijk mystiek esoterisme is, zoals de zoektocht naar verlichting en magische inwijding en wat paleotechnologie is. Maar op het moment dat de paleotechnische principes van oude beschavingen duidelijker worden, kunnen we beter tussen de regels doorlezen. Het Bijbelboek Genesis geeft ons het schema van de ontwikkeling van het leven in de kosmos. Als de Hebreeuwse letters als nummers worden beschouwd, zoals in de praktijk van de gematria, dan ontwikkelt zich uit de woorden een geheel numerologisch schema. Een ander voorbeeld van de verborgen paleofysica kan worden gevonden in een oude tekst van Plato, in zijn geografische beschrijving van de stad van Atlantis. De stad is gebouwd met concentrische ringen van water en land. De afmetingen in stadia, van de afstand tussen de ringen van land en water, resulteren in een golfvorm, als je deze afmetingen in een grafiek tekent.

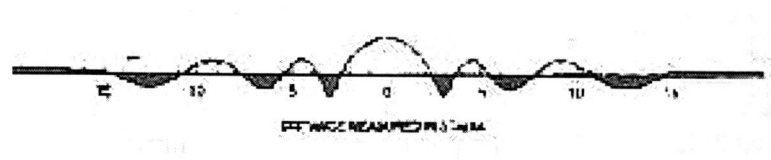

Afbeelding van een golfvorm, afgeleid uit Plato's verhaal over de ringen van water en land van de stad van Atlantis (Bron: The Giza Death Star, Joseph P. Farrell, 2001, p. 58)

Farrell zegt:

> *Anders gezegd, elke grote roterende massa sleept of wervelt, samen met de ether die er rondom is. Dit zal een cruciale overweging worden als we het niet-plaatselijke theorema van Bell overwegen, want zoals we zullen ontdekken, maakt deze vooronderstelling van een wervelingstructuur van de ether zelf, het mogelijk om niet locale systemen harmonisch te koppelen; de ether zelf is de open stille snaar op het toetsenbord van het universum. Door de geometrie van verschillende roterende systemen, die zo verweven zijn, te dupliceren, kan men de trage energie van de etherruimte van deze systemen aftappen. Dit ...is precies het principe bij Giza en in de Grote Piramide. De primaire energieën, die door de piramide worden afgetapt, zijn dus niet nucleair, elektromagnetisch of akoestisch, maar de inerte energie van de ruimtetijd zelf.* (Farrell, 2001, p.123)

Deze energie is de zogenaamde nulpuntsenergie. Mythen waren gecodeerde fysische principes. Een ingewikkelde paleofysica, die eens bestond, werd door de geheime genootschappen doorgegeven. (Farrell, 2001, p.202)

Het geheim van de oude geünificeerde paleofysica

Het geheim van de geünificeerde paleofysica uit de oudheid, wordt door Farrell samengevat uit McClain's onderzoek in diens boek *The Pythagorean Plato: Prelude to the Song Itself* (Ernest McClain):

> *De gelijkmatige muzikale harmonische code, die gecodeerd is in de Platonische mathematische allegorieën ,is slechts de eerste laag van een veel complexere fysica, die gecodeerd is gevonden in Plato. McClain heeft alleen de eerste laag verkend.*

> *Dat harmonische meervouden van de Planck's constante, de Planck-lengte, en de Planckmassa, worden uitgedrukt als akoestische informatie.*

> *Dat deze informatie in sommige gevallen voorkomt precies op de tetrahedrale hyperdimensionale hoeken van ~19.5° ±1°; en*

163

Dat deze inzichten toestaan om de brede omtrekken van een tetrahedraal hyperdimensionaal fysicamodel van systeemkinetica te reconstrueren. (Farrell, 2001, p.203)

De mysteriën, waarin Plato was ingewijd, bevatte volgens Farrell een fysica die niet alleen harmonisch was, maar die tevens ingewikkeld genoeg was om de fundamenten van nucleaire- en kwantummechanica te kennen. (Farrell, 2001, p.209) Plato praat in *De Wetten* over hoe de zichtbare kosmos tot bestaan komt via harmonieën, die voortkomen uit een kleiner kwantum en subkwantum substraat. (Farrell, 2001, p.210) Het is waardevol om op te merken, dat deze codering van de fundamenten van de kwantummechanica niet slechts beperkt is tot de overleveringsbeschavingen -Egypte, Soemerië en Griekenland-, die voorkomen uit de overblijfselen van de erg hoge beschaving die de Grote Piramide bouwde. (Farrell, 2001, p.216) De piramide werd gebouwd voor de observatie en manipulatie van kwantum- en zwaartekrachtseffecten. (Farrell, 2001, p.217)

Zo boven, zo beneden

De bouwers van de Grote Piramide drukten het macrokosmische uit in termen van kwantum-staten en omgekeerd drukten zij kwantum-staten uit in macrokosmische termen. (Farrell, 2001, p.227) Deze overtollige harmonieën, van zowel de Planckconstante en de Plancklengte, zijn van belang, omdat beide afmetingen noodzakelijk zijn in een kwantumtheorie van zwaartekracht. Zij geven aan dat effecten van zwaartekracht en van geluid zowel kwantummechanisch (nucleair), als elektromagnetisch, als optisch, in de piramide tot een buitengewone mate worden ontworpen. (Farrell, 2001, p.229)

Het Corpus Hermeticum en paleofysische principes

Farrell heeft onderzocht dat het *Corpus Hermeticum,* ofwel de *Hermetica,* paleofysische principes bevat. De *Hermetica* laat het onomstotelijke bewijs zien van het bestaan van een erg ingewikkelde fysica.

Het universum wordt hierin beschouwd als een levend organisme, als een systeem van verbonden, wederzijds op elkaar reagerende, celstructuren. Deze optiek wordt gedeeld met het moderne plasma, of de hiërarchische kosmologie.

De 'ziel' die de ruimte doordringt, wordt dus gezien als 'informatie in het veld' en is als zodanig in staat tot ogenblikkelijke overdracht van informatie. Dus is werkelijkheid niet-plaatselijk, volgens Bell's non-locality-theorema en de ruimte is niet slechts een 'leegte', maar vol van 'ziel', of informatie.

Deze met 'ziel' of informatie gevulde ether vereist de aanwezigheid van een intelligente beschouwer, een optiek in overeenstemming met het anthropische principe van moderne theoretische fysica en met enkele scholen van kwantummechanica.

'Muziek', dat wil zeggen, de harmonische beweging van lichamen, zijn het middel van verbonden niet-plaatselijke systemen, omdat alle lichamen verrijzen en onderscheid bezitten uit de ether, door de variatie van hun bewegingen.

Als zodanig zijn er harmonische wetten van vibratie of frequentie, waaraan alle lichamen onderhevig zijn. Dit basisprincipe is waar, ongeacht de afmeting of schaal van het object. Zulke wetten, hoewel momenteel onbekend, lijken te worden bevestigd door vooruitgang in het veld van plasma-kosmologie, die suggereert dat er elektromagnetische wetten zijn die schaalonveranderlijk zijn, die toepasselijk zijn van laboratoriumexperimenten met plasma's tot de sterrenstelsels zelf. Dit wil zeggen dat alle niveaus van fysieke werkelijkheid van de kwantum- tot de galactische schaal, werken volgens de principes van dezelfde geometrie. (Farrell, 2001, p.234-235)

Paleofysica

Farrell zegt, dat alle niveaus van werkelijkheid werken volgens de principes van dezelfde geometrie. Tijd is de primaire onderscheiding van paleofysica. Elk object heeft een basale tijd of 'tijdslot'. Dit tijdslot of deze basistijd, kan worden gedefinieerd als de geometrische configuratie van alle verweven en roterende velden, op het moment dat een gegeven systeem tot bestaan komt.

Dus om de energie van de ruimte zelf aan te wenden, is het nodig om de geometrische configuratie opnieuw te dupliceren uit zijn belangrijke galactische-, solaire- en aardse systemen en fysieke constanten, in de praktische toepassing van het 'zo boven, zo beneden' principe. Omdat harmonie de basis is

van deze fysica, is het middel tot het ontwerpen van het 'zo boven, zo beneden'
principe, het ontwerpen van lokale ruimtetijd via gekoppelde harmonische
oscillatoren, die de fysieke en geometrische configuratie belichamen van de
systemen waaruit energie wordt onttrokken. (Farrell, 2001, p.235)

Farrell zegt verder dat de energie van verre stellaire constellaties zou kunnen worden onttrokken via harmonische oscillatie, door het reproduceren van een zo precies mogelijke geometrische configuratie in de oscillator. Dit kan omdat de ether een substraat is van een niet-plaatselijke werkelijkheid. (Farrell, 2001, p. 237)

Het onttrekken van hemelse energie

De oude paleotechnologie vertrouwde op een paleofysische versie van Bohm's notie van een 'stuurgolf' en Bell's niet-plaatselijke theorema, om energie te onttrekken uit deze verre bronnen. Het is voor Farrell duidelijk dat:

...elk fundamenteel planetair systeem, dat oscilleert en versterkt, moet
harmonisch zijn gekoppeld aan bepaalde fundamentele fysieke geometrie;

(1) De precessie van de equinoxen van de basale planetaire systemen;

(2) De precessie van de equinoxen van de basale stellaire systemen;

(3) De evenaar van het basale hemelse systeem

(4) De geometrische configuratie van systemen is verder de enige maat van de tijd
en de tijd is geen dimensie van de fysica, maar zijn primaire differentiaal.
(Farrell, 2001, p. 247)

Door het gebruik van het principe van Bell, van de niet-plaatselijkheid, het nonlocaliteitsprincipe, kan in de enorme latente energie van de fysieke configuraties, zoals de aarde, het zonnestelsel en de Melkweg, toegang worden verkregen, door het harmonisch koppelen aan deze geometrie. Het energiepotentiaal van het gehele systeem is dus afhankelijk van de informatie in het veld, dat wil zeggen de geometrische configuratie van deze verbonden systemen op elk gegeven moment. (Farrell, 2001, p. 248)

Hoofdstuk 22
Esoterische moderne wetenschap en technologie

Moderne ontwijding; occultisme en ELF-technologie

De moderne variant van ontwijding is, volgens William Dean Ross, een combinatie van occultisme en zwarte magie met ELF-radiogolf versterking. Hij beweert dat in de Verenigde Staten er een door de overheid opgezette 'zwarte' wetenschapsafdeling is met twee belangrijke onderverdelingen. De ene onderverdeling is de elektronische ELF gedachtecontrole- en hologram afdeling, bekend als Project Blue Beam. Radiogolven voor gedachtecontrole worden uitgezonden naar de doelgroep of het individu, via door de mens gemaakte vliegende schotels. De zogenaamde UFO kan lichtstralen afbuigen, waardoor deze onzichtbaar lijkt. Hij zegt dat de hype rond Roswell en de buitenaardse lijkschouwing was gefabriceerd wegens de koude oorlog. Hij zegt dat de tweede wereldoorlog werkelijk ging om ELF-technologie, gedachtecontrole, door de mens gemaakte vliegende schotels, klonen, de atoombom en de Philadelphia- en Montauk experimenten.

De tweede onderverdeling is de groep die de aarde-energieën manipuleren. Deze groep combineert occultisme en zwarte magie met het versterken van ELF radiogolven. Dat zijn groepen die contact maken met geesten en Ufo's, onder de titel van Vallende Ster, die de poging symboliseren om Lucifer naar de aarde te brengen. Het complete demonische gebied zou de aarde binnenvallen en een nieuw high-tech Babylonisch wereldrijk stichten.[298]

HAARP - High-Frequency Active Auroral Research Program

Wat is HAARP? HAARP is het hoogfrequente actieve lumineuze onderzoeksprogramma. HAARP is waarschijnlijk een star wars wapensysteem. Het kan iedereen beïnvloeden. Eastlund heeft HAARP ontdekt.[299] HAARP is een uitgebreid systeem van zendantennes, die radiogolven sturen naar de ionosfeer, die de ionosfeer op bepaalde plekken verhit. HAARP kan daarnaast zorgen voor gedragscontrole. Farrell zegt dat het

Giza-complex een machine was, een wapen dat bestond uit een maser die voor hetzelfde doel kon worden gebruikt als waar HAARP nu toe in staat is.

Afbeelding van modern HAARP antennesysteem, gebruikt voor het opwarmen van de ionosfeer, die daardoor onnatuurlijke onweersstormen en menselijke gedragsverandering veroorzaakt

HAARP kan praktisch worden gebruikt voor de verstoring van communicatie over land, lucht, zee en ook ondergrondse verstoring van communicatie. Daarnaast kan het raketten en vliegtuigen vernietigen, het weer veranderen en het gedrag van mensen kan veranderen. Deze gedragsverandering kan, omdat HAARP uitzendt binnen de frequentie van de menselijke hersenen.[300] Er zijn patenten die aangeven dat het mogelijk is om met bepaalde frequenties, zoals HAARP die uitzendt, gedragsverandering te bewerkstelligen.[301]

HAARP kan de ionosfeer van de aarde verhitten. Het bouwt dan een grote lading op boven het gekozen gebied, totdat er een grens wordt bereikt. Dit veroorzaakt een elektrische potentiaal van partikels, in de betreffende regio boven de aarde en ook op het aardoppervlak. Deze technologie kan voor een verscheidenheid van militaire doelen worden gebruikt van communicatieve-, defensieve- en offensieve aard. De hardware van de antenne-installatie verandert niet, maar de frequenties worden aangepast om het gewenste doel voor dat moment te bereiken. Het selecteren van de regio is eenvoudig. Men configureert de antenne, zodat deze voldoende faseverschil heeft om het interferentiesignaal te geleiden, naar het punt boven het planeetoppervlak in de ionosfeer, dat men wenst te verhitten. De signalen komen op dit punt samen en laden de ionosfeer sterk op. Dit opladen veroorzaakt de differentiaal van de lading, die uiteindelijk kan worden ontladen naar het aardoppervlak, in verschillende elektriciteitsflitsen per seconde. Elke elektriciteitsflits hiervan is sterker dan de grootste natuurlijke onweersstorm.[302]

Dr. Persinger schreef over fundamentele algoritmes, waardoor alle zintuiglijke signalen vertaald worden in een breinspecifieke code.[303] Een directe stimulatie van deze codes, in de temporaal kwabben, of limbische cortex van het menselijke brein. is mogelijk door toegepaste, elektromagnetische patronen. Deze elektromagnetische patronen vereisen energieniveaus, die binnen het bereik liggen van zowel geomagnetische activiteit, bij leylijnen en krachtplaatsen bijvoorbeeld, als ook moderne communicatienetwerken, zoals HAARP en GWEN[304] (Ground-Wave Emergency Network). Persinger beweert dat alle normale menselijke hersenen kunnen worden beïnvloed door een subharmonische, door het proces, dat wordt veroorzaakt door moderne communicatienetwerken, of natuurlijke geomagnetische activiteit, die is gekoppeld aan de smalle bandbreedte van 10 Hertz, met een afwijking van 0,1 hertz.

Hoofdstuk 23
Tachyon-energie

Wat is tachyon-energie?

Wagner en Cousens beweren in hun boek *Tachyon Energie,* dat materie niks anders is als de verdichting van een vibrerend, universeel substraat van subtiele, fijnstoffelijke energie. Deze virtuele staat is bekend als nulpunt-energie. Materie wordt gecreëerd als nulpunt-energie wordt omgezet in tachyon-energie. De tachyon-energie wordt dan getransformeerd door de subtiele organiserende energievelden, SOEF'S. (Wagner en Cousens Tachyon Energie, 2000, p.16)

> *Als materie niets anders is dan de condensatie van een vibrerend universeel fijnstoffelijk energiesubstraat, een virtuele toestand of vacuüm binnen een matrix van ruimte en tijd, dan is ze opgebouwd uit bepaalde vormen en dichtheden van energie. Met andere woorden: materie is de waarneembare structuur van de hele natuur en de wetten waaraan alle natuurkundige verschijnselen onderworpen zijn. In spirituele termen komen 'zuiver bewustzijn', 'kosmische energie' en 'universele prana' overeen met deze volmaakt geordende, niet-gemanifesteerde staat. De term SOEF tracht te beschrijven hoe deze neerslag van fijnstoffelijke energie in materiële vorm plaatsvindt en hoe ze wordt geordend.* (Wagner en Cousens, 2000, p.17)

De verticale energiestructuur is autonoom, maar ook onderling verbonden met andere verticale energiestructuren. Bij de geboorte komt het chakra-systeem van de mens overeen met het verticale energiesysteem. Het verticale energiesysteem is verbonden met alles wat er is.

Slechts het kruin-chakra en het basis-chakra hebben een verticale positie. Als de chakra's een horizontale positie innemen, dan vermindert de ingeboren verbinding met de energiestroom van de natuur. (Wagner en Cousens, 2000, p.12)

Nulpuntsenergie is overal aanwezig. Drie hoofdkenmerken van nulpuntsenergie zijn dat nulpuntsenergie ten eerste oneindig intelligent is. Ten tweede, draagt nulpuntsenergie in zichzelf alle mogelijkheden, die nodig zijn om perfecte vormen te creëren. Ten derde, is nulpuntsenergie vormloos en niet gemanifesteerd. (Wagner en Cousens, 2000, p.17)

De eerste transformatie van deze vormloze, niet gemanifesteerde, nulpuntsenergie is de overgang naar tachyon-energie. De prominente fysicus en onderzoeker Dr. Hans Nieper beschrijft tachyon-energie als een min of meer verdichte vorm van energie, de virtuele toestand die op weg is om te veranderen in een deeltje. Het tachyonveld bestaat op de grens tussen energie en materie. (Wagner en Cousens, 2000, p.18) De bioloog Philips S. Callahan beschrijft een tachyon als een deeltje dat sneller beweegt als de snelheid van het licht. De energie transformeert zichzelf en krijgt een vorm. Gabriel Cousens beschrijft SOEF's (fijnstoffelijke organiserende energievelden) als velden die de blauwdruk energetiseren en creëren van levende organismen.

SOEF's bestaan in alle aspecten van het energetisch continuüm. Zodra ze de virtuele toestand verlaten, zijn de SOEF's in staat het menselijke lichaam op alle niveaus te organiseren, van celstructuren tot orgaansystemen en zelfs de fijnstoffelijke lichamen. De SOEF's resoneren met de onbegrensde energie van de virtuele toestand en zorgen ervoor dat deze via diverse fasen van neergaande transformatie uiteindelijk overgaat in de energievelden van het menselijke lichaam. SOEF's resoneren op die manier met het geheel van lichaam en geest en voorzien dit van energie. (Wagner en Cousens, 2000, p.18)

Dit tachyonmodel verklaart hoe de onbeperkte, vormloze nulpuntsenergie verdicht tot tachyon-energie. De tachyon-energie wordt dan getransformeerd in specifieke frequenties, door het fijnstoffelijke organiserende energieveld. Deze energie is volgens Wagner en Cousens getransformeerd in het menselijke lichaam, op zo'n wijze dat entropie (verval) wordt omgekeerd. Dit heeft het effect dat het ouderdomsproces wordt omgekeerd. (Wagner en Cousens, 2000, p.19) Ernst E. Wall ondersteunt in zijn boek *The Physics of Tachyons* de theorieën van Wagner en Cousens. Als we kijken naar de familie van de leptonen, dit zijn elementaire deeltjes, met alleen elektromagnetische zwakke wederkerigheid, dan zien we dat de familie bestaat uit pionen, muonen en elektronen.

De volgorde waarin de onbeperkte nulpuntsenergie wordt omgezet

Tachyon-energie is de verdichting van onbeperkte nulpuntsenergie, die in snelheid vermindert naar de lichtsnelheid. Als het fijnstoffelijke organiserende energieveld tachyon-energie heeft omgezet naar de frequentie van de pion, dan ontwikkelt het in een muon. Dus wordt, ten eerste, de tachyon-energie afgeleid van de onbeperkte nulpuntsenergie, die, ten tweede, wordt omgezet in de frequentie van de pion. Ten derde, wordt deze omgezet in de muon. Onderstaand wordt de volgorde van deze omzetting getoond.

Nulpuntsenergie

Tachyon-energie (boven de lichtsnelheid)

- De grens van de lichtsnelheid -

Pion (beneden de lichtsnelheid)

Muon

Elektron

Van tachyon naar pion

De pion is het eerste elementaire deeltje. Het beweegt beneden de lichtsnelheid. Het beschrijft een consistente, wiskundig berekende baan, die door wetenschappers het fijnstoffelijke organiserende energieveld wordt genoemd.

> *Alle SOEF's bewegen zich pal onder de snelheid van het licht en zijn rechtstreeks verantwoordelijk voor de omzetting van tachyon-energie in frequenties, die vereist zijn om volmaakte vormen te organiseren, te ontwikkelen en te creëren. Natuurlijk hebben alle vormen verschillende frequenties. De SOEF's zetten tachyon-energie om in de frequenties die vereist zijn voor de specifieke vorm die bij dat SOEF hoort.* (Wagner en Cousens, 2000, p.20)

Van pion naar muon

De muon heeft een fijnstoffelijk organiserend energieveld, dat tien keer groter is dan die van de pion en die beneden de lichtsnelheid zit. Als het fijnstoffelijke organiserende veld van de muon wederkerig is aan tachyon-energie, dan breidt de baan van het fijnstoffelijke organiserende energieveld zich uit. De muon verandert direct in een elektron.

Van muon naar elektron

Als de muon is veranderd in een elektron, is het 207 maal groter als het fijnstoffelijke energieveld van de muon. De omzetting van tachyon-energie door de fijnstoffelijke organiserende energievelden in de vereiste frequenties, is een continu proces. Het duurt voort in het gehele energetische continuüm, totdat de perfecte eindvorm is bereikt. (Wagner en Cousens, 2000, p.20)

Energetisch continuüm

Het energetische continuüm is de energiestroom, die zichzelf ontlaadt vanuit de eindeloze vormloosheid in de perfecte vorm. Tachyon-energie is de verbindende energie van het universum. Tachyon-energie is verantwoordelijk voor de ontwikkeling van alle vormen op aarde. Tachyon-energie heeft geen frequentie en zoals alle energie die sneller is dan het licht, heeft tachyon-energie geen spin, vibratie of oscillatie, maar het bezit alle latente frequenties. Daarom is tachyon-energie de energetische brug tussen nulpuntsenergie en de fijnstoffelijke organiserende energievelden. (Wagner en Cousens, 2000, p.21)

Het menselijke lichaam kan dus worden veranderd in een geleider voor energie, die sneller is dan de lichtsnelheid en is verbonden met de onbeperkte bron van nulpuntsenergie. Door de tijd heen, wordt het lichaam een omvormer en geleider van deze energieën. Als dit gebeurt, dan is het lichaam in staat om grotere hoeveelheden van deze hogere energie op te slaan en over te brengen. (Wagner en Cousens, 2000, p.21)

Een priester die spiritueel en energetisch verbonden is met de goddelijke bron, of met de goddelijke energiereservoir, wordt door de tijd heen, na zijn inwijding een betere geleider en doorgeefluik van energie. Wonderen gebeuren, als gelovigen open zijn voor de invloed van de kosmische energie. (Wagner en Cousens, 2000, p.22) Volgens Wagner en Cousens kunnen frequenties een fijnstoffelijk organiserend energieveld behouden, uitputten, of vernietigen. Een vorm wordt alleen gecreëerd door de verbinding met het energetische continuüm en door de omzetting van tachyon-energie in de perfecte vorm

173

van het fijnstoffelijke organiserende energieveld. (Wagner en Cousens, 2000, p.23) De patronen van de wervelende energie van de fijnstoffelijke organiserende energievelden, creëren onderscheiden vormen van materie. Als een fijnstoffelijk organiserend energieveld wordt geënergetiseerd, dan krijgt het een betere structuur en -organisatie. Dit behoudt het levende organisme, zodat entropie wordt omgekeerd en dus ook het verouderingsproces wordt omgekeerd. (Wagner en Cousens, 2000, p.24)

De functie van tachyon-energie, anti veroudering?

De belangrijkste functie van tachyon-energie is de voorziening van energie naar de fijnstoffelijke organiserende energievelden. De entropie wordt dus omgekeerd. Het resultaat hiervan is de vertraging van het verouderingsproces. (Wagner en Cousens, 2000, p.25) Zou tachyon-energie de prima materia, de primaire materie zijn van de oude alchemisten? Fijnstoffelijke organiserende energievelden vibreren net beneden de lichtsnelheid. Zij creëren en houden de energetisch matrix in stand waaruit alle fysieke vormen zijn opgebouwd.

> *Het energetisch continuüm reikt van oneindige, vormloze uitdijing tot en met de uiteindelijke verdichting van de vorm. Het voorbeeld van de oceaan maakt dit duidelijker. De oceaan bevat een oneindig aantal druppels, maar is, net als de nulpuntsenergie, vormloos. Een druppel oceaanwater verschilt alleen van de oceaan doordat hij vorm heeft. Tachyon-energie bevat alles wat in nulpuntsenergie bestaat, maar dan in een vorm.* (Wagner en Cousens, 2000, p.27)

Tachyon-energie heeft geen frequentie, maar het bevat in zichzelf alle latente frequenties. Tachyon-energie is dus de bron van alle frequenties. Het versterkt alle frequenties, zonder zelf een frequentie te zijn. Tachyon-energie beïnvloedt de fijnstoffelijke organiserende energievelden, die zoveel energie opslorpen als nodig is, om hun frequentie op het oorspronkelijke niveau te brengen. Als de fijnstoffelijke organiserende energievelden worden versterkt door tachyon-energie, dan worden alle frequenties, fotonen, orgonen, lichtgolven etc. meer samenhangend en gebalanceerd. (Wagner en Cousens, 2000, p.29) Volgens Wagner en Cousens is het fysieke lichaam het laatste gedeelte in het energetische continuüm van de mens.

> *De coördinatie en regulatie van de moleculaire activiteit in de cellen, is het gevolg van signaaloverdracht via biofotonen. Deze lichtdeeltjes geleiden de*

levensenergie, die ze omvormen vanuit de SOEF's. Ze zijn de schakel tussen de SOEF's en het fysieke lichaam en voorzien alle actieve stofwisselingsmoleculen van levensenergie. Bepaalde moleculen, onder meer DNA, RNA, enzymen, chlorofyl en helixvormige proteïnen, zijn in staat de stofwisseling via deze biofotonen te coördineren. (Wagner en Cousens, 2000, p.30)

Zulke moleculen, die in staat zijn om het metabolisme te coördineren via deze biofotonen, worden levende macromoleculen genoemd. Dit fenomeen verklaart hoe dit complexe mechanisme zeer nauwkeurig kan functioneren.

Het verklaart bovendien waarom 97% van het DNA uit materiaal bestaat dat geen erfelijke informatie bevat. Dit DNA materiaal bestaat uit introns. Introns zijn componenten van het DNA, die biofotonen afgeven en absorberen. Via de overbrenging van de introns wordt de intracellulaire en de intercellulaire communicatie geregeld. Zodra de energie van de fotonen vermindert, verslechteren de intracellulaire en intercellulaire communicatie, die de hele celstofwisseling coördineren en raken de cellen gedesorganiseerd. (Wagner en Cousens, 2000, p.30)

Het bifurcatiepunt is het punt waarna er geen terugkeer mogelijk is. Het is het moment van de waarheid. Het lichaam stort in elkaar, wordt ziek, of reïntegreert op een hoger niveau en wordt dan genezen en bereikt zo een nieuw niveau van orde. (Wagner en Cousens, 2000, p.32)

Afstemming als sleutel tot herstel

Tachyon-energie energetiseert alle niveaus, het geestelijke-, het mentale-, het emotionele- en het lichamelijke niveau en brengt deze in balans. Volgens Wagner en Cousens is afstemming het opwekken van een stroom georganiseerde energie. Deze georganiseerde energie resoneert dusdanig binnen het lichaam, dat de betrokkene, bij het punt waarop geen terugkeer mogelijk is, vanzelf de kant van de balans op gaat. (Wagner en Cousens, 2000, p.33) Het tachyonenveld, dat door de fijnstoffelijke organiserende energievelden in frequenties wordt omgezet, wordt dus gebruikt, zodat lichaam en geest contact kunnen maken met de nulpuntsenergie. Hier is dus de sleutel tot herstel gevonden. (Wagner en Cousens, 2000, p.35) Tachyon-energie heeft een sterke invloed op de hersenen en kan sluimerende gedeelten van het brein opwekken of heractiveren, nadat de fijnstoffelijke

175

organiserende velden tachyon-energie hebben omgezet in bruikbare biologische energie. (Wagner en Cousens, 2000, p.65)

Kundalini-energie en verticaliteit

Kundalini, ook wel in de christelijke traditie de Heilige Geest en in de kabbala Ruach Hakodesh genoemd, is deel van de transdimensionale opwekking, die leidt tot verticalisering, tot een verticale staat. (Wagner en Cousens, 2000, p.68) Gopi Krishna beschrijft Kundalini als een sterke stroom van psychische energie, die moet opstijgen vanaf de basis van de ruggengraat, tot het hoofd. Op deze wijze overstijgt het bewustzijn de gewoonlijke grenzen. (Wagner en Cousens, 2000, p.69) Verticaliteit, het bereiken van de verticale staat, is één van de natuurlijke gevolgen van het wekken van de Kundalini-kracht. (Wagner en Cousens, 2000, p.70) Alle natuurlijke energiesystemen hebben een verticaal energiesysteem. De levenskracht vormt het bewustzijn en deze stroomt van boven naar beneden op een verticale wijze. De levenskracht stroomt in het kruin-chakra en gaat dan door alle chakra's heen. De levenskracht maakt daarna een driedimensionale lus buiten het lichaam en keert daarna terug in het kruin-chakra. (Wagner en Cousens, 2000, p.71) In een verticaal systeem stroomt de energiestroom door het lichaam, door elk chakra heen tot diep in de aarde en ontwikkelt daar een verbinding met de planeet aarde. Het maakt dan een lus en stroomt dan richting hemel. Deze beweging creëert een verbinding met de hele omgeving en uiteindelijk met God. (Wagner en Cousens, 2000, p.74)

In de kabbala is verticalisering, de Shekinah-energie, ofwel het vrouwelijke gezicht van God. Shekinah is de levenskracht die de hele wereld doordringt. Het mannelijke wordt in de kabbala Ain Soph genoemd en Shiva in de yoga-tradities. Het mannelijke representeert de vormloze staat, zonder stromende energie. Verticalisering is het opwekken van het kosmische vrouwelijke aspect, ongeachte het mannelijke- of vrouwelijke geslacht van iemand. Shiva en Shakti zijn de twee zijden van dezelfde medaille. Tachyon-energie is de rand van de munt die beide zijden verbindt. Omdat tachyon-energie geen frequentie heeft, symboliseert dit het mannelijke aspect. En omdat het meetbaar is en vorm heeft, representeert het ook het vrouwelijke. (Wagner en Cousens, 2000, p.75)

Verticale resonantie

Gedurende het Kundalini-proces worden de fijnstoffelijke organiserende energievelden beter georganiseerd en wordt het lichaam meer fijnstoffelijk. De werveling van Kundalini energie wordt sterker en zet de energie om, uit de dichtere fijnstoffelijke lichamen, totdat de fijnstoffelijke energie van het gehele organisme in de energiewerveling terecht komt. Dan voelt men zich letterlijk geheel en al één. Dit wordt verticale resonantie genoemd. (Wagner en Cousens, 2000, p.76) Transcendentie is het evolutionaire proces waarbij de wervelende energie van de Kundalini, het grove fysieke lichaam transformeert, in een meer verfijnd en beter georganiseerd, fijnstoffelijk organiserend energieveld. (Wagner en Cousens, 2000, p.78)

Het grotere geheel

Jason Melton heeft in zijn internetartikel voorgesteld, dat tachyon-energie hetzelfde is als de zogenaamde piramide-energie. De piramide slaat de tachyon-energie op en transformeert de tachyon-energie. Het water van de Nijl vloeide eens rond het Giza piramidecomplex. Het water zou kunnen zijn geënergetiseerd door tachyon-energie en dan zijn gebruikt om het land te irrigeren. Tachyon-energie is kosmische energie, of prana of de kwintessens. De megalieten, de 'stenen naalden', zouden kunnen zijn gebruikt als tachyon-antennes. De megalieten uit de oudheid zouden kunnen zijn gebruikt als tachyon-antenne, om de tachyon-energie te ontvangen en deze te leiden naar de aarde, via ondergrondse waterstromen en aardse energiestromen. Deze sporen leiden naar kerken en heilige plaatsen. De priesters gebruikten deze energie, die was opgeslagen in het altaar, om te verspreiden als een zegening van God of een vergeving van zonden. Dit was volgens theosofen de daad van het reinigen van de astrale velden of aura's, ofwel van de fijnstoffelijke organiserende energievelden. Priesters worden ingewijd via het wijzigen en daarbij corrigeren van de energiestroom in de chakra's, op een verticale manier. Zij gebruiken en verspreiden de helende tachyon-energie en verkopen dit als de zegen van de Heer. Als tachyon-energie hetzelfde is als piramide-energie, dan kunnen we producten voorzien van tachyon-energie door gebruikmaking van piramide-achtige vormen.

Hoofdstuk 24

Gechannelde informatie over het fijnstoffelijke energieraster

Hoewel iedereen zijn eigen standpunt heeft over channelen, wil ik de lezer toch niet de volgende interessante- en obscure ideeën onthouden. Deze ideeën, die gaan over leylijnen, zijn, zoals wordt beweerd, doorgeven door entiteiten (engelen of demonen?) uit de spirituele wereld.

UFO's en Leylijnen

Rich Anders zegt in zijn boek *The end of the world, then what,* dat tempels en heiligdommen werden opgericht op zorgvuldig uitgekozen plaatsen. Als de structuren met elkaar worden verbonden, dan blijkt dat er een rastervormig patroon ontstaat. Er zijn verslagen die verhalen over UFO's, die reizen langs deze rasterlijnen in een grillige koers. De grillige koers van de leylijnen is verbonden met metaal-afzettingen in de aardkorst. UFO's gebruiken de energie van de leylijnen voor hun voortstuwingssysteem. (Anders, 2002, p. 25) De goden uit de oudheid landden, volgens Anders, 5800 jaar geleden op aarde. Maar de dimensie van onze planeet was voor hen niet helemaal juist. Zij vestigden zich voornamelijk op de hoogste bergtoppen. Op de bergtoppen lijkt de materiële dimensie het meest op die van hun thuisplaneet. Tot op de dag van vandaag zijn deze bergen heilig verklaard. De goden verloren veel van hun spirituele energieën, doordat de materiële dimensie van onze planeet niet juist voor hen was. Dit verlies van spirituele energieën werd gecompenseerd door het uitvoeren van rituele mensenoffers. De energieën van de geofferde mensen, waren wel aangepast aan de materiële dimensie van de aarde en werden daarom geabsorbeerd door de goden. De goden vulden hun energieën dus aan met de energieën van de rituele slachtoffers.

Een ruimtevaartuig volgt de energielijnen tussen planeten en vliegt fysiek van de ene planeet naar de andere. Interstellaire reizen kunnen niet in een fysieke dimensie plaatsvinden omdat de afstanden te groot zijn. Hyperruimte, een gebied van pure energie, wordt gebruikt voor interstellaire reizen. De hyperruimte wordt bereikt als het ruimtevaartuig de lichtsnelheid bereikt.

Op dat punt heeft de energie-constante van het universum geen energie meer over voor oscillatie tussen de stadia van energie en materie. Alle energie wordt gebruikt voor het reizen. Het ruimtevaartuig dematerialiseert. Er zijn energielijnen die sterrenstelsels met elkaar verbinden. Om een bepaald sterrenstelsel te kunnen bereiken, moet men de lichtsnelheid bereiken op die ene energielijn, die het vertrek-systeem met het bedoelde sterrenstelsel verbindt. Energielijnen in het universum zijn veranderlijk. Daarom zijn ruimtereizen naar een ander sterrenstelsel onderhevig aan de beschikbaarheid van een verbinding door een energielijn. (Anders, 2002, p. 28)

Rich Anders zegt verder, dat als de lichtsnelheid is bereikt op het vertrekpunt, dan dematerialiseert het ruimtevaartuig en verschijnt daarna direct weer in het beoogde sterrenstelsel. De overgang tussen dit sterrenstelsel gaat direct en kost geen tijd, omdat er in hyper-ruimte geen ruimte of tijd is. Dit is het gebied van het kwantum-vacuüm, het gebied van spirituele energieën. (Anders, 2002, p. 29)

De kracht van de duistere priesterschappen

Patricia Cori heeft een boek gechanneld dat heet *Atlantis rising; the struggle of darkness and light.* Zij channelde daar een entiteit, die beweert dat de graancirkels een bevestigingspunt zijn voor buitenaardse intelligenties. Etherische codes en elektromagnetische implantaten werden in individuele morfogenetische structuren ingeprent. Tegelijkertijd werden de vibrationele frequenties van het geothermische veld van de aarde, van Gaia, veranderd. Dit veranderen van frequenties in de geothermische velden van de aarde, diende om de gedachten van de massa te controleren. Het kon ook de energieën van Gaia aanwenden. Duistere priesterschappen konden de elementen manipuleren. (*Atlantis rising; the struggle of darkness and light* door Patricia Cori, Authors Choice Press, 2001)

De duistere priesterschappen richtten door misbruik en moedwillige verwaarlozing een ravage aan op aarde. De alchemisten met een duistere bedoeling, die toen de manipulatoren waren van de aarde, zijn teruggekomen om het elektromagnetische raster van de aarde opnieuw te activeren. Tegelijkertijd prentten zij nieuwe controlesystemen in de ether via een bepaalde technologie. De mensen op aarde worden, ook nu weer, net zoals in de laatste generatie van Atlantis, gebombardeerd met subliminale geluiden, -codes en -beelden, daarnaast ook met elektromagnetische frequenties en andere methoden, om de gedachten te controleren. Gecodeerde inprentingen van de duistere priesterschappen, zijn opgeslagen in het DNA geheugen van het menselijke ras. Zij zouden kunnen worden geheractiveerd. De hoeders van de kristallen zouden toegang kunnen krijgen tot de lichtgedachte-generatoren van Atlantis. Kristallen zonbeschenen torens waren aanwezig. Atlan was een stad in Atlantis en het had een skyline van hoge, glinsterende torens en piramidevormige tempels. Kristalachtige piramiden waren in het epicentrum afgestemd op kosmische energieën. Er vond in de kristalachtige piramiden een energie-uitwisseling plaats. De energie-uitwisseling, die plaatsvond in de piramide, verscheen als een driehoekige configuratie van een bewegend, witgouden licht. Stralen van geconcentreerd laserlicht werden gebruikt door inwijders, om kosmische wijsheid te zenden. De hogepriesters, die als zender fungeerden, decodeerden de frequenties en gaven deze door als een taal aan de priesters. De priesters, die als ontvangers fungeerden, zonden hun antwoord op telepathische wijze terug, waarmee het circuit was gesloten.

Geleidelijk begon de driehoeksenergie zich te vermenigvuldigen, zich vouwend in een netwerk van gouden driehoeken, lichtgevend web, dat opeens werd omgeven door een lichtshow van symmetrie en vorm. Het was een gouden gloed, die reikte tot in de galactische oneindigheid, een spectaculair schouwspel van zich ontvouwende energieën, het lichtweb van Gossamer. Aardse wezens geven altijd hun macht hieraan over. De almachtige computer, het rudimentaire kleinkind van de Atlantische kristallen gedachtelicht-generatoren, heeft momenteel de bevolking afgeleid van alles wat disharmonisch is, die het kunnen horen. Het is het lied van de natuur...de rotsen en kristallen van Gaia, want zij houden de trillingen vast, van alles wat zich op aarde heeft afgespeeld. Het is gegrift in het landschap, ligt op de zeebodem en is gecodeerd in de sterren boven jou. Bovendien is het opgeslagen in jouw DNA, diep liggend in de diepe ruimte van jouw onderbewuste geheugen. (Patricia Cori, Atlantis rising; the struggle of darkness and light, Authors Choice Press, 2001)

Hoofdstuk 25
Het ontsnappen aan de matrix

Matrix-krijgers leren om te onderscheiden tussen die gedachten en daden die hun energieniveau verhogen en die het verlagen; stukje bij beetje, verdelgen zij de laatste klasse, totdat alle punten van de drainage zijn gerepareerd. Alleen dan zijn strijders gereed om de matrix te verlaten, hun lot als levende batterij-cellen te ontsnappen en hun bestemming als Luciden te bereiken.

Jake Horsley [306]

Magie; de technologie van de ouden?

Sassoon en Dale zeggen, dat in de oudheid religie en technologie één en hetzelfde waren. De priester was de enige die was verkozen om de geheimen van de goden te kennen en te begrijpen. Alleen zij konden de enorme krachten beheersen van de machines die zij bedienden.[305] Zoals al eerder is gemeld, zegt Dorothy Morrison, dat magie al iets gemeen heeft met technologie. Zij zegt, dat als we al de benodigde elementen bij elkaar nemen, zoals het vuur-, water-, lucht- en aarde-element, we statische elektriciteit krijgen. In andere woorden, statische elektriciteit wordt geproduceerd als de elementen, dat is als de elektrische-, magnetische- en elektromagnetische fluïdums worden gecombineerd. Hemelse afstemming en esoterisch symbolisme zijn sleuteleigenschappen van maçonnieke tempelbouw. Zij bouwen een nieuwe matrix voor de nieuwe wereldorde. De occulte energiematrix van krachtstromen bestuurt deze orde. De manier waarop deze krachtstromen worden gereguleerd, is hier een sleutelelement.

De vijfde zon

De aarde draait om zijn as en ontvangt vibraties van de zon. Aan de andere kant ontvangt de aarde vibraties van de andere planeten van ons zonnestelsel. Dit creëert een elektromagnetisch veld, in de vorm van een mens.

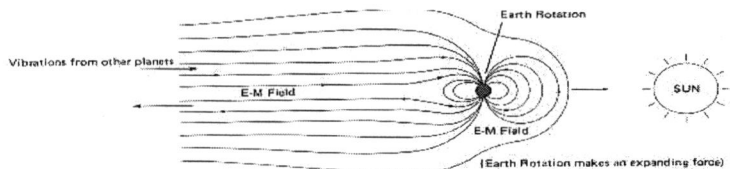

Afbeelding van het elektromagnetische veld van de aarde, dat is gevormd in de vorm van een mens.(Uit: Michio Kushi, Acupuncture, Ancient and future worlds, lezing van 12 maart, 1973)

Op een bijeenkomst in het Lux-theater in Nijmegen in januari 2002, zag ik de première van de film *The Year Zero,* gemaakt door filmmaker Wiek Lenssen. Deze film ging over twee Maya sjamanen, Zwervende Wolf en Don Julian, een regenmaker, medium en Maya ziener, die veel kennis bezit van de Maya-profetieën. Hij is een Maya sjamaan en oorspronkelijk afkomstig uit Guatemala. De film gaat over de profetie van de Maya's en het einde van de vierde zon, dus van het vierde wereldtijdperk. Dit is het einde van een cyclus van vier zonnen. Op het einde van de film was er een mogelijkheid om vragen te stellen. De Zwervende Wolf vertelde mij dat de aarde de magnetische as van het universum in een spiraalvorm zou benaderen. Drie dagen lang zal de aarde zonder zonlicht zijn. Na deze drie dagen, wordt de aarde weer terug in de ruimte geworpen, weg van de magnetische kern of as. Dat is waarom de aarde rond zijn as draait, volgens Zwervende Wolf. De magnetische polen van de aarde en het gehele elektromagnetische veld dat de aarde omringt, gaat van richting veranderen. Door deze achteruitgaande beweging, stoot de magnetische as de aarde af, om het terug te geven aan de zon. Na drie dagen verschijnt de vijfde zon, het vijfde wereldtijdperk. Een nieuw tijdperk breekt dan aan.

De verandering van de polen van het magnetische veld van de aarde

Het is voor een hele tijd een goed bewaard geheim gebleven, de verschuiving van de aardas. In een artikel in *Frontier magazine* van april 2003, uit het artikel dat voor het eerst verscheen in het september nummer van UFO Magazine, kwam een geheim tevoorschijn, dat al jaren bij een paar mensen bekend was en toen pas werd geopenbaard. Het geheim betreft veranderingen in het magnetische veld van de aarde. Wetenschappers hebben ontdekt dat het aardmagnetische veld gaat verschuiven. De media informeren de mensen hierover op basis van wat ze noodzakelijk moeten weten. Zonder het bewustzijn van het publiek, worden stappen genomen om in te spelen op deze gebeurtenis.

Er is een magnetische poolverschuiving gaande. Het is een langzaam, maar onomkeerbaar proces. In een brief geschreven door de A.A.A.S. (American Association for the Advancement of Science) van 11 april 2003 in *Nature* magazine, is geschreven dat het aardmagnetische veld bezig is te roteren. Het magnetische noorden zal uiteindelijk komen in Antarctica. Onderzoekers denken, dat circulerende stromen van gesmolten ijzer, die bewegen met een snelheid van ongeveer één meter per uur, in de buitenste laag van de kern van de aarde, de oorzaak zijn van het verschuiven van de magnetische polen. De wervelende stromen van gesmolten ijzer rond de aardkern, draaien in een richting die het magnetische veld vermindert. Het team van de A.A.A.S. beschrijft in deze brief dat er een enorme werveling van gesmolten ijzer rond de buitenste aardkern is, in het zuiden van Afrika en bij de polen, waar het magnetische veld al is verschoven.

Wat zal er waarschijnlijk gebeuren?

Het belang van het aardmagnetische veld is dat het de aarde, met alle wezens die daarop leven, beschermt tegen de geladen deeltjes die van de zon afkomen. De sterk geladen zonnedeeltjes zullen de buitenste laag in de atmosfeer van de aarde bereiken. Sommige van deze deeltjes zullen de lagere atmosferische regionen bereiken. Kosmische straling en geladen deeltjes zullen droogte veroorzaken, genetische mutaties en kanker, als het aardmagnetische veld, dat de aarde beschermt, minder wordt. Het aardmagnetische veld reikt tot honderden kilometers in de ruimte. De lijnen van magnetische kracht van dit magnetische veld komen samen op de magnetische polen. De kosmische straling en zonnestraling is gefocust op de magnetische polen door deze krachtlijnen. We kunnen verwachten, dat het aardmagnetische veld zal verzwakken en uiteindelijk zal instorten tijdens de magnetische poolverschuiving. Misschien zal het veld verdwijnen gedurende 10 of meer jaren. Daarna verschuiven de magnetische polen en zal de sterkte van het magnetische veld opnieuw toenemen. Het weer zal erg worden beïnvloed door het verzwakken van het aardmagnetische veld. Graham Ennis, genoemd als een bron van deze informatie in het UFO magazine artikel, beweerde dat het proces al is begonnen. Het is onmkeerbaar. Wat mensen kunnen verwachten, is dat er zeer zware stormen komen en een toename in huidkanker. Hij zei, de wereld zoals wij die nu kennen zou waarschijnlijk eindigen rond 2020. Alleen de tijd zal het leren…

Besluit

Één van de hoofddoelen voor mensen is te gaan buiten de matrix, dat is het wiel van karma, het dualisme van leven en dood, in een eeuwige cyclus. Het gaat over de zoektocht naar de mysteriën. Één van de oudste drijfveren van de mensheid is de zoektocht naar onsterfelijkheid, op de ene, of op de andere manier. Het gaat allemaal om het levenselixir, het eeuwige leven. In alle religies en mythen van de wereld, is hiervoor een andere uitdrukkingswijze. Het gaat om de enige bevrijdingsweg, door materiële- of immateriële middelen. Esoterische scholen laten zien dat wij de vrijheid in onszelf vinden, eigenlijk het Zelf. Om uit te vinden wat dit Zelf betekent, zullen we het pad van de Dwaas moeten betreden. De Dwaas is een tarot arcanum. De Dwaas staat open voor verschillende gezichtspunten. Elke keer kijkt hij weer op een andere manier naar dezelfde werkelijkheid. Die werkelijkheid is gevangen binnen cycli van perioden van groei en verval. Het is een zoektocht naar het onbekende, het is een ontmoeting met onze innerlijke schaduw. Het gaat over de erkenning van de donkere kant van onszelf. Echter, als ik het licht ben, dan is mijn pad ook verlicht. Het licht verliest aan betekenis zonder het contrasterende duister. De Dwaas durft het pad van kennis te betreden, dat reikt tot in de duistere en mysterieuze beperkingen van het bewustzijn. De levensweg van de Dwaas is de weg van de ware filosoof. Men moet altijd vragen blijven stellen en niets zomaar voor waar aannemen. De zoektocht naar bevrijding is de aandrang om ongebonden te zijn. Dit is de aandrang om vrij te zijn van de invloeden van deze matrix-wereld, die de verbinding van de ziel aan het materiële versterkt.

Vrijheid van gebondenheid is het loskomen van de mens van elke vorm van gebondenheid aan groepsgeesten of egregores. Deze collectieven hebben een magische invloed op mensen. Zij houden mensen gevangen in de matrix-wereld. De mensheid heeft de keuze om zichzelf te bevrijden, door het erkennen en verbreken van deze banden. De geschiedenis van het verleden en de geschiedenis van de toekomst, is als een oneindige tijdslus, die zichzelf blijft herhalen. Dit is een cyclische kijk op de zonne-cycli en kosmische cycli. De cyclische invloeden sluiten de mensheid op in een kerker van de tijd, de tijdslus. Ons werkelijke bewustzijn, is het eeuwige, de bewuste, door ons bewustzijn geleide, onafhankelijke wil. Draagt de aanbidding en devotie in kerken, tempels en loges bij aan- en versterkt deze onze wil. Versterkt deze ons bewustzijn? Misschien moeten we de heilige plaatsen terugeisen en democratiseren. Hierdoor heeft iedereen toegang tot de subtiele energiematrix en niet alleen de heersende elite, die het volk spiritueel energetisch onderdrukt, door middel van de sacramentele systemen van de verschillende religieuze tradities. Dit boek ging niet alleen over de systemen van de westerse religieuze tradities, maar ook van de oosterse religies. Kortom, sacramentele systemen worden door allerlei religies, sekten en culten gebruikt. Het bewuste individu zoekt naar bevrijding, zonder bindingen met groepsgeesten, omdat zulke groepen op hem of haar kunnen parasiteren en daarmee de weg naar echte bevrijding uit de matrix moeilijker maken. De zoektocht naar bevrijding, is om jezelf te bevrijden van elk astraal- of energetisch vampirisme. De zoektocht van onze rusteloze zielen leidt ons verder, op de weg van inwijding.

Aanhangsel I
Verklarende woordenlijst van de elementen van subtiele energietechnologie

Afstemming

Afstemming of uitlijning werd gedaan door het aanpassen van hoeken. De kennis hoe je stenen, gebouwen etc. uitlijnt, was van levensbelang voor het juiste functioneren van de fijnstoffelijke energie, die door de stenen stroomde. Het gaat om het voortdurende experimenteren met het uitlijnen van de stenen, op de meest efficiënte manier, door het aanpassen van de hoeken.

Alchemie

Alchemie is de wetenschap van de transmutatie van materie/energie. Het is de mogelijkheid om dingen op te lossen naar hun oorspronkelijke elementen of eigenschappen (vuur, water, lucht, aarde en ether), waaruit wij oorspronkelijk werden gemanifesteerd en tot het fysieke bestaan zijn gebracht.[307]

Altaar

Altaren vormen een soort batterij voor het vasthouden en de opslag van geconcentreerde fijnstoffelijke energieën. Zij zijn magnetisch geladen talismannen. Tempel- of kerk-altaren kunnen extra-laagfrequente energieën opslaan.

Asperge

Asperge is het sprenkelen met vloeistof, meestal water. Een ritueel gereedschap, zoals een staf, athame, een gebonden kruidenbundel, of een tak, wordt gedompeld in een vloeistof en wordt dan afgeschud, om iets te zegenen of te wijden. Cirkels en ruimten, die gewijd moeten worden, worden vaak besprenkeld als onderdeel van een reinigingsritueel of van een zegeningsritueel.[308]

Bloed

Hemoglobine in het bloed bevat ijzer. IJzer heeft elektrisch geleidende eigenschappen. In bloedoffer-rituelen wordt de levensenergie, die in het bloed zit, uitgestort in grote hoeveelheden. De energie wordt gericht door een ritueel, via een psychotronisch geleiden van de uitgestorte energie van het slachtoffer. Verder zegt Brunés, dat bloed een erg effectieve geleider is van elektrische stroom.[309] Het is hoogst waarschijnlijk dat bloed niet alleen een goede geleider is, maar ook een supergeleider, die meer geleidend is als metaal. Bloed bevat een serie chemische substanties die behoren tot de structuur van supergeleiders.

Bloemen en planten

Het vibratieniveau van bloemen wordt gebruikt in de Bach bloesemtherapie. Planten en bloemen zijn een geleider van energieën uit de aarde.[310]

Declinatie

Dit is een term in de wetenschap van de astronomie. Volgens de *International Encyclopedia of Science and Technology,* is declinatie de mate waarin de richting, die is aangegeven door een magnetisch kompas, afwijkt van de richting van het ware noorden. Het verschil komt voort uit het feit dat de magnetische noordpool niet overeenkomt met de ware noordpool. Als gevolg daarvan varieert de declinatie van plaats tot plaats op het aardoppervlak. Omdat de noord magnetische pool in de tijd langzaam verschuift, varieert declinatie van jaar tot jaar.[311]

Devotionele- of intentionele energie

Devotionele- of intentionele energie is psychische energie, die is gericht met de intentie om een godheid of egregore te aanbidden. Het is de energie die door gebed wordt gegenereerd.

Egregore of groepsgeest

Een egregore is een soort kunstmatige elementaal, een groepsgeest, die bestaat uit de gezamenlijke leden van het groepscollectief . Een egregore wordt in leven gehouden door de groepsleden, die het onderhouden met hun psychische-, devotionele energie.

ELF golven

ELF golven zijn extra-laagfrequente golven binnen een bereik van 0 tot 34 hertz.

Feng Shui (Oosterse traditie) en Geomantie (Westerse traditie)

Feng Shui is de kunst om de woonplek van de levenden en de doden aan te passen. Dit gebeurt op zo'n manier, dat dit samenwerkt met de lokale stromen van aarde-energie. [312]

Gebaren

Gebaren kunnen worden gebruikt als een methode om tijdelijk opgeslagen subtiele energie te ontladen. Omdat alle bestaan ideëel is, is een naam net zoveel als het object zelf. Deze invloed wordt ook toegeschreven aan gebaren, die worden gevormd door het plaatsen van de vingers op een bepaalde wijze. Gebaren, die de eigenschappen symboliseren van een godheid, geven hetzelfde effect als woorden en offers.[313]

Gebed

Gebed is één van de meest effectieve magische praktijken, die meestal in religieuze rituelen worden gebruikt. Scott Cunningham beweert dat gebed een vorm van concentratie is. Als je jouw concentratie uitstrekt, dan zend je energieën uit, samen met je gedachten. Magisch gebed beïnvloedt de benodigde verandering.[314]

Gedachtevormen

Vetsch[315] definieert gedachtevormen als een subtiele energiematrix, die een definitieve vorm heeft, maar geen bewustzijn of ziel. Deze kan men genereren door gedachten en die kunnen eruit zien zoals men wenst. Gevoelige mensen kunnen de gedachtevormen binnenin zien. Symbolen zijn slechts hulpmiddelen om in staat te zijn om een gedachtevorm af te tappen. Als je de energie wilt van de gedachtevorm, dan moet je contact maken met een symbool. [316]De gedachtevormen, die door de tijd heen zijn geschapen, zijn magische energiebatterijen. Bij bepaalde gebeurtenissen, zoals de heksensabbatten, kan men de energie aftappen door rituelen. Gedachten zijn dingen. Gedachtevormen hebben verschillende kleuren, als je deze helderziend beschouwt. Hieronder volgt een opsomming van de kleuren en de betekenis daarvan bij gedachtevormen.

Roze is de kleur van affectie en onzelfzuchtige liefde

Geel is de kleur van het intellect

Groen is de kleur van de sympathie

Vaal grijs is de kleur van angst, **diep grijs** is de kleur van depressie

Grijs groen is de kleur van bedrog

Bruin groen is de kleur van jaloezie

Helder bruin is de kleur van gierigheid en hebzucht, **hard bruin grijs** is egoïsme

Rood is de kleur van boosheid, en **donkerrood** is dierlijke passie of seksueel verlangen

Blauw is de kleur van de devotie, van religieus gevoel

Oranje is de kleur van zelfvertrouwen, ambitie en trots

Violet is de kleur van wijding aan hoge idealen. Het geeft ook een lagere vorm aan van boosheid, met nobele verontwaardiging en hoge onzelfzuchtige idealen en het vermogen om te beantwoorden aan verheven idealen

Zwart is de kleur van de haat en van kwaadaardigheid

Wit is de kleur in een gedachtevorm die ongewoonlijke spirituele kracht aangeeft.

Goud is de kleur die glorie, roem en eer vertegenwoordigt

Een gedachtevorm combineert vaak meer dan één kleur. Bijvoorbeeld, als men zelfzuchtige liefde heeft, dan is de gedachtevorm roze, gemengd met grijs. De drie algemene principes van gedachtevormen zijn volgens Leadbeater en Besant; ten eerste dat de kwaliteit van de gedachte de kleur bepaalt. Ten tweede, bepaalt de natuur van de gedachte de vorm en ten derde, bepaalt de preciesheid van de gedachte, de helderheid van de omtrek van de gedachtevorm. De kennis van symbolen, zowel religieuze- als esoterische symbolen, beïnvloeden de vorm van de gedachtevorm.[184]

Gekleurd glas

Men kan gekleurd glas aantreffen in ramen van kathedralen. Het gekleurde glas gedraagt zich als een prisma, dat het totaal van de energie filtert naar de energie van de toepasselijke kleur. De beste resultaten worden met kristalglas behaald. Kleuren dragen een specifieke frequentie, die een respons in ons binnenste oproept.

Geluidsvormen

Geluid is één van de drie hoofdelementen die gebruikt worden in rituelen om magische resultaten te bereiken. De tweede van deze hoofdelementen is het symbool, of archetype en het derde element is het gebruik van kleur. Leadbeater laat zien dat elk geluid een geluidsvorm schept. Elke muzikale noot heeft zijn corresponderende kleur.

Als we muziek maken, dan scheppen wij een geluidsvorm die bestaat uit verscheidene kleuren en vormen. Als we een krachtig instrument bespelen, zoals een kerkorgel, dan zal de afmeting en samenstelling van de daaruit voortkomende muzikale vorm veel groter zijn, dan als we hetzelfde muziekstuk spelen op een piano. Een muzikale vorm kan een lange tijd blijven bestaan en kan helderziend worden waargenomen voor enkele uren. Als hetzelfde stuk muziek precies wordt herhaald, dan creëert het weer dezelfde geluidsvorm.

Elke soort muziek heeft zijn eigen type van geluidsvorm. De geluidsvormen, die verblijven boven een kerkgebouw waarin de muziek wordt gespeeld, kunnen één tot twee uren aanhouden. De geluidsvormen kunnen hoogten bereiken van 200 tot 900 voet en hebben ongeveer dezelfde diameter.[180] Geluidsvormen stralen hun karakteristieke vibraties in elke richting uit, net zoals gedachtevormen dat doen. Afhankelijk van de vibraties, kunnen ze opwekkend, of depressief makend zijn. De uitstraling van de geluidsvormen dringen door in de directe omgeving. Elk geluid maakt zijn afdruk op de astrale- en mentale materie. Deze afdrukken kunnen alleen op helderziende wijze worden waargenomen, volgens de theosofen Leadbeater en Besant.

Graniet

Graniet is bekend om de kristalachtige eigenschappen, het opslaan van fijnstoffelijke energieën. Zie bijvoorbeeld de granietblokken van de grote piramide van Giza.

Groepsgeest of groepsziel

Zie egregore

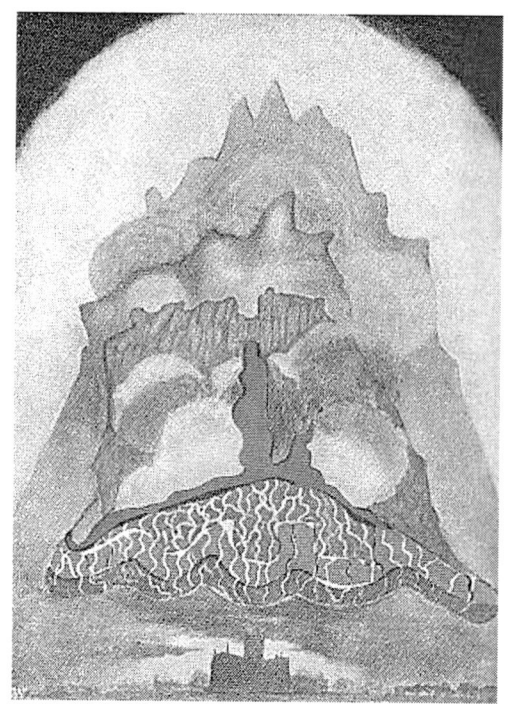

Dit is een afbeelding van een geluidsvorm van de 'Ouverture van de Meistersingers' van Wagner, gespeeld op een kerkorgel.[181]

Hout

Hout is een prima geleider van extra-laagfrequente golven (ELF golven), die in het bereik zitten van 1 tot 34 hertz. De bomen in het bos produceren een veld van negatieve ionen die heilzaam zijn voor mensen.

Intentionele- of devotionele energie

Zie devotionele energie

Kaarsen

Men kan verschillende kleuren kaarsen voor verschillende doelen gebruiken. Elke kleur roept, door zijn frequentie, verschillende reacties op. Reichenbach ontdekte dat zonlicht de odische eigenschappen versterkt van magneten, kristallen, metalen en het menselijke lichaam. Het licht van een kaars produceert dezelfde respons als zonlicht, maar dan veel zwakker. Kaarsen versterken ook de odische kracht van mensen en machines.[317]

Kalender en data

De kalender geeft het belang van de factor tijd aan. Datums en kalenderdagen hebben een bijzonder karakter. De kalender heeft een praktisch nut. Speciale dagen en magische uren worden gebruikt, waarop er bepaalde rituelen worden uitgevoerd met een bepaald doel, dat overeenstemt met het juiste astrologische moment en met de juiste astronomische afstemming op de ELF golven van de planeten en sterren.

Krachtcentra

Een krachtcentrum is een plaats waar de energieën van twee of meer dimensies, of evolutiepatronen, samenkomen en waar de grenzen hiertussen dun zijn.[318]

Kristallen

Je kunt kristallen gebruiken om energie in op te slaan en op frequenties te resoneren. Reichenbach concludeerde uit zijn onderzoeken, dat alle kristallen de aanwezigheid van odische kracht vertonen. De od, de fijnstoffelijke energie, kan men laten vloeien van de ene substantie, zoals een kristal, naar de andere substantie. De sensatie van een vloeiende stroom kan dan worden gevoeld.

Levitatie

Levitatie is een oude occulte techniek. Volgens Hitchins in zijn boek *Earth Magic,* is er tegenwoordig een ceremonie in het dorp Shivapur, bij Poona in Centraal India, waarin elf personen dansen en zingen rondom een heilige steen, terwijl zij de woorden 'quama ali dervish' zingen. Er zijn elf mensen met hun armen in elkaar, die zo een cirkel vormen en de steen met hun vingertoppen aanraken. De steen leviteert binnen enkele minuten.

Leylijnen

We noemen leylijnen de fijnstoffelijke energiemeridianen van de aarde, ook wel nadis, of tellurische stromen genoemd. Daarnaast noemen we leylijnen in China lung mei, drakenpaden of drakenstromen. Volgens Collinge zijn leylijnen dunne lokale lijnen, soms recht, soms kronkelend, van etherische energie die door de omgeving stromen.[319] Volgens John Michell gebruiken inheemse Hopi magiërs van het zuidwesten de leylijnen als kabels van mentale communicatie. Er wordt meer onderzoek gedaan over de mogelijke ELF karakteristieken van leylijnen, nu instrumenten deze kunnen meten, zoals Dinwiddie aangeeft.

Linnen

Linnen in de kleding van priesters doet dienst als een isolator om de magnetische energie van de priester in een ritueel vast te houden, totdat deze wordt verspreid door de priester.

Magie

Magie wordt vaak omgeschreven als de mogelijkheid om dingen te veranderen in de werkelijkheid, die door de wil tot stand wordt gebracht.

Magische staf

De zogenaamde magische staf is een houten staf, een gereedschap gebruikt om energie of persoonlijke kracht te geleiden. Het sturen van energie met een staf kan worden bewerkstelligd door aanraking en intentie.[320] Magische gereedschappen worden ook gebruikt om de godheden aan te roepen en om negativiteit te bannen. Persoonlijke kracht moet worden opgewekt door rituelen en dan moet het met een speciaal doel worden ingegeven. Daarna moet de kracht worden losgelaten en naar zijn doel geleid worden. Persoonlijke kracht kan worden geleid naar de godheden om aan onze behoeften tegemoet te komen. Cunningham noemt dit religieuze magie.[321] Zie ook het woord 'hout' in dit glossarium.

Megalieten of staande stenen

Volgens Williams bevatten megalieten, die alleen staan, kwartskristallen die ultraviolette straling uitstralen. (Zie Robin Collyns, 1973 hoofdstuk 12)

Metaal

Metaal zoals goud, koper en ijzer. Koper is gebruikt om psychische energie te zenden in een ritueel. Psychische energie wordt gebruikt in occulte rituelen door personen die psychische krachten bezitten. De oude Egyptenaren droegen koperen halsbanden in hun rituelen, om hun psychische krachten te versterken. Goud is een prima geleider van extra laagfrequente energiegolven. IJzer is een metaal die elektriciteit geleidt. Carolyn Cobelo zegt dat metalen, kristallen en edelstenen, energie kanaliseren die van hogere dimensies afkomen. Deze energieën beïnvloeden het bewustzijn van zowel de drager, als de waarnemer. Goud en zilver vibreren op een hoge frequentie.[322] Astronomische factoren, zoals planetaire invloeden, worden geactiveerd door planetaire metalen.[323] Dit is de reden om met metalen amuletten te werken.

Molen van Hamlet

De these van de molen van Hamlet is de these van Georgio de Santillana & Hertha von Dechend, dat de taal van de mythologie de technische-, astronomische- en wetenschappelijke taal uit de oudheid is. De overblijfselen van deze oude beschavingen zijn voor ons slechts mythen. De oude mythen hebben een symboliek en een betekenis die daarachter zit, die niet verloren kon gaan, juist door de fabelachtige inhoud. Georgio de Santillana beweert in zijn boek *Hamlet's Mill,* dat de taal van de mythologie feitelijk een technische- en dus accurate taal is. Deze technische taal beschrijft astronomische cycli en -gebeurtenissen die in oude beschavingen voorkwamen.

Muren van kerken en tempels

Tempel- en kerkmuren ,gemaakt van kalksteen en graniet en andere steensoorten, zijn gemagnetiseerde relieken. Dit magnetiseren is gebeurd door voormalige, verzamelde devotionele-, psychische energie uit rituelen.

Sacramentele systemen

Het totaal van subtiele energie-kennis, dat wordt gebruikt op een systematische wijze, bij de verschillende religieuze en magische praktijken. In dit boek gebruik ik de sacramentele structuren van de Christelijke- en de Vrijmetselaars-traditie. Deze systemen kunnen de gedachten en gevoelens van mensen insluiten, ofwel 'in gevangenschap nemen' op diverse manieren. Op een kwaadaardige wijze benut, noemen we dit ontwijding. Op de juiste wijze gebruikt, noem ik dit wijding of toewijding. Want deze subtiele energie-kennis kan wel degelijk voor goede doeleinden worden gebruikt. In sacramentele systemen is het sacrament het belangrijkste bestanddeel. Het gaat om reële subtiel-energetische invloeden in het ritueel. Het sacrament is een wijdingsritueel. Bij de Rooms Katholieke kerk, kennen wij de zeven sacramenten doopsel, communie, vormsel, biecht, oliesel, priesterwijding en huwelijk. Bij de Vrijmetselarij kennen we de inwijdingsrituelen in de verschillende graden. Het meedoen aan het ritueel van de eucharistie, ofwel de mis, of aan een loge-ritueel of ander religieus ritueel, vereist een bepaalde mate van inwijding.

Sarcofaag

Net als bij een kerk-altaar, kunnen devotionele energieën worden gehecht aan een sarcofaag of doodskist. De kist is een subtiele energie-batterij, die werd opgeladen met de devotionele energie van de rouwende menigte bij een begrafenisrite.

Spiritueel reservoir

Het spirituele reservoir is de opslag van religieuze devotie, of de psychische energieën, van mensen. Deze verzamelde energie wordt vrijgegeven door het gebruik van traditionele gebaren en woorden van kracht in een bepaald ritueel. In dit ritueel worden godheden aangeroepen om bij het ritueel te assisteren. Ingewijde priesters hebben de macht om deze energie van de aanbidders af te tappen en te gebruiken in een ritueel.

Staande golven

Staande golven worden ook wel scalaire golven genoemd door Thomas Bearden. De diameter van de aarde is rond 25000 mijlen. Dit is de lengte van een golf van 7,8 omwentelingen per seconde, dus 7,8 hertz, die de frequentie is van de natuurlijke resonantie van de aarde. Een 7,8 hertz golf breidt zich uit in een groter wordende cirkel, tot deze net zo lang is als de evenaar. Daarna krimpt het weer ineen, totdat het tot een focus komt als de anti-pool. Dit betekent dat slechts één 7,8 hertz golf bestaat op aarde en deze golf omgeeft de hele globe.[324]

Statische elektriciteit

De Egyptische priester-technici wisten van het persoonlijke gebruik van statische elektriciteit. Zij hadden het vermogen om fenomenen te creëren, die gebaseerd waren op elektriciteit. Zij gebruikten hiervoor psychische krachten, de menselijke wil, prana (vitale energie). Ingewijden konden ingrijpen in meteorologische fenomenen en konden regen en onweersstormen veroorzaken.

Stenen monumenten en tempels

Stenen monumenten en tempels zijn gewijd en zijn daarom gemagnetiseerde relieken. Objecten, gemaakt van natuurlijke materialen, houden de vibratie vast van het materiaal waarvan ze zijn gemaakt.

Subtiele energie

Subtiele energie is hier gebruikt als een verzamelbegrip voor de fijnstoffelijke-, etherische energieën van levende wezens, krachtplaatsen, leylijnen, aarde-energie, geluidsvormen, gedachtevormen, opgewekte energie in rituelen, gebed, energieën die via sacramentele systemen worden ge- of misbruikt, etc.

Symbolen

Symbolen zoals kruisen, pentagrammen, hexagrammen etc. hebben een invloed op het emotionele-, of astrale niveau van iemand. Onder de invloed van vormen, zoals symbolen, kan onze emotionele of subjectieve wereld worden veranderd.[325] Brennan zegt dat veel van het symbolisme op twee manieren werkt. Op het ene niveau heeft het een mystieke impact, een resonantie met het archetype. Het heeft anderzijds ook een letterlijke-, astrale realiteit en structuur, waardoor het als zodanig astrale energieën en effecten genereert. Symbolische elementen hebben mythische wortels. Zij hebben een voorspellende invloed op de onderbewuste geest.[326] Verder beschrijven oude Egyptische- en Inca symbolen van dieren de niveaus van bewustzijn. Een leeuw bijvoorbeeld, symboliseert de aarde en de aarde-energieën.[327] Symbolen en het gebruik van omgekeerde symboliek zijn krachtige werktuigen, die gebruikt worden door overheid en bedrijfsleven en in oorlogen. Zie bijvoorbeeld de witte- en rode pentagrammen, als sterren op het defensie-materiaal, van de troepen van de VS en de Russische Federatie.

Water

Water wordt gebruikt om zogenaamd dierlijk magnetisme op te slaan. Water heeft de eigenschap om fijnstoffelijke energieën op te slaan en te accumuleren. Dit gebeurt in wijwater, dat gewijd is door een priester. Negatieve ionen zijn negatief geladen atoomdeeltjes. Als water stroomt, dan stoot het negatieve ionen uit in de lucht. William Collinge zegt, dat als men ondergedompeld is in een veld van negatieve ionen, het energieveld van iemand veranderd. Als ons energieveld verandert, dan verandert onze stemming ook. Een ontlading van negatieve ionen heeft een balancerend effect op onze energie. Emoties worden dan makkelijker ontladen en men voelt zich gezuiverd.[328]

Wierook

Wierook wordt gebruikt voor het verspreiden en focussen van magnetisme. Rook en verschillende geuren zuiveren de persoonlijke ruimte en verwijderen negatieve energie. Een speciale eigenschap van wierook is dat het gemaakt is uit de vijf elementen lucht, vuur, water, aarde en ether. De substantie van de wierook is het aarde-element. De wierook vervliegt in de lucht, het lucht-element. Wierook wordt gemaakt met water, het water-element. Wierook brandt door vuur, het vuur-element. Wierook is actief op het etherische niveau, het ether-element.

Wol

Wol, net als linnen is ook een prima isolator van fijnstoffelijke energieën.

Woorden van kracht in rituelen

Woorden van kracht in rituelen zijn een onderdeel van de kabbalistische traditie en andere tradities. Het reciteren van mystieke woorden en zinnen geeft de mens gelukzaligheid en zorgt dat men de assistentie verkrijgt van Buddha's en Bodhisvattva's. Door het uitspreken van een spreuk, wordt kracht gewonnen over die wezens waar de woorden over gaan, of voor de doelen waarvoor deze wezens geacht worden te helpen. Doordat alle objecten onwerkelijk zijn en alle bestaan slechts ideeël, is de naam net zo belangrijk als het object zelf. De magische invloed van woorden is hierin gelegen, dat als iemand een woord gebruikt van iets, hij ook beschikt over het ding zelf. In de oosterse traditie gelooft men, dat het Sanskriet en in de westerse traditie het Hebreeuws, een directe-, dat is energetische, vibratie-verbinding heeft tot de universele geest.[329]

Zijde

Zijde, speciaal zwarte zijde, wordt gebruikt om kristallen te beschermen tegen energetische invloeden van buiten. Het wordt gebruikt als een isolator van fijnstoffelijke energieën.

Aanhangsel II
Nummers van de canon

De nummers van de canon verbinden zich met namen, geometrische figuren en astronomische data. Alle gegevens in het navolgende schema zijn afgeleid van Stirling's boek *The Canon*. Nu volgt een lijst van astronomische gegevens die in mythologie zijn bevat.

26

Het nummer van Tetragrammaton IHVH

30

Nummer 30 geeft de afstand van de aarde tot de maan aan, gemeten bij de diameter van de aarde (Stirling, 1897, p. 67)

79

Boaz or BOZ (Stirling, 1897, p. 255)

108

Dit nummer is de radius van de baan van de zon. (Stirling, 1897, p. 160)

216,219

De diameter van de baan van de zon, gemeten door de diameter van de zon (Stirling, 1897, p. 256, 273, 304)

255

De naam van HIRM of Hiram (Stirling, 1897, p. 256)

296

De toon. Een toon, een term in de muziek, is de afmeting van het interval tussen de aarde en de maan. De toon 296 is de grootste algemene maat van de nummers 2368, 1480 en 886. (Stirling, 1897, p. 262)

360

Het aantal graden van het circuit van de aarde

596

De cirkel van Mercurius (Stirling, 1897, p. 265)

600

Numerieke equivalent van het woord kosmos (Stirling, 1897, p. 255)

656

Numerieke equivalent van de naam Messias (Stirling, 1897, p. 274)

660

Het nummer 660 representeert het aantal mijlen van de diameter van de aarde, gedeeld door 12. (Stirling, 1897, p. 272)

666

Het nummer 666 is het nummer van de naam van het beest, maar ook het nummer van God. De omtrek van een cirkel 666 in diameter is 2093. Het nummer 2093 is de diagonaal van een vierkant van waarvan de zijden 1480 zijn. 1480 is the numerieke equivalent van Christos (Stirling, 1897, p. 57)

666 is de lengte van een vesica met een breedte van 384, of the radius van de zon, gemeten met de toon (Stirling, 1897, p. 67)

666 is de baan van de zon, die is opgenomen in een boog, waarvan de interne lengte 666 van zijn eigen diameter is. Het geeft de grens aan van het pad van de zon. (Stirling, 1897, p. 77)

671

Thora, de Bruid (Stirling, 1897, p. 124)

691

The lengte van de baan van de zon (Stirling, 1897, p. 274,299)

735

De naam van IHKN Jachin (Stirling, 1897, p. 255)

924

Het nummer 924 representeert de vierkantswortel van het aantal mijlen in de diameter van de zon (Stirling, 1897, p. 338)

1020, 1024

De radius van de baan van Saturnus, de cirkel van Saturnus (Stirling, 1897, p. 265)

1080

Het aantal mijlen van de omtrek van de maan (Stirling, 1897, p. 250,291)

1480

De afmeting van het hele planetaire systeem (Stirling, 1897, p. 163)

Christos

1656

De hoogte van de koers van de zon gemeten op een aardse globe (Stirling, 1897, p. 71)

Het aantal Britse mijlen van de evenaar naar de tropen (Stirling, 1897, p. 257)

2046

De baan van Saturnus is ongeveer 2046 diameters van de zon (Stirling, 1897, p. 31)

De diameter van de baan van Saturnus (Stirling, 1897, p. 67, 155, 303)

Cirkel van Venus (Stirling, 1897, p. 265)

2071, 2073

Een twaalfde van de omtrek van de aarde, gemeten in mijlen. (Stirling, 1897, p. 32,262)

2093, 2094

Diameter van de zodiak (Stirling, 1897, p. 394)

2151

Het aantal jaren dat de zon in elk van de tekens, gedurende de periode van de precessie van de equinoxen, ofwel van het Grote Jaar, inneemt (Stirling, 1897, p. 155) ofwel het nummer van het aantal jaren in de Grote Maand (Stirling, 1897, p. 254)

Het symboliseert de zodiakale cirkel. (Stirling, 1897, p. 265)

De omtrek van de cirkel van Mars. (Stirling, 1897, p. 265)

2160

Het aantal mijlen in de diameter van de maan (Stirling, 1897, p. 254)

2368

Empyrean

2151

De zodiak samen met de planeten

1080

De ondermaanse of elementaire wereld

3960

Het aantal mijlen in de radius van de aarde (Stirling, 1897, p. 161)

Aanhangsel III
De natuurlijke betekenis van het alfabet

In dit aanhangsel is een overzicht te vinden, gemaakt door Michio Kushi, over de geluiden van de natuur en het alfabet. In zijn lezing *Acupuncture, Ancient and future worlds (Acupuncture, Ancient and future worlds* van 12 maart, 1973, p.90), schrijft hij over yin en yang-energieën en hun verhouding tot de letters van het alfabet.

Yang – de snelle kracht

Yin – de langzame kracht

Meer Yang geluid: de letters A tot en met L

Meer Yin geluid: de letters M tot en met X

A	B	C	D	E	F	G	H	I	J	K	L
M	N	O	P	Q	R	S	T	U	V	W	X
											Y
											Z

Als men door deze letters gaat dan moet men de geluiden maken van elke letter.

A Vooral yin. Representeert oneindigheid

B Vibratie die de twee schiep (yin and Yang)

C (Geluid van Shhhhh, als iemand stil moet zijn. Dit schept de "D".

D Dit is het geluid van de spirituele wereld. Daarom komen er woorden uit zoals duivel, demon.

E Geluid van de schepping, aarde, de meer fysieke wereld

Tot zover representeren A, B, C, D, E oneindigheid verandert in vibratie die verandert in stilte en de spirituele en fysieke wereld creëerde.

F Geluid van de wind

G Geluid van de donder

H Geluid van vuur

I (e-geluid) solidificatie

J Geluid van water

K (yang expressie) Geluid van materie

L Geluid van spiraal

Nu beginnen we de tweede regel. M is het tegenovergestelde van A.

M Is het oneindig kleine (A was oneindigheid). Vanaf het M-geluid, hebben de letters geleidelijk meer yin geluid..

A and M gecombineerd is de naam van God: AMen, BrAMen, NAM. Als je deze geluiden uitspreekt op de tegenovergestelde wijze dan is het oneindig klein. Dus MA als in het woord Man.

X Dit is een kruis. Het is yin and yang gekruist. In de wiskunde wordt gebruikt om de onbekende hoeveelheid uit te drukken. Dit is God, de grote onbekende.

Dus geluiden van M tot en met X laten het oneindig kleine tot de oneindigheid zien. Je kan zien dat het alfabet het verhaal is van Genesis en de schepping. Ook de eerste 12 geluiden (A tot en met L) en de tweede 12 geluiden (M tot en met X) corresponderen met de 12 meridianen, de 12 maanden van het jaar etc.

Er zijn vijf klinkers. Klinkers kunnen op zichzelf worden uitgesproken, terwijl als je medeklinkers uitspreekt je eigenlijk het geluid zegt alsof een klinker achter de medeklinker komt. Kijk naar het verband van klinkers tot medeklinkers.

(A) B C D (E) F G H (I) J K L M N (O) P Q R S T (U) V W X Y Z

    3   3   5   5   5

Tussen de klinkers zijn de medeklinkers in groepen van 3 of van 5

3=drie-eenheid

5=transformatie (vuur, hout, metaal, aarde, water)

8=Hexagram

(Uit: Michio Kushi, *Acupuncture, Ancient and future worlds,* lezing van 12 maart, 1973, p.90)

Noten

[1] Mackenzie, 1974, p.86

[2] Vertaald uit: *Hamlet's Mill*, door Georgio de Santillago en Hertha von Dechend, orig. 1969, vijfde druk, 1999 p.2

[3] Uit: William Stirling, *The Canon*, 1897, p.6

[4] Zie *Hamlet's Mill*, p. 4

[5] Zie: *Hamlet's Mill*, p.7

[6] Zie: *Hamlet's Mill*, p.19

[7] Zie: *Hamlet's Mill*, p. 35

[8] William Stirling, *The Canon,* 1879, p. 22-23

[9] William Stirling, *The Canon,* 1897, p.6-7

[10] William Stirling, *The Canon,* 1897, p. 28-29

[11] Voor meer informatie over de oude wetenschap van de Maya's, Egyptenaren en Vrijmetselaars verwijs ik naar het boek *The Tutankhamen Prophesies* van Maurice Cotterell.

[12] Zie John Michell, *The Earth Spirit,* 1975, p22

[13] Zie het commentaar in het afbeeldingen-gedeelte van het boek *The Earth Spirit* van John Michell

[14] Zie John Mitchell's boek *The Earth Spirit* (1970)

[15] Michell, *The Earth Spirit,* 1975, p.4

[16] Michell, *The Earth Spirit,* 1975, p. 6-7

[17] John Michell, *The Earth Spirit,* 1975, p.7-9

[18] William Stirling, *The Canon,* 1897, p. 282

[19] Michell, *The Earth Spirit,* 1975, p. 86

[20] Michell, 1975, p. 88

[21] Paul Devereux, *Shamanism and the mystery lines*, 1992, chapter 6

[22] Zie: John Michell *The view over Atlantis,* Sago press, 1969, volledig herzien en getiteld: *The new View over Atlantis*, Thames and Hudson, London, 2001, p.35

[23] John Michell, 2001, p.36

[24] Bron: *Leylines*, Danny Sullivan, 1999

[25] Carolyn E. Cobelo, 2000. pp. 49-50

[26] Carolyn E. Cobelo, *Everyday Magic*, 2000. p. 110

[27] William Stirling, *The canon*, 1897, p.135

[28] Michell, 2001, p.149

[29] William Stirling, 1897, p.136

[30] William Stirling, 1897, p. 137

[31] William Stirling, 1897, p. 27

[32] William Stirling, 1897, p.257

[33] William Stirling, 1897, p. 72

[34] William Stirling, 1897, p. 302

[35] William Stirling, 1897, p. 312

[36] William Stirling, 1897, p. 314

[37] William Stirling, 1897, p.323

[38] William Stirling, 1897, p.333

[39] Vertaald uit: Vitruvius, *De Architectura*, eerste boek, hoofdstuk II)

[40] William Stirling, 1897, p. 336

[41] Zie het artikel van Dr. Gout, over het symbolisme en de sacrale geometrie bij het bouwen van kathedralen in *Bewust Wandelen, Tijdschrift voor geomantie*, november nummer, 2001, pp. 16-19

[42] Cobelo, 2000, p.78

[43] Knight and Lomas, 2000, p. 234-246

[44] Michell, 2001, p.93

[45] Michell, 2001, p.94

[46] Michell, 2001, p.96

[47] Dit artikel is gebaseerd op het boek *Leylijnen en Leycentra* door Van der Vleer, zie de Nederlandse site www.knuthuus.com

[48] Douglas Monroe, 1998, p.370

[49] Carolyn E. Cobelo, *The Power of Sacred Space*, 2000, p. 3

[50] Carolyn E. Cobelo, *The Power of Sacred Space*, 2000, p. 12,20

[51] Monroe, 1998, p.371

[52] Monroe, 1998, p.371

[53] *Earth magic*, Francis Hitching, 1976

[54] Hitching, *Earth magic*, 1976

[55] Zie *Sacred Places* door Sarah Ann Osmen, Chapter 6, Labyrinth Publishing England, MXM, p. 153

[56] Zie over orakelplaatsen hoofdstuk zes van *The Sirius Mystery* van Robert Temple

[57] Citaat uit: *A Pilgrim's Guide*, p.15

[58] Bron: *Sedona: Beyond the vortex*, Richard Dannelley, 1995, p. 118

[59] *Leadbeater, 1926, p. 32*

[60] Van Huffelen, 2003, p. 59

[61] Geciteerd uit: *Every Day Magic: Spells and rituals for modern living*, door Dorothy Morrison, Llewellyn Publications, 2001, p. 3

[62] Zie: *A Pilgrim's Guide to Planet Earth*

[63] Zie: *A Pilgrim's Guide to Planet Earth*, Spiritual community Publications, California, USA, 1981, p.14-16

[64] John Michell, *The Earth Spirit*, 1975, fotogedeelte

[65] Meissner, 1954, p. 482

[66] Meissner, 1954, p. 483

[67] Meissner, 1954, p. 492

[68] Meissner, 1954, p.500

[69] John Dinwiddie, *Revelations, the golden elixir*, 2001, p.1

[70] Dinwiddie, p.4

[71] Dinwiddie, p.6

[72] Dinwiddie, p.7

[73] Dinwiddie, p.8

[74] Dinwiddie, p.28

[75] Dinwiddie, p.30

[76] Dinwiddie, p 90

[77] Dinwiddie, p. 40-47

[78] Dinwiddie, p. 48

[79] Dinwiddie, p.65

[80] Dinwiddie, p.66

[81] Dinwiddie, p.73

[82] Jake Horsley, *Matrix Warrior*, 2003, p. 271

[83] Dinwiddie, p.114

[84] Dinwiddie, p.31

[85] Dinwiddie, p.115

[86] in theosofische termen van de kosmische stralen, zie Leadbeater

[87] Uit: John Dinwiddie *Revelations, the golden elixir*, 2001, p. 149)

[88] Ann Madden Jones, 1995, p.244-245

[89] Ann Madden Jones *The Yahweh Encounters, Bible Astronauts, Ark Radiations and Temple Electronics*, The Sandbird Publishing Group, North Carolina, USA, 1995, pp.244-245

[90] Uit: David Icke, *The Biggest Secret*, 1999, p.66

[91] Bron: *Het Orion Mysterie*, Robert Bauval

[92] Zie het boek van: Colin Wilson *Atlantic Blueprint*

[93] Dinwiddie, 2001, p. 62

[94] Dinwiddie, 2001, p. 63

[95] Dinwiddie, p.39

[96] Dinwiddie, 2001, p.115

[97] Scott Cunningham, *Cunningham's Encyclopedia of Magical Herbs*, 1998, sixth printing, Llewellyn, USA2002

[98] Zie Leadbeater

[99] Konstantinos, *Gothic Grimoire*, 2002, p. 26

[100] Emille Schlagintweit, 1863, p.57

[101] John Michell, 1975, p.14

[102] http://www.pharo.com/mystery_channel/places/articles/tvca_01mc_coast_of_caithness.asp

[103] John Michell, 2001, p.124

[104] Procopius *'Sacred buildings of Justinian''*, vertaald door Aubrey Stewart, en geciteerd door William Stirling 1879, pp. 141-142

[105] William Stirling 1897, p. 307

[106] William Stirling, 1897, p. 312

[107] William Stirling, 1897, p. 307

[108] John Michell, 1975, pp. 92-96

[109] John Michell, 1975, p. 92

[110] *Sesam Atlas van de bouwkunst*, Bosch en Keuning, Baarn, Nederland, 1995, p.126

[111] John Michell, 2001, p.36

[112] Paul Devereux, *Shamanism and the mystery lines*, 1992, hoofdstuk 6

[113] John Michell, 2001, p.54

[114] John Michell, 2001, p.61

[115] John Michell, 2001, p.64

[116] John Michell, 2001, p.70. Zie ook hierover Tesla's etherische stroom.

[117] *The Hermetic Brotherhood of Luxor* bewerkt door Jocelyn Godwin, Christian Chanel, John Patrick Denevey, Weiser, USA, 1995

[118] *The Hermetic Brotherhood of Luxor* bewerkt door Jocelyn Godwin, Christian Chanel, John Patrick Denevey, Weiser, USA, 1995, p. 145-147

[119] William Stirling, 1897, p. 158

[120] Brunés, *Ancient energy sources*, hoofdstuk 8

[121] Hitching, hoofdstuk 9

[122] John Dinwiddie *Revelations, the golden elixir*, 2001, p. 62 en verder

[123] Het boek *Secret of the Andes* is geciteerd in *Op weg naar meesterschap; met de Meesters van het Titicacameer*, door Karel and Caroline van Huffelen, 2003, hoofdstuk 6, pp.47-49

[124] Zie de boeken van Barbara Marciniak

[125] Van Huffelen, 2003, pp. 63-64

[126] Zie David Icke's *Robots Rebellion*, 1994, p. 17-20

[127] Bron: David Icke, *Robots' Rebellion*, 1994, p.18

[128] Gechanneld door Carolyn E. Cobelo, in haar boek *The Power of Sacred Space*, 2000, p. 32-33

[129] Carolyn E. Cobelo, *The Power of Sacred Space*, 2000, p. 51

[130] Christopher Knight and Robert Lomas, *Uriel's Machine, 1999,* pp. 248-255

[131] Christopher Knight and Robert Lomas, *Uriel's Machine, 1999,* pp. 255

[132] David Icke, 1994, p. 26

[133] Carolyn E. Cobelo, *The power of sacred space*, 2000, p.103

[134] David Icke, 1994, p. 86

[135] Carolyn E. Cobelo, *The power of sacred space*, 2000, p.103

[136] Artikel van Henk Schorfhaar over energetische kathedraalbouw in de 12^e eeuw: *Bewust Wandelen, Tijdschrift voor geomantie*, november nummer, 2001, pp. 10-15

[137] John Dinwiddie *Revelations, the golden elixir*,2001, page 147

[138] John Dinwiddie *Revelations, the golden elixir*,2001, page 148

[139] Bron: *The Sun and the Serpent*, Hamish Miller en Paul Broadhurst,1994, p.115

[140] Dion Fortune, *Psychische Zelfverdediging*, 1937

[141] William Collinge, 1998, p. 71

[142] William Collinge, 1998, p.67

[143] *The Winds of Truth and the Yanihan Script*, door C. van Nievelt, The Group of Solar Teaching, 1941

[144] Meissner, *Chymia Perennis*, 1954, p.495

[145] Zie p. 29-44 van het boek van Iman Jacob Wilkins, *Waar eens Troje lag*, Bosch en Keuning, 1992

[146] Zie Wilkins, p.38

[147] Wilkins, p.42

[148] Wilkins, p.43

[149] Mouni Sadhu, *The Tarot, a contemporary course of the quintessence of Hermetism* George Allen and Unwin LTD, London, 1962, 5th edition, 1975, p.96

[150] Mouni Sadhu, *The Tarot, a contemporary course of the quintessence of Hermetism* George Allen and Unwin LTD, London, 1962, 5th edition, 1975, p.156

[151] Sadhu, 1962, p.180

[152] Mouni Sadhu, *Concentration: An Outline for Practical Study*, 1964

[153] Sadhu, 1962, p.183

[154] Sadhu, 1962, p.371

[155] Sadhu, 1962, p. 186-187

[156] Sadhu, 1962, p.370

[157] Leadbeater, 1926, p. 183

[158] Afbeelding uit *Leadbeater, 1926, p.260*

[159] Leadbeater, 1926, p.260-261)

[160] Leadbeater, 1926, p.355

[161] John Michell, 2001, p.76

[162] Sadhu, 1962, p.253-273

[163] Zie Vetsch, W.C., *TEXT*, 1992. Dit is een gratis e-book gehaald van de *hidden mysteries website*: http://www.hiddenmysteries.com/freebook/text/text9.html

[164] Leadbeater, *The Hidden life in Freemasonry*, 1926, p.20-21

[165] Dolores Ashcroft-Nowicki and J.H. Brennan, *Magical use of thought forms*, Llewellyn, 2001, p. 135

[166] Leadbeater, 1926, p.23

[167] Leadbeater, 1926, p.24

[168] Leadbeater, 1926, p.25

[169] Zie het artikel over John Dee op de website http://www.pharo.com/wild_talents/john_dee/articles/wtjd_00_contents.asp

[170] Uit: *Mana Physics: The study of Paraphysical Energy*, by Serge King, Baraka Books LTD., New York, 1978, pp. 12-15

[171] Brennan, 2000, p. 266

[172] Brennan, 2000, p. 288

[173] *Encyclopedia of Wicca and Witchcraft*, by Raven Grimassi, Llewellyn, 2002, p. 270

[174] Leadbeater, 1926, p.22

[175] Leadbeater, *Wetenschap der sacramenten*, pp.13-20

[176] Van der Leeuw, *The Fire of Creation,* Theosophical Publishing House, 1976, p.24

[177] Van der Leeuw, 1976, p.23-24

[178] Zie www.soundkeys.com

[179] Zie het artikel van Nitin Kumar op een site over Tibetaanse rituele artefacten: http://www.exoticindiaart.com/article/ritual

[180] Zie de afbeelding in het boek *Thought Forms* van Besant en Leadbeater

[181] Annie Besant and C.W. Leadbeater, *Thought Forms*, pp. 66-77

[182] Vetsch, *TEXT*, 1992, hoofdstuk 9

[183] Konstantinos, 2002, p.31

[184] Annie Besant and C.W. Leadbeater, *Thought Forms*, pp. 22-24, Theosophical Publishing House, London, Adjar, 1925

[185] Konstantinos, *Nocturnal Witchcraft*, 2002, p. 6

[186] Konstantinos, 2002, p. 12

[187] Zie het internetartikel van Benjamin Rowe http://www.hermetic.com/browe/aeonpers.html

[188] Lees meer hierover lezen in het boek *The morning of the magicians* van Pauwels en Bergier

[189] Mouni Sadhu, p.253

[190] Zie David Icke, *The Biggest Secret*, 1999, p.140

[191] Zie het *Sedona Journal*, van maart 1998, pp. 40-41

[192] Zie het artikel van Christian Hummel, *The magical world of the Devas*. In *Sedona Journal*, juli 1998, pp. 92-95

[193] Mouni Sadhu, *The Tarot*, p.26 en verder

[194] Sadhu, *The Tarot,* 1962, p.50

[195] John Michael Greer, *The New Encyclopedia of the Occult*, Llewellyn, USA, 2003, p.211

[196] Sadhu *The Tarot*, 1962, p.148

[197] Sadhu, *The Tarot,* 1962, p.249

[198] Sadhu, *The Tarot*,1962, p.155

[199] Sadhu, *The Tarot*, 1962, p.218

[200] Sadhu, *The Tarot*, 1962, p.218

[201] Sadhu, *The Tarot*, 1962) op p.238

[202] Citaat uit het artikel: *Egregore: Notes on the role of the historical Egregore in modern Magic* door Fra.: U.D.

[203] Zie voor details Mouni Sadhu, *The Tarot*, 1962 pp. 251-273

[204] Sadhu, *The Tarot*, p.273

[205] Sadhu, *The Tarot*, p.250 en verder

[206] Sadhu, *The Tarot*, p.262

[207] Sadhu, *The Tarot*, p.390

[208] Een interessant voorbeeld van de schepping van een Egregore is te vinden in een artikel van Koenig zie de website http://www.cyberlink.ch/~koenig/fs2.htm

[209] Brennan, 2000, p.260

[210] Brennan, 2000, p.143

[211] Sadhu *The Tarot*, p.330

[212] Sadhu, *The Tarot*, p. 317 and 318

[213] Sadhu, *The Tarot*, p. 317 and 318

[214] William Stirling, 1897, p. 283

[215] Sadhu, *The Tarot*, p. 256,257

[216] Zie David Ovason *The Secret Zodiacs of Washington, DC*

[217] John Michell *The Earth Spirit*, 1975, p.15

[218] De afbeelding is afkomstig van de bibliotheek van de Universiteit van Amsterdam.

[219] Brennan, 2000, p.13

[220] Serge King, *Mana Physics*, 1978, p. 92

[221] Serge King, *Mana Physics*, 1978, p.102

[222] Serge King, *Mana Physics*, 1978, p. 116

[223] Serge King, *Mana Physics*, 1978, p. 122

[224] Serge King, *Mana Physics*, 1978, p. 128

[225] Serge King, *Mana Physics*, 1978, p.26

[226] Serge King, *Mana Physics*, 1978, p.131

[227] Serge King, *Mana Physics*, 1978, p.131

[228] Michio Kushi, *Acupuncture, Ancient and future worlds*, 12 maart, 1973, p.90

[229] David Icke, *Biggest Secret*, 1999, p. 139

[230] Childress, 2002, p. 223

[231] Childress, 2002, p. 225

[232] Serge King, 1978, p. 16

[233] John Michell, 1975, afbeeldingen gedeelte

[234] David Icke UFON lezing van David Icke's video lezing *Ruled by the Gods*, Bridge of Love publications, 2000

[235] David Icke's video lezing *Ruled by the Gods*, Bridge of Love publications, 2000

[236] David Icke, *Biggest Secret*, pp. 360-362

[237] Carolyn E. Cobelo, *The Power of Sacred Space*, 2000, p.79

[238] Lanto, *Atlantis en UFO's*, p.166, 194-195

[239] Voor meer informatie zie Francis Hitchin's boek *Earth magic*,(1976), speciaal hoofdstukken 8 en 9. Francis Hitching is een lid van het Royal Institute of Archaeology en van de Prehistoric Society in Engeland.

[240] Hitching, 1976, hoofdstuk 9

[241] John Michell, 1975, p.90

[242] Voor meer informatie hierover verwijs ik naar het boek van C.W. Leadbeater, *De wetenschap der sacramenten*

[243] Zie Vitruvius, *De Architectura*, Boek IV, Hoofdstuk IX

[244] Leadbeater, 1926, p. 43

[245] J.H. Brennan, *Magick for beginners*, Llewellyn Publications, 2000

[246] Hitching, *Earth Magic*, 1976, hoofdstuk 9

[247] Uit: David Hatcher Childress and Bill Clendenon, *Atlantis and the Power System of the Gods; Mercury Vortex Generators and the Power System of Atlantis*, Adventures Unlimited Press, USA, 2000, p. 254

[248] Meer over piezo-elektriciteit in de boeken *The Philadelphia experiment* door Charles Berlitz. p. 168 Duitse vertaling. Zie ook Jonathan Goldman *Healing sounds, the power of harmonics*, p45 en p.168

[249] *A Pilgrim's Guide*, p.15, 16

[250] Zie *A Pilgrims Guide*, p.13, 14

[251] Zie het artikel over archaeo-astronomie op de Mid-Atlantic Geomancy website: http://wwww.geomancy.org/archaeoastronomy/arch_3.html

[252] Zie het artikel van Nitin Kumar op een website over Tibetaanse rituele artefacten: http://www.exoticindiaart.com/article/ritual

[253] Zie hierover de Internet documentaire *Rosslyn: East meets West* at: http://www.pharo.com/mystery_channel/places/articles/tvro_01mc_east_meets_west.asp

[254] Uit: http://www.pharo.com/places/rosslyn_chapel/articles/ssro_08_earth_energy.asp

[255] Uit: Jake Horsley, *Matrix Warrior, p. 165*

[256] Uit p. 377 van *Children of The Matrix* van David Icke

[257] Aangehaald uit p. 377 van *Children of The Matrix* van David Icke

[258] Martin Short, *Inside the Brotherhood. Further secrets of the Freemasons*, Grafton Books, London, 1989, p.51

[259] Short, 1989, p.81

[260] Short, 1989, p.83

[261] Geciteerd vanuit Short (1989) op. cit. John A. Weisse op pp.82, 83

[262] Short, 1989, p.83

[263] Zie afbeelding op p.467, Knight en Lomas, *Uriel's machine*

[264] Knight and Lomas, *Uriel's Machine*, 1999, pp. 464-469

[265] Knight and Lomas, Uriel's Machine, 1999, pp. 468-469

[266] Zie Knight and Lomas, *Uriel's Machine*, 1999, pp. 469-470

[267] R.A. Schwaller de Lubicz, *The Temple of Man*, 1957, translated 1998, p.20

[268] R.A. Schwaller de Lubicz, *The Temple of Man*, 1957, translated 1998, p.41

[269] Leadbeater, 1926, p.56

[270] Afbeelding genomen uit het boek van C.W. Leadbeater,*The Hidden Life in Freemasonry*, first ed. 1926, Theosophical Publishing House, Adyar Madras, India.

[271] Halevi, *School of the Soul*, 1985, p. 24

[272] Stephen Knight, *The Brotherhood*,1983

[273] Brennan, 2000, p236

[274] Brennan, 2000, p.244

[275] Amber K. *Covencraft; Witchcraft for Three or More*, Llewellyn, USA, 1999, p.62

[276] Amber K.,1999, p.62

[277] Amber K., 1999, p.64

[278] *Sedona Journal* van juli 1998, pp.24-26

[279] Lauren E. Brockway, *Sedona Journal of Emergence*, 1998, pp. 24-26

[280] Leadbeater, 1926, p.126

[281] Leadbeater, 1926, p. 131

[282] Leadbeater, 1926, p.132

[283] Leadbeater, 1926, p.145

[284] Leadbeater, 1926, p.134

[285] Leadbeater, 1926, p. 158

[286] Leadbeater, 1926, p. 162

[287]Leadbeater, 1926, pp. 165-166

[288] Leadbeater, 1926, pp.163-167

[289] Leadbeater, 1926, p.167

[290] Leadbeater, 1926, p. 168

[291] Leadbeater, 1926, p. 174

[292] Leadbeater, 1926, p. 181

[293] Leadbeater, 1926, p. 182

[294] Leadbeater, 1926, p. 348

[295] Leadbeater, 1926, p.349

[296] Jake Horsley, 2003, p. 4

[297] Zie het boek *Don Juan* van Carlos Castaneda

[298] Zie het webartikel *Riders on the Storm, Black Sciences Compartment of the Black Operations*, door William Sean Ross zie: http://wovoca.com/controversies-alien-technology.htm

[299] US Patent Nummers 4,686,605, 5,038,662 and 4,712,155

[300] Joseph Farrell, 2001, p.150

[301] Zie hiervoor de webartikelen _http://www.raven1.net/silsoun2.htm en _http://www.raven1.net/5159703.htm

[302] Farrell, 2001, p. 158

[303] Dr. Persinger schreef een artikel genaamd *On the Possibility of Directly Accessing Every Human Brain by Electromagnetic Induction of Fundamental Algorithms.* (Zie voor een samenvatting van dit artikel de site http://mindcontrolforums.com/mindnet/mn165.htm en http://www.abovetopsecret.com/pages/mindcontrol.html

[304] Zie de website http://educate-yourself.org/dc/gwentowersbybyronweeks.shtm

[305] Sassoon & Dale, *The Manna Machine*, p.374

[306] Uit: *Matrix Warrior; Being the One,* door Jake Horsley, 2003, p.52

[307] Zie hoofdstuk 8 van het boek *TEXT* door Vetsch, 1992: http://www.hiddenmysteries.com/freebook/text/text8.html

[308] Zie Dorothy Morrison, *Everyday Magic*, 2001, pp.305-306

[309] Tons Brunés, *Energiebronnen uit de oudheid*, 1976

[310] William Collinge, *Subtle energy*, p.61

[311] *The International Encyclopedia of Science and Technology*, Oxford University Press, New York, 1999, p.100

[312] Michell, 1975 citeert John Needham in *Science and Civilization in China*

[313] Nitin Kumar op een website over Tibetaanse rituele artefacten: http://www.exoticindiaart.com/article/ritual

[314] Scott Cunningham, 1988, p.6

[315] Vetsch, 1992, hoofdstuk 9

[316] Konstantinos, 2002, p.31

[317] Serge King, 1978, p. 47

[318] *A Pilgrim's Guide to Planet Earth*, Spiritual community publication, California, USA, 1981, p.15

[319] William Collinge, p.65, 66

[320] Cunningham, 1988, p.25

[321] Scott Cunningham *Wicca, a guide for the solitary practitioner*, Llewelynn, 1988, p. 20

[322] Carolyn E. Cobelo, 2000, p 114

[323]*Thule*, Munin Nederlander, De Ster, 1992, p.163

[324] Bron: T.B. Pawlicki, *How to Build a Flying Saucer*, New York, Prentice Hall, 1981, geciteerd op p. 10 door Dinwiddie, 2001

[325] Sadhu, 1962, p.98

[326] *Magick for beginners*, Brennan, 2000, p. 12

[327] Carolyn E. Cobelo, *The power of sacred space*, 2000, p.65

[328] Collinge, 1998, p.92-93

[329] *Buddhism in Tibet*, door Emil Schlagintweit, LL.D., 1863, pp 53-57, zie de website: http://www.sacred-texts.com/bud/bit/index.htm

Literatuur

ANDERS, RICH, *The end of the world, then what*, Writers Club Press, New York, 2002

ASHCROFT-NOWICKI, DOLORES and BRENNAN, J.H., *Magical Use of Thought Forms; a proven system of mental & spiritual empowerment*, Llewellyn, USA, 2002

BRENNAN, HERBIE, *The Secret History of Ancient Egypt; Electricity, Sonics and the Disappearance of an Advanced Civilization*, Herbie Brennan, Piatkus, London, 2000

BRENNAN, J.H., *Magick for Beginners*, Llewellyn Publications, 2000

BRUNES, TONS, Pa sporet af fortidens kraftkilder,vertaald als 'Energiebronnen uit de oudheid', 1976

CLENDENON, BILL, *Mercury: UFO messenger of the Gods*, Adventures Unlimited Press, USA, 1990

COBELO, CAROLYN, E., *The power of Sacred Space; Exploring Ancient Ceremonial Sites*, Akasha Productions, Santa Fe, New Mexico, 2000

COLLINGE, WILLIAM, *Subtle energy; awakening to the unseen forces in our lives*, Ph.D., Warnerbooks, New York, 1998

COTTERELL, MAURICE, *The Tutankhamen Prophecies; the Sacred Secret of the Mayas, Egyptians and Freemasons*, Headline Book Publishing, New York, 1999

DINWIDDIE, JOHN, *Revelations, The golden elixir*, Writers Club Press, New York, 2001

DUNN, CHRISTOPHER, *The Giza Power Plant; technologies of Ancient Egypt*, Bear & Company Publishing, Santa Fe, New Mexico, 1998

FARRELL, JOSEPH P., *The Giza Death Star; The Paleophysics of the Great Pyramid and the Military Complex at Giza*, Adventures Unlimited Press, USA, 2001

FORTUNE, DION, *Psychic self-defence*, 1937

GODWIN, JOSCELYN, CHANEL, CHRISTIAN & DENEVEY, JOHN, PATRICK (ed.), *The Hermetic Brotherhood of Luxor*, Weiser, USA, 1995

GREER, MICHAEL, JOHN, *The New Encyclopedia of the Occult*, Llewellyn, USA, 2003,

HATCHER CHILDRESS, DAVID & CLENDENON, BILL, *Atlantis and the Power System of the Gods; Mercury Vortex Generators and the Power System of Atlantis*, Adventures Unlimited Press, USA, 2000

HALEVI Z'EV BEN SHIMON, *School of the soul*, 1985

HITCHING, FRANCIS, *Earth Magic*, 1976

HORSLEY, JAKE, *Matrix Warrior; Being the One*, Thomas Dunne Books, New York, 2003

ICKE, DAVID, *The Robots Rebellion*, Gateway Books, Bath, 1994

ICKE, DAVID, *Children of the matrix; how an inter dimensional race has controlled the world for thousands of years - and still does*, Bridge of Love, Wildwood, USA, 2001

KING, SERGE, *Mana Physics: The study of Paraphysical energy*, Baraka Books LTD, New York, 1978

KNIGHT CHRISTOPHER and LOMAS, ROBERT, *Uriel's Machine*, Avon Books, 2000

KNIGHT, STEPHEN, *The Brotherhood*, 1983

LANTO, Atlantis en Ufo's, message gechanneld door trance medium Daan Akkermans van het Esoterische Genootschap, Uitgeverij Akasha, Eeserveen, The Netherlands, 2003 zie de website http://www.esoterischgenootschap.nl

LEADBEATER, CHARLES WEBSTER and BESANT, ANNIE, *Thought Forms*, Theosophical Publishing House, London, Adjar, 1925

LEADBEATER, CHARLES WEBSTER, *The Science of the Sacraments*, translated in Dutch: *De wetenschap der sacramenten*, reprint 1924, Schors, Amsterdam, 2001

LEADBEATER, CHARLES WEBSTER, *The Hidden Life in Freemasonry*, TPH, 1926

MITCHELL, EDGAR D. (ed.), *A Pilgrim's Guide to Planet Earth*, Spiritual community publication, California, USA, 1981

MICHELL, JOHN, *Earth Spirit*, 1975 and MICHELL JOHN, *The New View over Atlantis*, Thames and Hudson, London, 2001

MONROE, DOUGLAS, *The 22 Lessons of Merlin, 1998*

OVASON, DAVID, *The secret Zodiacs of Washington, DC*, De USA versie heet *The secret architecture of our nation's capital; The masons and the building of Washington DC*, Perennial, USA, 2002

PICKET, LYNN & PRINCE, CLIVE, *The Stargate Conspiracy; Revealing the truth behind extraterrestrial contact, military intelligence and the mysteries of ancient Egypt*, first ed., Little, Brown and Company, Great Britain, 1999, reprinted by Warner Books, 2001

SADHU, MOUNI, *The Tarot, a contemporary course of the quintessence of Hermetism*, George Allen and Unwin LTD, London, 1962, 5th edition, 1975

SANTILLANA, GEORGE, DE, & DECHEND, HERTHA, VON *Hamlet's Mill, an essay investigating the origins of human knowledge and its transmission through myth*, David R. Godine Publisher, Boston, 1969

SHORT, MARTIN, *Inside the Brotherhood; Further Secrets of the Freemasons*, Grafton Books, London, 1989

STIRLING, WILLIAM, *The Canon; An Exposition of the Pagan Mystery Perpetuated in the Cabala as the Rule of All the Arts*, 1897, Revised Edition, Samuel Weiser Inc., USA, 1999

VETSCH, W.C., *TEXT,* 1992. Dit is een gratis e-book van de hidden mysteries website: http://www.hiddenmysteries.org/freebooks/text/texttoc.html

VITRUVIUS, *The Ten Books on Architecture.* Vitruvius. Morris Hicky Morgan. Cambridge: Harvard University Press. London: Humphrey Milford. Oxford University Press. 1914.

WAGNER, DAVID & COUSENS, GABRIEL, *Tachyon Energy*, Schneelöwe, Verlagsberatung & Verlag, Aitrang, Germany, 1999

Niet alle boeken, die in *De Mysteriën* zijn gebruikt, zijn in deze literatuurlijst opgenomen. Alle afbeeldingen zijn verkleinde, digitaal verscherpte, afbeeldingen uit de originele werken. Het is mogelijk dat sommige web-links na publicatie van dit boek niet meer actueel zijn. Zoek dan de artikelen via de home pages op.

Bezoek hier de website van Bernard Heuvel:

www.bernardheuvel.com

Bestel hier exemplaren van *De Mysteriën*:

www.createspace.com/3357527

Voor contact of lezingen email de auteur via:

info@bernardheuvel.com

CPSIA information can be obtained at www.ICGtesting.com
Printed in the USA
BVOW011714180113

311020BV00010B/233/P